KB194171

경제지표
알고 갑시다

가장 빨리 경제와 돈의 흐름을 예측하는 방법

경제지표
알고 갑시다

하이엠 지음

위너스북
WINNER'S BOOK

이 책은 핵심 지표들을 단순히 나열하는데 그치지 않고, 그 이면에 숨겨진 이야기와 지표들 간의 상관성과 인과관계를 찾아내는 통찰을 제공합니다. 즉 지표를 스토리로 전달하는, 지표 스토리 북입니다.

　누구나 하루 만에 읽을 수 있지만 평생 활용할 수 있는 책이 되기를 바라며 썼습니다. 경제와 금융시장은 복잡해 보이지만 몇 가지 핵심 지표를 이해하는 것만으로도 그 흐름을 상당 부분 파악할 수 있습니다. 우리는 뉴스, 보고서, 시장 동향 등에서 수많은 지표를 접하지만 그 의미와 활용법을 제대로 이해하지 못하는 경우가 있습니다. GDP 성장률, 물가 상승률, 실업률, 소비자심리지수 등 누구나 한 번쯤 들어본 지표들조차 막상 어떻게 연결되고 시장에 어떤 영향을 미치는지 헷갈리는 경우가 많습니다. 이 책은 이러한 지표들을 이야기와 맥락으로 풀어내어 독자들이 경제와 금융을 보다 쉽게 이해할 수 있도록 돕고자 합니다.

　수치로 표현된 경제지표 뒤에는 수많은 이야기가 숨어 있습니다.

GDP 성장률 뒤에는 기업들의 생산성과 소비자들의 지출 습관이 존재하며, 실업률 뒤에는 경제구조와 고용시장의 변화 그리고 정치 지형의 변화가 숨어 있습니다. 이 책은 각 지표가 어떤 배경에서 만들어지고, 어떤 상황에서 변동하며 그 변화가 어떤 영향을 미치는지에 대한 이야기를 담고 있습니다. 이러한 맥락을 이해할 때 지표는 단순한 숫자에서 벗어나 생동감 있는 경제와 금융의 언어가 됩니다.

경제나 금융에 대한 사전 지식이 없는 사람도 쉽게 이해할 수 있도록 구성했습니다. 한국뿐만 아니라 미국, 중국, 일본, 독일, 브라질 등 글로벌 경제 이벤트를 다양하게 다루며, 실제 우리 주변에서 벌어지는 다양한 케이스스터디를 풍부하게 넣었습니다. 또한 지표를 직접 사용하는데 도움이 되는 인사이트도 '하이엠 팁스'로 중간중간 배치했습니다. 하루 만에 읽을 수 있는 이 책이 여러분의 경제적 판단과 금융적 통찰력을 키우는 데 있어 평생의 길잡이가 되기를 바랍니다. 지표라는 실로 엮어낸 경제와 금융의 스토리. 이 책이 여러분의 삶 속에서 유용한 도구가 되기를 기대합니다.

하이엠

2부

나를 스마트하게 만들어주는 경제지표

1부

지표를 알아야
부자가 될 수 있다

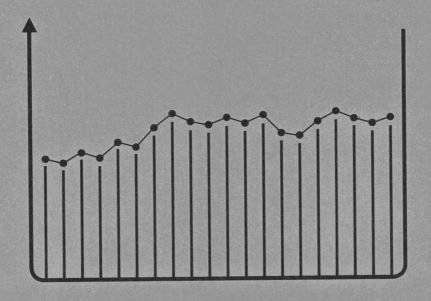

1장

지표,
알아야
살아남는다

● 경제는 성장하고 경기는 순환하고 주가는 변동한다 ●

이 책에서 우리는 다양한 지표를 접하고 활용하는 법을 익힐 것이다. 경제지표, 경기지표, 금융지표, 산업지표, 기업지표, 부동산지표 등 경제활동과 투자를 위한 다양한 영역의 지표들이다. 본격적으로 지표에 대해서 학습하기 전에 우리가 가져야 할 마인드셋(mind-set) 또는 큰 원칙을 먼저 이해하는 것이 필요하다. 이는 경제와 경기와 자산 가격에 대한 것으로 지표들이 쌓일 토대에 관한 대명제이기 때문이다. 이를 압축해서 정리하면 다음과 같다.

경제는 성장하고, 경기는 순환하며, 자산 가격은 변동한다. 이 세 가지 영역의 원리를 명확히 구분하여 이해하고 활용하는 것이 경제지표를 공부하는 출발점이자 궁극적인 목표다.

먼저 **경제는 성장한다.** 장기적으로 경제는 꾸준히 성장해 왔다. 이는 우리나라의 생활 수준이 과거보다 개선되어 왔고, 앞으로도 지속적으로 나아질 것임을 의미한다.

둘째, **경기는 순환한다.** 중기적으로 경기는 호황과 불황을 반복하며 순환한다. 흔히 "경기가 좋다" 혹은 "경기가 나쁘다"라고 표현되는 것이 바로 이러한 경기 변화를 뜻한다. 경기는 확장기와 수축기를 오가며 순환하는 특성을 가지며, 이를 **경기 순환 사이클**이라고 부른다.

셋째, **자산 가격은 변동한다.** 대부분의 자산 가격은 단기적으로 큰 변동성을 보인다. 특히 주식 시장에서 기업의 주가는 매 순간 상승과 하락을 반복하며, 때로는 두 배 이상의 급등락을 나타내기도 한다. 이러한 자산 가격의 변동성은 경제와 경기에 영향을 주고 받는 중요한 요인 중 하나다. 경제, 경기, 자산 가격의 이 세 가지 원리를 체계적으로 이해하는 것은 경제지표를 효과적으로 활용하기 위한 핵심이다.

이처럼 경제와 경기와 가격은 다른 속성을 가지고 있으며, 각각의 지표도 다른 속성을 가지고 있다. 따라서 우리가 어떤 지표를 접할 때 어느 영역에 속하는 지표인지 먼저 이해해야 정확하게 활용할 수 있다. 그리고 무엇보다 중요한 것은 경제는 장기적으로 성장한다는 점이다. 많은 지표들이 변화하는 숫자로 나타나기 때문에 개별적 지표에 집중하다 보면 우리는 변화에만 치우는 경향이 있다. 그러나 변하는 것보다 더 중요한 것은 변하지 않는 지표의 원리다. 한국을 비롯해서 미국 유럽 중국 일본 등 대부분의 중요한 나라들의 경제는 장기적으로 성장해 왔다. 그리고 앞으로도 성장해 나갈 것이다. 이러한 경제는 장기적으로 성장한다는 원리를 먼저 명확히 하는 것이 지표들에 대한 공부에 토대가 된다.

이러한 이해는 투자에도 유용하다. 바로 장기적 긍정론이다. 중기적으로 경기 사이클이 오르내리고 단기적으로 가격이 변동하기 때문에 불확실성과 리스크를 우리는 먼저 생각하게 된다. 그러나 이는 중기적 순환과 단기적 변동에 갇힌 한계이다. 장기적으로 경제는 성장하고 세상은 더 좋은 방향으로 나아간다. 지표 또한 마찬가지다. 따라서 우리가 궁극적으로 경제활동을 하거나 투자활동을 할 때 가장 중요한 가정은 경제는 성장한다는 원리이다. 이를 토대로 경기는 순환하는 것이 당연하고, 가격은 변동하는 것이 당연하다는 걸 알아야 한다. 그래야 지표들을 이용해서 현재를 합리적으로 분석하고 예상할 수 있기 때문이다.

아래는 미국의 국민총생산(GDP, 한 나라에서 생산된 제품과 서비스의 가치를 모든 더한 값으로 경제성장의 지표로 쓰인다) 그래프이다. 연간으로 보면 작게 성장하는 해도 있고 크게 성장하는 해도 있지만, 미국 경제는 장기적으로 상승곡선을 그리고 있다. 미국 경제가 성장함에 따라서 미국 자산 시장 중 하나인 미국의 증시도 장기적으로는 상승했음을 알 수 있다. 미국 증시 대표 지표인 S&P500 지수를 보면 연평균 약

8% 정도의 상승을 이어갔다.

자료: FRED

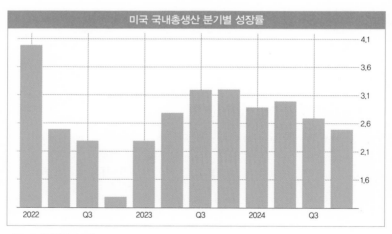

자료: 트레이딩이코노믹스

심지어 박스피라고 불리는(박스권 내에 갇혀서 오르내릴 뿐 상승하지 못한다는 조롱 섞인 용어) 코스피도 연간을 비교해 보면 우상향, 즉 장기적으로는 상승했음을 알 수 있다. 가격은 단기적으로 변동하고, 경기는 중기적으로 순환하지만, 경제는 장기적으로 성장한다는 점을 꼭 기억하도록 하자. 이는 매우 짧은 문구이지만, 우리의 경제활동과 투자 성과에 평생 영향을 미칠 수 있기 때문이다.

자료: 트레이딩이코노믹스

● 지표는 나침반이자 돈이다 ●

우리가 살펴볼 지표들은 경제지표, 경기지표, 가격지표 등이다. 경제지표는 경제성장, 고용과 실업, 인플레이션 지표들이 포함된다. 경기

지표는 동행지표, 선행지표, 후행지표로 불리는 경기순환(business cycle)과 관련된 것들이다. 가격지표는 주식, 부동산 등 가격으로 표시되는 자산 상품들이 포함된다. 우리는 경제지표들을 통해서 우리가 지금 처한 경제 상황을 진단하고 미래를 예측하려고 한다. 즉 기업을 운영한다면 투자를 늘려야 하는 시점인지 줄여야 하는 시점인지, 가계는 부동산이나 주식 등 자산을 사야 하는 시점인지 팔아야 하는 시점인지 판단하려고 한다.

앞서 경기는 순환한다고 했다. 업 앤 다운(up and down), 즉 높고 낮음을 반복하는 사이클을 지닌다. 이는 마치 봄여름가을겨울 같은 사계절 사이클을 갖는 것과 같다. 우리말 중에 철부지라는 용어가 있다. 철을 알지 못하다가 원래 뜻인데, 어리석은 사람을 일컫는 말로 쓰인다. 경제도 마찬가지다. 순환하는 사이클의 철을 이해하지 못하면 어리석게 된다. 그래서 우리는 지표를 이용해서 지금 사이클이 어디쯤에 있는지 알아내고 이에 따라 합리적인 선택을 하려고 한다.

지표는 경제의 계절을 알려주는 시계와 같으며, 우리가 경제적 선택을 할 때 어디로 가야 하는지 방향을 가리키는 나침반 역할을 한다. 그리고 이 나침반을 잘 해석하고 따라갈 때 우리는 경제적 이득을 극대화 할 수 있다. 그래서 지표는 시계이자 나침반이며 궁극적으로 돈이라고 말할 수 있다.

● 남들은 다 알고 있는데 나만 모르면 바보된다 ●

한은의 ECOS와 연준의 FRED

이제 본격적으로 지표 얘기를 해보자. 경제지표를 가장 많이 제공하는 기관은 어디일까? 단연 각국의 중앙은행이다. 한국은 한국은행 미국은 연준(연방준비제도)이다. 한은과 연준은 자체 정보제공 시스템에서 셀 수 없이 많은 데이터를 제공한다. 이중 한은과 연준이 가장 중시하는 데이터부터 살펴보도록 하자.

먼저 한국의 중앙은행 한은이다. 한은 경제통계시스템 ECOS에 가면 첫 화면에 다음과 같은 지표들이 나온다. 참고로 한은 경제통계시스템에는 한국은행 100대 통계지표를 비롯해서 한국 경제에 관한 거의 모든 지표가 있다고 해도 과언이 아니다. 경제지표를 찾을 때 가장 먼저 들러 사용하면 큰 도움이 된다.

기준일: 2025.2.20.

그림에서와 같이 다섯 가지 지표가 가장 크게 표시돼 있다. **GDP, 소비자물가, 생산자물가, 경상수지, 통화량(M2)이다.** 이 다섯 가지가 한국은행이 가장 중요하다고 판단하는 주요 지표이다. 분기별 경제 성장률이 가장 중요하고, 두 번째가 소비와 생산 물가수준, 세 번째가 수출입의 결과값 마지막으로 우리나라 통화량의 증가 여부이다. 영역별로 성장, 물가, 무역, 그리고 통화 지표들이다. 따라서 경제지표를 이해할 때도 이 다섯 가지 지표가 핵심이다. 즉 우리나라가 성장은 잘하고 있는지, 성장과 함께 물가 수준은 잘 관리되고 있는지, 국제무역에서 흑자가 잘 나고 있는지 마지막으로 통화량은 너무 과도하지 않고 적절하게 증가하는 수준인지를 알면 한국의 큰 경제 흐름은 이해할 수 있다는 의미다. 각 지표의 자세한 의미와 활용은 다음 장에서 자세히 알아보자.

이번에는 미국의 중앙은행 연준이다. 연준은 FRED 시스템을 운영하고 있다. 프레드는 Federal Reserve Economic Data의 약자로, 미국 지역 중앙은행 중 하나인 미국 세인트루이스 연방준비은행이 운영하는 온라인 경제 데이터베이스이다. 이 플랫폼은 GDP, 실업률, 인플레이션, 금리 등 다양한 경제지표에 관한 데이터를 제공하며 미국뿐만 아니라 전 세계 여러 기관의 경제 데이터를 통합하여 제공한다. 연준도 한은과 마찬가지로 8개 주요 지표를 제공한다. 소비자물가지수, GDP 성장률, 산업생산지수, 10년 국채금리, 달러 유로 환율, 실업률, 비농업고용, 신규실업청구건수가 그것이다. 한은과 달리 고용에 관련된 지표가 세 개나 메인 지표로 제시된 점이 특징이다.

동시에 가장 많이 찾는 지표들도 제공하는데 다음과 같다. 10년 물 금리에서 2년물 금리를 뺀 장단기 금리차(스프레드), 30년 모기지 금리(부동산대출금리), 단기시장금리, 소비자물가지수, 실업률, 연준 토탈자산, 10년물금리와 3개월물금리차, 통화량(M2), 마지막으로 GDP 이다.

연준 경제데이터에서 보여주는 주요 경제지표

| AT A GLANCE | POPULAR SERIES | LATEST RELEASES | FEATURED |

Consumer Price Index for All Urban Consumers: All Items +3.0 % Chg. from Yr. Ago on Jan 2025	U.S. / Euro Foreign Exchange Rate 1.0498 U.S. $ to 1 Euro on 2025-02-14
Real Gross Domestic Product 2.3 % Chg. from Preceding Period on Q4 2024	Unemployment Rate 4.0 % on Jan 2025
Industrial Production Index +0.5 % Chg. on Jan 2025	All Employees: Total Nonfarm Payrolls +143 Chg., Thous. of Persons on Jan 2025
10-Year Treasury Constant Maturity Rate 4.5 % on 2025-02-20	Initial Claims 219,000 on 2025-02-15

자료: FRED

한은과 미 연준의 지표를 종합해 보면, 경제성장률 GDP, 소비자 물가수준, 한국은 특히 수출, 미국은 특히 고용이 중요한 지표임을 알 수 있다. 이렇게 한은과 연준이 제공하는 가장 기본적이면서 가장 강력한 지표는 반드시 숙지할 필요가 있다. 뉴스에 가장 자주 나오는 지표들로 가장 중요하면서 가장 기본이 되는 지표 세트이기 때문이다. 앞으로 우리가 공부하게 될 100여개가 넘는 지표들 중 으뜸인 지표들이다. 한은과 연준 데이터 페이지에만 접속하면 언제든 확인 가능한 지표들이고 경제활동의 근간이 되는 지표들이므로 반드시 알고 있어야 한다. 그리고 남들은 모두 알고 있다고 가정하고 있어야 할 주요한 지표들이다.

하이엠
팁스

경제지표를 찾고 싶다면 ECOS와 FRED가 보물상자

한국 한국은행 ECOS와 미국 연준 FRED는 경제에 관한 거의 모든 데이터와 그래프를 가지고 있다. 그리고 다양한 보고서와 연구 논문들도 찾을 수 있다. 엑셀로 애드인(Add-in) 하면 자동으로 데이터를 받을 수도 있다. 연준의 FRED는 데이터를 시각화하거나, 다운로드 할 수 있는 기능을 제공한다. 또한 사용자가 그래프를 생성하고, 특정 경제지표의 시간 경과에 따른 변화를 추적할 수 있어 활용도가 높다.

한국 경제지표를 스터디한다면 한은 ECOS에서 시작을, 미국을 포함한 글로벌 경제지표를 찾고 분석한다면 FRED에서 시작하면 좋겠다. 아래 사이트 링크를 넣었다. 만일 구글에서 FRED 지표나 그래프를 검색한다면 찾는 지표를 먼저 쓰고 마지막에 FRED를 넣으면 해당 데이터나 그래프로 연결된다. 예를 들어 미국 장단기 금리차를 알고 싶다면 us 2-10 spread 그리고 마지막에 FRED를 넣는 식이다. 아니면 FRED를 앞에 넣고 찾는 지표를 넣어도 같은 결과를 얻는다. 영어가 편하지 않을 때는 구글 트랜스레이트를 사용해서 번역시키거나 ChatGPT를 이용하면 된다.

한국은행
경제통계시스템

한국은행
금융·경제 스냅샷

한국은행
100대 통계지표

미 연준
프레드 홈페이지

미 연준
프레드 스냅샷

2장

지표,
이렇게 사용해야
대박이다

● 지표 사용 주의 사항 ●

숫자로 표현되는 지표는 거짓말을 하지 않는다. 그리고 숫자에는 감정이 담겨 있지 않다. 그러나 지표를 읽고 해석하는 사람이 감정을 갖게 되면 숫자도 감정을 가지게 되고 왜곡되어 받아들여진다. 지표는 그 자체보다는 어떤 의미와 해석을 부여하느냐가 중요하다. 여기에 감정이나 편견이 개입되면 지표는 잘못 읽히게 된다. 우리가 가장 객관적이라고 생각하는 숫자들을 다루기 위해서 우리가 먼저 가져야 할 마음가짐(mindset)을 먼저 확인하고 가자. 지표 전반에 걸쳐 적용되는 중요한 포인트이다.

선행, 동행, 후행지표의 구분

경제지표는 선행, 동행, 후행지표로 구분되며 각각의 역할과 쓰임새가 다르다. 선행지표는 경제 상황을 예측하는데 중점을 두며, 미래의

		선행, 동행, 후행지표의 구분과 의미
구분	지표	의미
선행 지표	신규 주택 착공 건수	경제활동 증가 또는 감소의 초기 신호로 건설경기와 밀접한 관련 이 있음
	주간 실업수당 청구 건수	실업수당 청구 건수 증가는 고용시장 악화 신호이며, 경제 둔화 가능성을 시사함
	소비자신뢰지수	소비자들의 경제에 대한 신뢰도 및 소비 의향을 반영
	제조업 PMI	제조업체의 구매 활동을 조사해 경기 전망을 예측
동행 지표	국내총생산 (GDP)	현재 경제활동의 수준을 반영하며 분기마다 발표됨
	산업생산지수	주요 산업의 생산량 변동을 나타내며 경제활동의 강도를 반영
	소매 판매액	소비자의 지출 현황을 나타내며, 현재 소비 심리를 반영
	개인 소비 지출 (PCE)	개인 소비 지출을 측정하며 물가 상승 압력을 파악
후행 지표	실업률	경제가 둔화된 시점에서 실업이 증가하는 후행성을 가짐
	소비자물가지수 (CPI)	물가 변동을 나타내며 인플레이션 압력을 확인
	기업 파산 건수	경기 둔화 시 기업의 파산이 증가함
	평균 근로시간	근로자의 평균 노동시간 변동을 통해 고용시장 상황을 확인

자료: 한국은행

경제 변동을 미리 보여주는 역할을 한다. 예를 들어 주가지수나 신
규 주택 착공 지표가 여기에 속하는데 이는 경제가 향후 어떻게 움
직일지를 예상하는데 중요한 단서를 제공해준다. 따라서 정책 결정
자나 투자자들은 이러한 선행지표를 통해 변화의 신호를 파악하고

적절한 대응을 준비할 수 있다.

반면 동행지표는 현재의 경제 상황을 직접적으로 반영하는 지표로, GDP 성장률이 여기에 해당한다. 이러한 동행지표들은 현재의 경제적 위치를 이해하는데 매우 유용하며, 지금 당장의 상황을 파악하는데 도움을 준다. 마지막으로 후행지표는 경제 변동의 결과로 나타나며 특정 경제 현상이 이미 발생한 후 그 영향이 반영되는 지표이다. 대표적으로 소비자물가지수(CPI)나 실업률이 이에 속한다. 경제 상황의 변화가 뒤늦게 반영되므로 이를 통해 과거의 상황을 평가하거나 추세를 확인할 수 있다. 이처럼 선행, 동행, 후행지표는 각각의 목적과 시점이 다르므로 이를 구분해 상황에 맞게 활용해야만 제대로 된 분석과 예측이 가능하다.

단기, 중기, 장기의 구분

시간과 관련해서 선행, 동행, 후행만큼이나 중요한 구분이 또 있다. 바로 단기, 중기, 장기의 구분이다. 경제지표는 분석 시점에 따라 단기, 중기, 장기 지표로 구분할 수 있으며, 각 시간 별 지표는 경제 변화를 이해하는데 서로 다른 역할을 수행한다.

단기지표는 주로 1개월에서 3개월의 기간을 대상으로 하여, 월간 실업률, 소비 지출 변동, 물가 변동 등 단기간 내 경제 상황을 파악하는데 유용하다. 이는 단기적 변화와 즉각적인 경제 신호를 포착하

주요 경제지표와 발표 주기		
지표	**발표 주기**	**의미**
주간 실업수당 청구 건수	매주	고용 시장의 단기 변동을 파악할 수 있는 지표
소비자물가지수 (CPI)	월간	물가 변동 상황을 통해 인플레이션 압력을 확인
소매판매액	월간	소비자 지출 동향을 통해 소비 심리 및 경제 활동 수준을 진단
제조업 PMI	월간	제조업 경기를 진단하며 경기 확장 또는 수축을 예측
산업생산지수	월간	주요 산업의 생산 활동 변화를 반영하여 경기 흐름을 파악
개인 소비 지출 (PCE)	월간	가계 소비 활동을 나타내며 경제성장의 주요 요소 파악
교육 수준	연간, 장기적	인적 자본의 질을 나타내며, 노동 생산성과 경제성장에 영향
인프라 투자	연간, 장기적	사회 기반 시설에 대한 투자 규모로, 경제활동의 효율성과 장기 성장에 기여
인구 성장률	연간, 장기적	인구 구조와 성장률을 통해 장기적인 경제 규모와 성장 가능성 평가

는데 중점을 둔다. 반면 중기지표는 1년에서 5년 사이의 경제적 변동을 평가하는데, 산업 생산량이나 기업의 투자 동향 등이 여기에 해당된다. 중기지표를 통해서는 경제가 일정한 시간 동안 어떤 방향으로 나아가고 있는지에 대한 추세를 파악할 수 있으며, 이를 바탕으로 중기적인 정책 결정이나 투자의 방향을 설정할 수 있다.

마지막으로 장기지표는 10년 이상의 경제적 흐름을 분석하는데 사용되며, 예를 들어 인구 성장률, 장기 금리 변화 등이 있다. 이러한 장기지표는 경제의 근본적 구조와 미래의 변화를 예측하는데 중요한 단서를 제공해준다. 각 지표는 분석의 목적과 상황에 맞추어 적절히 구분해서 사용해야만, 단기적인 변동성과 장기적인 추세(트렌드)를 구분할 수 있다.

기대, 선반영, 서프라이즈 그리고 쇼크

지금까지 지표 해석에 있어 시간과 관련된 주의점을 살펴보았다. 시간과 관련된 마지막 요소로 선반영까지 살펴본다. 경제지표는 발표 전에 시장의 기대가 이미 반영되는 경우가 많다. 전문가들의 예측이나 시장의 분위기가 발표 전에 가격에 미리 반영되므로, 실제 발표 시점에는 예상과 다른 결과일 때만 시장이 크게 반응한다. 이 과정을 **선반영**이라 부른다. 발표 전 지표에 대한 기대가 시장에 영향을 미치기 때문에 실제 발표 순간에는 기대와 다를 때만 큰 변동이 생긴다.

예를 들어 미국의 기업 실적 발표를 생각해보자. 2024년 1분기, 유명 IT 기업의 실적 발표가 다가오는 상황에서 투자자들은 좋은 실적을 기대하며 주가가 상승했다. 그러나 발표된 실적이 예상 수준과 같거나 조금 좋게 나오면, "이미 반영된 수준"이라고 보고 투자자들이 주식을 매도하기 시작한다. 이를 셀온 뉴스(sell on news)라고 하며, 삼성전자 같은 대기업의 실적 발표 때도 자주 나타나는 현상이다.

그리고 지표가 예상보다 훨씬 좋을 때는 서프라이즈(surprise)라 부른다. 예를 들어 2024년 미국 고용지표 발표에서 전문가들은 15만 개의 신규 일자리를 예상했지만, 실제로는 30만 개가 나왔다면 시장에 긍정적 충격을 주어 금리가 상승할 수 있다. 한국에서도 수출 지표가 예상을 크게 초과하면 증시에서 주가 상승이나 환율 하락이 발생한다. 반면 예상보다 크게 나쁜 결과가 나왔을 때는 쇼크(shock)라고 부른다. 예를 들어 2024년 3분기 삼성전자의 실적이 크게 하락했을 때가 해당된다. 실적 감소폭이 예상을 초과하자 시장에 충격이 발생해 삼성전자 주가가 급락했다.

이처럼 **기대와 선반영, 서프라이즈, 쇼크**의 개념은 지표 발표 전후 시장이 어떻게 반응할지 예측하고 대응하는데 중요한 역할을 한다. 우리는 지표의 발표 이전에 기대가 어떻게 형성되고 선반영되었는지를 파악해서 가격 변동을 예측해야 리스크를 줄일 수 있다.

조급함과 완벽함이 낳는 오류

경제지표를 분석할 때는 감정을 배제하고 객관성을 유지하는 것이 필수적이다. 특히 조급한 마음으로 지표를 단기적 관점에서 해석하고 예측하려는 시도는 장기적 흐름을 놓치게 할 수 있으며, 이는 오히려 잘못된 결론을 초래한다. 예를 들어 단기적인 지표의 변동에 지나치게 집착하다 보면 경제의 큰 흐름이나 전반적인 방향성을 간과하게 된다. 이는 결과적으로 단기적인 결과에만 의존하게 되어, 장기적인 경제 전략을 수립하는데 방해가 된다. 반면 지표를 완벽하게 이해하고 예측하려는 지나친 노력 또한 문제가 될 수 있다. 지표는 항상 일정한 오차를 내포하고 있으며, 경제 상황은 변화무쌍하기 때문에 모든 변수를 완벽히 파악하려는 시도는 불가능에 가깝다. 지표를 완벽히 해석해서 완벽히 미래를 예측할 수 있다는 시도는 오류를 낳을 가능성이 크다. 각 시기에 맞는 지표를 지표 그대로 받아들여야 한다. 과장된 해석이나 "내가 지표를 완벽히 이해하므로 미래를 정확히 예측할 수 있다"는 믿음은 오류를 초래할 가능성이 크다. 따라서 지표는 있는 그대로 받아들이는 자세가 필요하다. 지표는 지표 그대로 받아들이도록 하자.

복합적 접근 또는 순환론적 사고

경제지표들은 상호 연관되어 있으며 서로 영향을 주고받는 관계 속에서 존재한다. 예를 들어 물가와 금리는 서로 밀접한 상관관계를 가지며, 물가가 오르면 금리도 함께 오르는 경향이 있다. 금리 또한 물가와 성장률에 의해 좌우된다. 이러한 상호 연관성을 이해하지 않고 단일 지표 만을 기준으로 경제 상황을 판단한다면 중요한 맥락을 놓칠 위험이 크다. 따라서 경제를 분석할 때는 각 지표들이 상호

작용하는 방식을 종합적으로 고려해야 하며, 지표들이 가지는 복합적 의미와 연결성을 파악하는 것이 필요하다. 우리는 다음 장부터 이런 지표 간 상호 작용의 방향과 정도를 살펴볼 것이다. 나무와 함께 숲을 보는 연습을 해보자.

성장, 물가, 금리 삼가 연동

경제지표 중에서도 특히 성장률, 물가, 금리는 가장 중요한 지표이다. 동시에 이들은 서로 유기적으로 연결되어 경제의 균형을 이루는 중요한 요소들이다. 이를 성장, 물가, 금리 삼가 연동이라 부르자. 이 법칙에 따르면 이 세 가지 지표는 서로 비슷한 수준으로 움직이며 상호 조화를 이룬다. 예를 들어 경제성장률이 높아지면, 일반적으로 소비가 증가하고 수요가 높아져 물가가 오르는 경향이 있다. 이에 따라 물가가 상승하면 이를 안정시키기 위해 금리를 올리게 되며, 이는 다시 성장률에 영향을 미치게 된다. 이러한 순환 관계는 경제 상황의 변동성을 이해하고 예측하는데 중요한 기준이 된다.

증권사 목표가를 믿고 투자하면 망한다?

증권사들은 산업과 기업에 대한 전망과 분석 리포트를 발표하며, 종목 리포트에는 주가의 목표가를 함께 제시하는 경우가 많다. 그러나 우리나라 증권사들은 매도 의견을 거의 내지 않기 때문에 대부분의 리포트가 매수 의견을 담고 있고, 제시된 목표가 역시 현재 주가보다 높은 경우가 대부분이다. 주식 투자 경험이 적은 개인투자자들은 목표가가 높을수록 주가가 더 많이 오를 가능성이 높다고 생각해 매수 결정을 내리곤 한다. 하지만 이런 투자 방식이 낭패를 보는 경우가 적지 않다. 이러한 상황이 반복되면서 "증권사의 목표가는 믿을 것이 못 된다"는 인식이 투자자들 사이에 퍼지게 되었다.

이런 오해가 발생하는 가장 큰 이유는 **시간 개념의 차이**에 있다. 많은 개인투자자들은 내일, 다음 주, 혹은 길어야 다음 달과 같은 단기적인 수익을 목표로 한다. 반면 증권사의 리포트는 일반적으로 12개월 목표가를 기준으로 작성된다. 이는 당장 주가가 상승해 목표가에 도달한다는 뜻이 아니라, 회사의 매출과 이익이 예상대로 증가할 경우 12개월 내에 목표가 수준의 가치가 적정하다는 의미다.

따라서 투자 시 기준으로 삼는 시간이 단기, 중기, 장기에 따라 적정 밸류에이션의 해석이 달라진다. 이러한 차이를 고려하지 않고 목표가를 그대로 단기 매매에 적용하면 실패할 가능성이 크다. 안전한 투자 접근법으로는 증권사 목표가에서 약 30%를 할인한 금액을 현재 주가나 단기 목표가로 설정하는 방법이 있다. 이는 회사의 장기 성장 가능성을 고려하면서도 단기적 변동성을 완화할 수 있는 전략이다.

증권사가 목표가를 12개월로 설정하는 이유는 주가가 선행지수라는 특성 때문이다. 주가는 과거나 현재의 가치보다도 12개월 혹은 24개월 후의 기업 성장 가능성과 가치를 미리 반영하는 경향이 있다. 따라서 개인투자자 역시 개별 주식을 분석할 때 현재, 12개월 후, 24개월 후의 시간 기준으로 나누어 접근해야 한다.

단순히 지금의 매출과 이익이 좋은 기업을 판단 기준으로 삼는 것은 위험하다. 이미 그러한 정보는 주가에 반영되었기 때문이다. 더 중요한 질문은 다음과 같다. **"지금의 성장이 1년 후에도 이어질까? 2년 후에도 지속될까?"** 이 질문에 대한 답이 긍정적이라면 과감한 투자를 고려할 수 있다. 투자 이후에는 예상했던 성장 스토리가 실제로 맞아떨어지는지를 지속적으로 확인하며, 이를 통해 하나의 투자 사이클이 완성된다.

● 지표는 경제 사계절을 알려준다 ●

경기순환(business cycle)이란 경제활동이 장기 성장 추세를 중심으로 상승과 하강을 반복하는 것을 말한다. 그리고 경기 순환 과정을 4개 국면으로 구분하는 경우 정점과 저점 그리고 장기 추세선을 기준으로 회복(recovery), 호황(boom), 후퇴(recession), 불황(depression) 국면으로 나눌 수 있다. 경제지표를 활용하면 마치 사계절처럼 변하는 경제의 흐름을 파악할 수 있다. 즉 경제의 사계절을 알 수 있다. 경제도 자연처럼 변화하는 계절이 있으며, 이를 이해하고 준비하면 예측 가능한 흐름에 맞춰 현명한 경제적 결정을 내릴

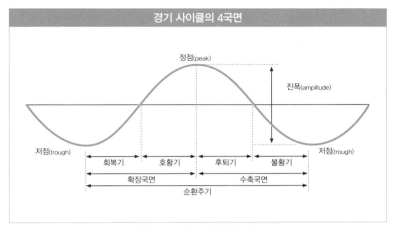

자료: 한국은행, 2023

수 있다. 이 챕터에서는 경제 사이클의 사계절 개념과 함께, 주요 경제 주기인 키친 사이클과 주글라 사이클을 살펴본다.

경제의 사계절

경제는 사계절처럼 순환하며 변화한다. 경제의 사계절은 봄(확장기), 여름(호황기), 가을(수축기), 겨울(불황기)로 구분할 수 있다. 확장기인 봄은 경제가 서서히 회복되고, 소비와 투자가 늘어나며 새로운 성장을 준비하는 시기다. 기업들은 신규 투자를 진행하고, 일자리도 늘어나며 경제에 활력이 생긴다. 호황기인 여름이 되면 경제 활동이 최고조에 달하며 주가와 부동산 가격이 오르는 등의 현상이 발생한다. 이 시기에는 생산성과 수요가 모두 증가해 긍정적인 경제지표들이

나온다.

그러나 수축기인 가을이 되면 경제는 서서히 둔화되기 시작하며, 일부 기업은 투자를 줄이고 일자리 감소를 겪는다. 가계 소비도 줄어들며, 경제의 활기가 차츰 사라지는 시기이다. 마지막으로 불황기인 겨울은 경제 활동이 크게 위축되며, 실업률이 높아지고 자산 가격이 하락하는 시기다. 이 시기를 잘 대비하지 않으면 큰 손실을 입을 수 있다. 지표를 해석해서 우리는 경제 계절을 이해할 수 있고, 계절에 맞는 대응을 할 수 있다.

대략적인 한국의 경제 사이클을 추적해 보면 아래와 같은 형태를 지닌다. 정점과 저점을 반복하며 경기 사이클은 순환하며, 최근의 순환 사이클은 2020년 코로나19로 인한 경기 저점이었다. 한국의 경

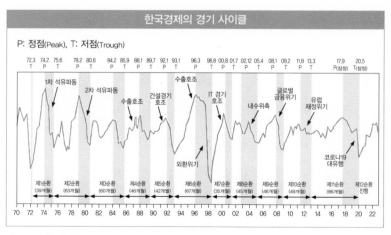

자료: 통계청, 한국은행

기 순환주기는 평균 53개월이며, 확장기와 수축기가 각각 평균 33 개월, 20개월이다. 미국의 순환주기가 75개월, 일본이 55개월이기 때문에 한국 순환주기는 상대적으로 짧은 편이다. 이어서 경기 순환과 관련된 주요 이론 중 하나인 키친 사이클과 주글라 사이클에 대해서 살펴보자.

3-4년 주기 키친 사이클 (Kitchin Cycle)

키친 사이클은 약 3~4년 주기의 짧은 경제 주기로, 재고의 변동에 따라 경제가 순환하는 패턴을 설명한다. 이 이론은 영국 경제학자 조지프 키친(Joseph Kitchin)이 1923년에 처음 제시했으며, 기업들이 재고를 관리하는 방식이 경제에 중요한 영향을 미친다는 것을 보여준다. 그는 경제 데이터를 통해 기업들이 일정 주기로 재고를 조정하며, 이 과정이 경제의 단기적 변동에 큰 영향을 준다는 것을 발견했다.

키친 사이클은 특히 재고의 증감을 기반으로 경제의 흐름을 설명하는데 사용된다. 경기가 좋아질 것이라고 예상되면 기업들은 재고를 늘리면서 생산을 확대한다. 그러나 수요가 예상보다 적거나 공급 과잉이 발생할 경우, 쌓인 재고를 해소하기 위해 생산을 줄이게 된다. 이는 경제성장 속도가 둔화되는 원인이 된다. 반대로 재고가 감소하여 수요와 공급이 다시 맞아떨어지면 기업들은 생산을 늘리게 되고, 경제는 다시 확장 국면으로 돌아선다.

키친 사이클을 해석하고 활용하는 법은 주로 단기적인 경기 변동을 예측하는 것이다. 예를 들어 기업의 재고가 급증하는 시점은 경기 과열의 신호로 해석될 수 있으며, 그에 따라 경기가 둔화될 가능성이 높아진다. 반대로 재고가 감소하면 경기가 회복될 가능성을 예측할 수 있다. 따라서 이 사이클은 기업들이 단기적 생산 계획을 세우거나 재고 관리를 최적화하는데 매우 유용하다. 예를 들어 재고가 축적되고 있는 시기에는 과도한 생산을 줄이고 비용을 관리하는 것이 현명하며, 반대로 재고가 감소할 때는 생산을 늘려 경기 회복에 대비할 수 있다.

또한 정책 결정자들도 키친 사이클을 통해 단기적 경기 흐름에 대한 대처를 계획할 수 있다. 예를 들어 재고 증가로 인한 경기 둔화가 예상될 때 정책적 개입을 통해 경제에 활력을 불어넣거나, 반대로 재고 감소로 인한 경기 과열을 방지하기 위해 통화 정책을 조정할 수 있다. 이처럼 키친 사이클은 단기적 경기 변동을 예측하고 조절하기 위한 지침으로 활용될 수 있다.

7-10년 주기 주글라 사이클 (Juglar Cycle)

주글라 사이클은 약 7~11년을 주기로 나타나는 중기적 경제 주기로, 주로 설비 투자와 연관되어 경제가 순환하는 패턴을 설명한다. 이 이론은 프랑스 경제학자 클레망 주글라(Clement Juglar)가 1860

년에 처음 제시했으며, 경제 활동에서 설비 투자가 중요한 역할을 한다는 것을 보여준다. 주글라는 설비 투자와 생산 확대가 경제성장에 기여하지만, 이 과정에서 공급 과잉이 발생하면 경기 둔화로 이어진다고 설명했다. 주글라 사이클은 이와 같은 중기적인 경제 흐름을 이해하는데 중요한 도구이다.

주글라 사이클에서 경제는 설비 투자와 생산의 확장 및 수축을 통해 주기적 변동을 겪는다. 확장기에는 기업들이 높은 수요를 충족하기 위해 설비를 확대하고 생산량을 늘린다. 그러나 과도한 설비 투자로 인해 공급이 과잉되면 수익성이 악화되고, 이는 투자 축소와 비용 절감의 필요성을 초래한다. 따라서 경제는 수축기로 접어들게 되고, 이후 불황기를 거쳐 설비 조정과 수요 회복을 통해 다시 경기 확장 국면으로 이어진다.

주글라 사이클을 해석하고 활용하는 법은 주로 중장기적인 경제 변동을 예측하고 장기적 투자 전략을 수립하는데 있다. 예를 들어 주글라 사이클의 확장기에 있는 경우 기업들은 설비 투자를 확대하여 경제성장을 도모할 수 있으며, 이러한 투자는 경기 호황기를 뒷받침한다. 반대로 수축기에는 설비 투자 규모를 줄이고 재정 건전성을 확보하는 것이 중요하다. 이러한 이해를 바탕으로 기업은 중기적인 경기 흐름에 맞춰 최적의 투자 계획을 세울 수 있으며, 정책 결정자들도 금리 인상이나 경기 부양책을 통해 중기적인 경제 균형을 조정할 수 있다.

한국은 2년, 미국은 3-5년 강세장 사이클

키친 사이클과 주글라 사이클을 통해서 확장, 수축의 사이클의 만들어지는 이론적 원리를 볼 수 있다. 이어서 실제 한국과 미국 시장에서 특히 주식시장에서 사이클은 어떤 주기를 갖는지 살펴보자. 앞서 한국 경제는 평균 53개월의 순환주기를 가지며, 약 33개월의 확장기를 갖는다고 했다. 한국의 주식 시장도 이와 비슷한 사이클을 갖는데 2010년 이후로 강세장은 약 2년정도 평균 주기를 갖는다. 한국의 수출 사이클, 반도체 사이클과 동조화된 주기이다. 그래서 반도체 경기가 좋아지고, 수출이 증가하면 한국의 주식 시장도 강세장을 기록한다. 반면 미국은 1950년대 이후 강세장 주기가 평균 4.3년이다. 상승률은 100%를 넘어가며 이후 하락 주기는 이보다 절반도 안 된다.

아래 그래프는 미국의 강세장과 약세장의 주기와 변동폭을 보여주고 있다. 강하고 긴 상승장에 비해 하락장은 기간이 상대적으로 짧음을 알 수 있다. 미국이 기술 발전과 세계 경제성장을 이끄는 강력한 시장임을 아래 그래프에서도 확인할 수 있다. 이런 강한 미국의 주식시장의 역사적 기록 때문에 한국 주식시장을 떠나 미국 주식시장으로 옮겨가는 서학개미들이 점점 늘어가는 추세다.

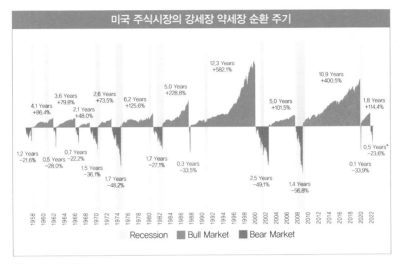

미국 주식시장의 강세장 약세장 순환 주기

Recession ■ Bull Market ■ Bear Market

자료: 퍼스트트러스트

하이엠
팁스

미국 주식 무엇을 살지 고민이라면 서학개미 ETF

미국 주식시장에 투자하는 한국 투자자들을 서학개미라 부른다. 이들의 투자규
모가 커짐에 따라 증권사들도 새로운 대응을 하고 있다. 그중 하나가 삼성자산
운용에서 나온 Kodex 미국서학개미 ETF이다. 서학개미 최애 25종 주식을 매월
담아 한국 투자자들이 많이 투자하는 미국 주식 비중을 그대로 반영하는 말 그
대로 서학개미를 추종하는 ETF이다. 종목은 서학개미들이 많이 투자하는 순서
대로 엔비디아, 테슬라 등이 대거 포진되어 있다. 만일 지금 한국인 개인투자자
가 무슨 종목을 많이 투자하는지 알고 싶다면, 또는 미국 주식 투자 종목 고르
는데 어려움이 있다면, 이런 ETF도 좋은 대안이 될 수 있다.

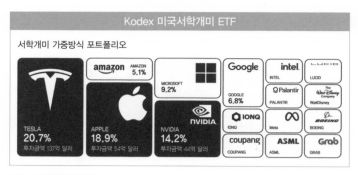

자료: 삼성증권자산운용

● 매크로지표로 계절을 알고, 산업지표로 숲을 보며, 기업지표로 나무를 보자 ●

우리가 경제지표를 공부하는 이유는 경제적 판단을 합리적으로 내리고, 투자 기회를 찾기 위함이다. 이를 위해 매크로지표를 2부에서 학습하고, 매크로지표와 산업지표를 이용한 매크로 트레이딩을 3부에서 살펴본다.

매크로 지표는 경제의 사계절을 이해하는데 도움을 준다. 미국과 글로벌의 경기사이클, 그리고 한국의 경기사이클을 파악하여 경기 확장기인지 수축기인지 판단할 수 있다. 주로 사용되는 지표로는 미국의 구매자관리지수(PMI), 한국의 수출지표, 그리고 선행지표로서 코스피가 있다. 코스피는 한국 수출의 선행지표 역할을 하며, 한국 수출은 글로벌 경기의 선행지표 역할을 한다. 이처럼 한국 코스피는 글로벌 경기를 약 6개월 정도 선행하는 지표로 작동한다. 코스피가 저점에서 반등한다면 글로벌 경기 반등을 예상할 수 있다. 이러한 시점은 주식 등 위험 자산의 비중을 늘리기에 적합하다. 산업적으로는 경기 민감주인 시클리컬 산업에 유리한 시기이다.

산업지표를 통해 숲을 보는 것은 매크로지표와 경기 사이클의 변화를 이해하는 데에서 시작한다. 경기 사이클에 따라 투자 유망 산업은 달라지며, 경기 반등기에는 시클리컬 산업, 경기 하강기에는 통신, 유틸리티, 필수 소비재 산업이 유리하다. 그러나 사이클과 무관하게 특정 시대나 시점에 따라 주도적으로 성장하는 산업이 존재한다. 이러한 성장 산업을 찾아 투자하는 것도 효과적인 전략이다. 예를 들어 2021년 반도체 산업은 사이클을 통해 찾을 수 있는 산업이고, 2022년부터 크게 성장한 방산 산업은 러시아-우크라이나 전쟁 같은 글로벌 지정학적 환경의 영향을 받아 성장했다. 그리고 2022년과 23년을 주도한 전기차와 2차전지 산업은 전기차 전환이라는 글로벌 에너지 전환을 반영한 사례이다. 또한 2024년에는 라면, 화장품 등 특정 산업이 사이클과 무관하게 소비자 트렌드에 따라 성장하기도 한다. 마지막으로 메가 트렌드도 있다. 2022년 이후 인공지능과 미국 전력 산업은 새로운 성장의 주도 산업으로 자리 잡았다.

이와 같은 주도 산업을 찾을 때는 증권사에서 발표하는 산업보고서나, 무역협회에서 분기별로 발간하는 수출경기전망지수를 활용할 수 있다. 산업섹터 전반에 투자할 때는 ETF를 활용하는 것이 좋은 방법이다. 이와 같은 산업 관련 지표 활용법은 10장에서 더욱 자세히 다룬다.

마지막으로 기업지표를 통해 나무를 보자. 기업의 성장은 매출과 이익의 증가를 통해 확인할 수 있다. 성장하는 산업 내 주도 기업은 매출과 이익 성장에서 두드러진다. 주도 산업을 확인했다면 해당 섹터의 기업 중 이익 성장이 뛰어난 기업을 선별해야 한다. 특히 이익이 전년 동기 대비 20% 이상 성장하고, PEG(주가수익 성장비율) 비율이 0.5~1인 가까운 기업은 아직 밸류에이션이 높지 않기 때문에 추가적인 가치 상승이 가능하다. 일반적으로 이러한 기업은 멀티플이 20배 이상까지 상승하며, 이에 따라 주가도 상승하는 경향이 있다. 매크로에서 시작해 기업의 이익으로 이어지는 접근은 탑다운 방식의 전형적인 예이다. 다만, 바텀업과 탑다운 중 어느 것이 정답인지는 개인의 역량과 선호에 따라 달라질 수 있다.

● 모든 경제지표의 원톱은 성장 Growth ●

우리는 1장을 경제는 성장하고 경기는 순환하고 가격은 변동한다는 문장으로 시작했다. 경제, 경기, 가격을 모두 합해 가장 중요한 핵심 지표를 꼽으라면 역시 성장이다. 영어 Growth를 줄여 알파벳 G라고 줄여 부르기도 한다. 한 나라의 경제든 기업이든 모든 것은 성장이 좌우한다. 따라서 경제지표를 볼 때 가장 먼저 볼 것은 성장이다. 즉 적정수준으로 성장하고 있는가, 성장이 과열되고 있는가, 성장이 둔화되고 있는가의 판단이 경제, 경기에 대한 판단이며, 이는 곧 가격이 적절한가의 판단으로 이어진다.

한 나라의 경제가 성장한다면 GDP 증가로 나타나고 우리는 이를 확장 국면 또는 경기의 확장 사이클이라고 부른다. 반대로 성장이 줄어들 때 경기의 수축 국면이라고 표현하고 마이너스로 연속적으로 접어들면 불황이라고 부른다. 불황에 빠질 때 정부가 재정을 투여하거나 중앙은행이 통화 완화 정책을 펴면 부양이라고 부른다. 또한 성장이 과열되면 버블이라고 부르고, 과열로 물가수준이 높아지면 인플레이션 반대로 급격한 경기둔화로 물가 수준이 낮아지면 디스플레이션, 지속적으로 경기침체를 겪으면 디플레이션에 빠졌다고 한다. 모두 성장의 정도에 따라 나타나는 현상들이다.

성장은 산업과 기업에도 가장 중요한 지표이다. 기업의 매출이 증가하는가, 영업이익이 증가하는가, 순이익이 증가하는가―보통 증권 업계에서는 매출의 증가를 탑라인의(top line) 증가, 순이익의 증가를 바텀라인의(bottom line) 증가라고 표현한다. 재무제표의 가장 위쪽에 매출, 가장 아래쪽에 순이익이 나오기 때문이다.―산업과 기업을 분석할 때도 마찬가지로 가장 먼저 확인해야 할 지표는 성장이다. 성장하는 산업인지 여부를 판단해야 하고, 기업을 분석할 때도 이 기업이 현재 성장하고 있는지, 2년 후 또는 미래에도 계속 성장할 수 있는지를 확인하는 것이 가장 중요하다.

우리는 지금까지 본격적인 지표 공부에 앞서 알아야 할 마인드셋, 접근 방법, 지표의 구분 등에 대해서 살펴보았다. 그리고 무엇보다도 성장이 가장 중요한 지표임을 확인했다. 다음장부터 가장 중요한 성장을 시작으로 각 지표와 지표의 쓰임에 대해서 구체적으로 알아보도록 하자.

경제성장률, 기업이익, 주가의 상관관계:
단기는 미인대회 장기는 체중계

주식시장은 흔히 단기적으로는 미인대회, 장기적으로는 체중계에 비유된다. 단기적으로 시장은 투자자들의 감정, 기대치, 그리고 트렌드에 따라 움직이며, 이는 마치 외적인 매력에 따라 승자를 선택하는 미인대회와 유사하다. 반면 장기적으로는 기업의 실제 가치와 이익 성장에 의해 평가 받게 되며, 이는 체중계가 정확한 무게를 측정하듯 기업의 본질적인 가치를 반영한다.

주가는 결국 기업의 이익에 의해 지배된다. 이익이 성장하면 주가도 성장한다는 원리는 장기적으로 성립한다. 기업의 이익은 대체로 경제성장률과 같은 방향으로 움직인다. 다만 기업의 이익 증가는 국가 경제성장률보다 더 큰 폭으로 나타나는 경향이 있다. 이는 기업이 경제성장의 혜택을 직접적으로 누리면서도, 글로벌 시장과의 연결을 통해 추가적인 성장을 이루기 때문이다. 성장률을 측정하는 GDP는 국내 경제 활동을 기준으로 측정되지만, 기업의 활동은 글로벌 시장에서 이루어지는 경우가 많아 그 범위와 성격이 다를 수밖에 없다.

또한 시장에서 주가가 경제성장률보다 더 크게, 많이 변동하는 이유는 투자자들의 심리와 반응 속도가 다르기 때문이다. 경제성장률은 장기적이고 구조적인 라이프사이클을 따르지만, 주가는 매일, 매주, 매달 변화하는 거래 가격에 영향을 받는다. 투자자들은 단기적인 정보와 감정에 민감하게 반응하며, 이는 종종 주가와 기업의 본질적 가치 사이에 괴리를 만든다. 이러한 변동은 시장이 단기적으로 미인대회처럼 작동하는 이유를 설명해준다.

그러나 장기적으로는 시장이 체중계와 같은 역할을 한다. 기업의 본질적 가치를 반영하기 위해 주가는 점차 기업의 이익 성장과 경제성장률의 방향을 따라간다. 여기서 중요한 점은 단기적인 시장의 소음과 감정적인 왜곡 속에서도 장기적으로는 이익과 성장률이 주가를 지배한다는 사실이다. 투자자들은 이 같은 시장의 본질을 이해하고 활용해야 한다.

주식시장에서 흔히 발생하는 편차와 변동은 '미스터 마켓(Mr. Market)'이라는 개념으로도 설명된다. 미스터 마켓은 매일 기분에 따라 동일한 기업에 프리미엄을 부여하거나 디스카운트를 적용하는 감정적인 존재로 묘사된다. 이는 단기적으로 시장이 과도한 반응을 보일 수 있다는 점을 상징하며, 투자자들에게는 기회로 작용할 수 있다. 장기적인 관점에서 본질적인 가치에 비해 저평가된 주식을 발견할 수 있는 이유가 바로 여기에 있다.

결론적으로 주가는 기업 이익과 경제성장률의 함수로 작동한다. 단기적으로는 투자자들의 심리에 의해 움직이지만, 장기적으로는 기업의 실제 가치를 반영한다. 시장이 단기적으로 미인대회라면, 장기적으로는 체중계라는 이중적 속성을 이해하는 것이 성공적인 투자 전략의 핵심이다. 따라서 우리는 성장에서 기회를 찾아야 한다. 성장하는 나라, 성장하는 국면, 그리고 성장하는 산업에서 기회를 찾아야 한다. 이를 통해 확신의 토대를 마련하고, 그 위에 인내의 탑을 쌓아야 한다. 시장의 소음에 흔들리지 않고 성장의 본질을 바라보는 선택이 더 큰 결실을 가져온다.

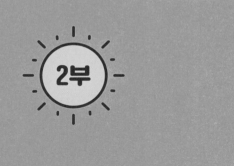

나를
스마트하게 만들어주는
경제지표

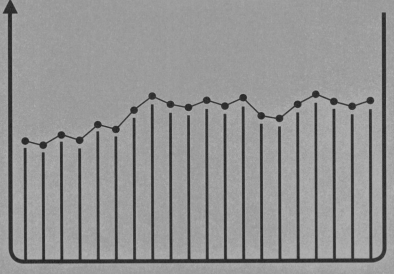

3장

국민소득
성장지표

우리는 지금까지 지표에 대한 접근법과 마인드를 확인했다. 이제부터 본격적인 지표 학습을 시작해보자. 이번 장은 국민 소득과 관련된 지표들을 살펴보는 것으로 시작한다. 주요 지표로는 **국민총생산(GDP), 잠재성장률, 명목GDP와 실질GDP, 아웃풋 갭, 그리고 성장과 연동되는 금리와 인플레이션**에 대해서도 같이 살펴보자. 특히 GDP의 규모와 성장률은 경제의 현재와 미래를 보여주는 핵심 지표이므로 자세히 보기로 한다.

● 성장이냐 둔화냐 이것이 모든 것을 결정한다 ●

국가의 경제성장을 알려면 GDP를 보자

우리는 앞선 장에서 경제지표 중 으뜸은 성장이다로 마무리했다. 단 하나의 지표만 보고 경제를 이해해야 한다면 그것은 성장이다. 그중에서도 한 국가의 경제성장을 표시하는 GDP이다. 그래서 GDP(국내 총생산, Gross Domestic Product)에 대해 자세한 설명으로 이번 장을 시작한다. 성장은 다음 장에서 살펴볼 금리, 물가 등을 결정하는 변수이기 때문에 정확한 이해가 필요하다. 그리고 국내총생산 GDP는 그야말로 가성비가 높은 지표이다. 단순하고 흔해서 누구나 아는 기본적인 지표지만, 가장 중요한 경제의 방향을 정확히 가리킨다.

GDP는 일정 기간 동안 한 국가 내에서 생산된 모든 재화와 서비스의 시장 가치를 합한 경제지표다. 이는 국가 경제 활동의 규모와 생산 능력을 평가하는데 사용되며, 정부 정책 수립과 경제 성과를 비교하는 기초 자료로 활용된다. 예를 들어 GDP가 성장한다는 것은 국가의 경제가 팽창하고 있음을 의미하며, 이는 일자리 증가와 국민 소득 상승을 의미한다.

GDP의 개념은 1930년대 대공황 이후 경제를 체계적으로 분석하고 국가 간 경제 성과를 비교하기 위해 개발되었다. 경제학자 사이먼 쿠즈네츠(Simon Kuznets)는 미국의 경제지표를 통해 경제활동을 정확하게 측정하고자 하였으며, 이를 기반으로 GDP 개념을 확립하였다. 이후 1944년 브레튼우즈 회담에서 GDP는 국제 경제를 평가하는 표준 지표로 공식 채택되었다. 현재는 국제통화기금(IMF), 세계은행(World Bank) 등 주요 국제기구가 각국의 경제 상태를 분석하는데 GDP를 활용한다.

GDP는 경제 활동의 다양한 측면을 반영하며 네 가지 주요 구성 요소로 나뉜다.

- **소비**(C, Consumption): 가계의 소비 지출로, 가정에서 사용하는 의류, 음식, 의료, 교육, 서비스 등 일상 생활의 소비를 포함한다. 소비는 일반적으로 GDP에서 가장 큰 비중을 차지하며, 경제의 활성화 여부를 평가하는 핵심 지표다.

- **투자**(I, Investment): 기업의 설비 투자, 건설 투자, 재고 자산의 증가 등을 포함한다. 이는 생산 능력의 확장과 미래 경제성장을 예측할 수 있는 신호로, 경기 침체 시에는 감소하고 호황기에는 증가하는 경향이 있다.

- **정부 지출**(G, Government Spending): 공공 서비스, 국방, 교육, 사회 복지와 같은 정부의 모든 지출이 포함된다. 정부의 재정 정책에 따라 GDP 성장에 직접적인 영향을 미치며, 공공 프로젝트 투자나 인프라 개발은 경제성장을 촉진하는 요소가 된다.

- **순수출**(NX, Net Exports): 총수출에서 총수입을 뺀 값이다. 수출이 수입보다 많을 경우 순수출이 긍정적 영향을 미쳐 GDP를 증가시키며, 반대의 경우에는 GDP에 부정적 영향을 미친다.

이 네 가지 요소의 합계를 통해 GDP가 산출된다. 이를 통해 경제가 어떻게 운영되고 있는지 파악할 수 있다.

미국 소비, 고용이 글로벌 증시를 좌우하는 이유

GDP는 가계의 소비와 기업의 투자, 정부지출 그리고 순수출에 의해서 결정됨을 보았다. 이제 각국의 실제적인 요소별 비중을 살펴보자. 미국은 지출 측면에서 개인 소비 지출은 전체 GDP의 68%를 차지하며, 이 중 상품 구매는 23%, 서비스는 45%를 구성한다. 민간투자는 GDP의 16%를 차지하며, 정부 소비 및 투자는 18%를 차지한다. 또한 수출된 상품의 비율(13.5%)이 수입된 상품의 비율(16.5%)보다 낮아 순수출은 전체 GDP에서 3%를 차감한다. 반면 수출 주도 국가인 한국은 소비 비중이 50% 이하이고, 투자가 31%, 정부지출이 15%, 순수출이 6%를 차지한다. 미국은 압도적으로 소비 비중이 크며, 한국은 상대적으로 소비보다는 기업의 투자와 순수출의 변화가 중요한 변수이다. 그래서 미국은 소비가 중요하고 한국은 수출이 중요하다.

앞서 우리는 성장이 가장 중요한 변수임을 살펴보았다. 그리고 이 성장은 GDP로 표시되는데, 미국의 성장, 즉 GDP를 결정하는 변수는 소비임을 알았다. 미국의 소비를 결정하는 변수를 알면 미국의 성장을 결정하는 변수도 알게 된다. 바로 소비자의 소득을 결정하는 미국의 고용, 또는 일자리이다. 일자리가 많고 실업률이 낮으면 가계 소비가 증가하고 미국 경제는 성장을 가리킨다. 반대로 실업률이 올라가고 일자리가 줄어들면 미국 경제는 둔화된다.

국가	소비 (%)	투자 (%)	정부지출 (%)	순수출 (%)
미국	68.0 (상품 23, 서비스 45)	16.0	18.0	−3.0
한국	48.0	31.0	15.0	6.0
중국	38.0	43.0	14.0	5.0

각국 GDP구성 비중

자료: 트레이딩 이코노믹스를 기반으로 저자가 작성

　　미국 경제가 글로벌 경제에서 차지하는 미국이 압도적으로 크기 때문에 미국의 고용, 소비, 성장의 순환 지표는 세계 경제에 미치는 영향이 압도적이다. 그래서 우리는 매월 첫째 주 금요일 밤 9시 30분에 발표되는 미국 비농업 고용지표를 주목하고, 글로벌 증시, 채권, 원자재 시장도 이 지표에 의해 큰 영향을 받는다. 이와 비슷한 맥락으로 한국은 수출 지표가 가장 중요한 변수이다. 그래서 매월 첫째 주 발표되는 한국 수출 지표는 한국 경제성장을 가늠하는 핵심적인 지표이다. 수출이 증가하면 한국 경제는 성장 국면에, 수출이 둔화되면 한국 경제는 수축 국면에 접어드는 것으로 해석해도 무방하다. **정리하면 미국과 글로벌은 미국의 고용, 한국은 수출이 핵심이다.**

각국은 성장률에 걸맞은 기준금리를 갖는다

금리와 인플레이션 지표에 대해서는 이어지는 장에서 각각 살펴볼 예정이다. 국가의 성장률을 다루는 이 장에서는 각 나라의 금리는 성장률과 높은 상관 관계가 있음만 먼저 확인한다. 그리고 국민총생산으로 표시되는 GDP는 실질 GDP(인플레이션을 제외한 값)이므로, 각 국의 시장금리(대체로 10년물 국채금리 기준)는 대략적으로 GDP에 인플레이션을 더한 값 수준으로 정해지는 것이 일반적이다.

예를 들어 미국은 2024년 기준 약 3% GDP 성장을 보이고 있다. 중앙은행의 기준금리는 약 4.5% 수준이고 인플레이션은 2.5%를 조금 넘고 있다. 반면 일본은 1.9% 수준의 성장률을 보이고 있

각국 성장률과 기준금리		
국가	GDP 성장률 (%)	기준금리 (%)
미국	2.8	4.75
일본	1.9	0.25
중국	5	2.5
독일(유럽)	−0.3	3.15
한국	2	3.25
인도	6.4	6.5
인도네시아	5	6
브라질	2	11.25
베트남	5	4.5

자료: 트레이딩이코노믹스

기 때문에 금리도 매우 낮은 0% 수준의 기준금리를 유지하고 있다. 앞의 표에 나와있는 한국의 경우를 예로 살펴보자. 한국은 2% 성장률에 2% 인플레이션, 기준금리 3.25%이다. 시중 금리는 대략적으로 2.5%에 2를 더해 4.5% 정도가 대략적인 시중 금리로 작동하게 된다. 대체로 선진국은 2% 내외, 중국 베트남 같은 중진국은 5% 내외, 고성장을 이어가는 인도는 8% 수준의 성장률을 보이고 있다. 그래서 2024년 기준으로 3%에 가까운 성장률을 보이고 있는 미국은 상당히 강한 성장을 보여주고 있는 것으로 해석된다.

미국을 추격하는 중국의 GDP: 미중 갈등의 씨앗

오바마 대통령 시기까지 WTO 체제 아래 평화롭게 공존하던 미국과 중국은 트럼프 대통령 이후 급격히 대립하며 미중 무역전쟁으로 치달았다. 이러한 갈등은 바이든 정부에서도 이어졌으며 오히려 점점 더 격화되고 있다. 현재 미국과 중국의 패권 경쟁은 GDP와 밀접하게 연결되어 있다. 아래 그래프에서 볼 수 있듯이, 미국의 GDP는 약 27조 달러로 세계 1위, 중국은 약 20조 달러로 세계 2위를 차지하고 있으며, 두 나라의 GDP를 합치면 전 세계의 절반을 차지한다.

중국의 GDP가 매년 5% 이상 성장하면서 미국과의 경제 규모 격차가 줄어들고, 그 결과 양국 간 갈등이 더욱 첨예해졌다. 이는 중국 경제가 미국에 실질적인 위협이 될 만큼 성장했기 때문이며, 따라서

순위	국가	GDP(USD)	% of Total
1	미국	$26,855B	25.54%
2	중국	$19,374B	18.43%
3	일본	$4,410B	4.19%
4	독일	$4,309B	4.10%
5	인도	$3,737B	3.55%
6	영국	$3,159B	3.00%
7	프랑스	$2,923B	2.78%
8	이탈리아	$2,170B	2.06%
9	캐나다	$2,090B	1.99%
10	브라질	$2,081B	1.98%

자료: 비주얼 캐피탈리스트(VISUAL CAPITALIST)

미국은 중국을 견제할 수밖에 없는 상황이 형성된 것이다. 한때 세계 2위 경제권이었던 일본이나 독일과 미국 간의 차이를 보면, 중국의 경제적 위협이 얼마나 현실적인지 쉽게 파악할 수 있다.

 케이스스터디

왜 미국에 투자하는 서학개미는 늘어만 갈까?

미국은 인구 3.5억명으로 세계 70억 인구의 5%를 차지한다. GDP는 약 27조달러를 기록하며 글로벌 GDP 100조달러의 약 27%를 차지하고 있다. 1950년대에는 50% 수준을 차지했으나, 글로벌 경제성장으로 중국 등 다른 국가들의 비중이 증가하면서 상대적으로 미국의 비중은 감소하고 있는 추세다. 이제는 명목

GDP 규모로는 중국과 큰 차이는 아니다. 그리고 성장률도 2~3%를 오가는 수준으로 5% 이상 성장하는 중국이나 10% 가까운 성장을 하는 인도에 비하면 낮은 성장률이다. 2% 내외의 성장률과 이제 글로벌 총생산의 27%밖에 차지하지 않는 미국은 어떻게 전세계 투자의 중심으로 남아있고, 미국에 투자하는 한국의 서학 개미들은 늘어만 갈까?

첫 번째는 기축통화 달러의 힘이 근간이다. 그러나 이보다 더욱 강력한 파워는 미국 금융시장에서 나온다. **글로벌 금융시장에서 미국이 차지하는 비중은 50%에 육박한다.** 전 세계 금융시장의 절반 이상을 미국이 직접 차지하고 있고 나머지 시장에도 간접적인 영향을 미치기 때문이다. 동시에 미국에 대한 투자가 어느 시장과 비교해도 안전하고, 자유로우며, 수익률이 높기 때문이다. 중국에 투자할 때 공산당에 의해 좌우되는 급격한 정책의 변화, 브라질에 투자할 때 생길 수 있는 환율의 변화, 한국에 투자할 때 생기는 사이클의 변동 같은 투자자들이 싫어하는 예측 불가능한 변동성이 어느 시장보다 적다. 누구나 진입할 수 있고 투명하고 수익률이 높다.

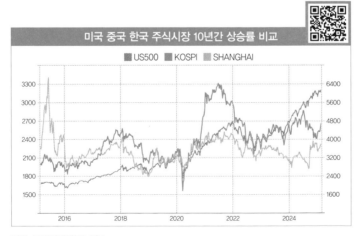

자료: 트레이딩이코노믹스

앞의 그림은 지난 10년간 미국, 중국, 한국 주식시장 지수를 비교한 그래프이다. 한국은 코스피 지수 2000에서 2400으로 10년간 겨우 20% 상승했고 변동폭도 크다. 상해종합은 더 큰 변동폭을 보여주지만 10년간 상해종합지수 기준 3600에서 3600으로 변동이 없다. 반면 미국 500지수는 2000에서 6000으로 10년간 무려 3배가 상승했다. 가장 큰 시장을 갖고 있지만 가장 큰 상승을 보여주고 있다. 압도적으로 높은 수익률, 압도적으로 낮은 변동폭, 그리고 투명함. 이런 미국 시장이 갖고 있는 장점이 미국 자본 시장 사이즈를 키워가고 기업의 가치도 키워가는 선순환을 만들고 있다. 그리고 미국의 경제 파워도 키우고 있다. 그래서 세계에서 많은 개인, 기관 투자자들이 미국 시장으로 몰리고 있다.

성장을 만드는 요인

아래 그래프는 1600년 이후 글로벌 총생산의 증가를 보여주고 있다. 성장의 큰 변화는 1800년대 후반에 크게 일어났다. 1900년 이

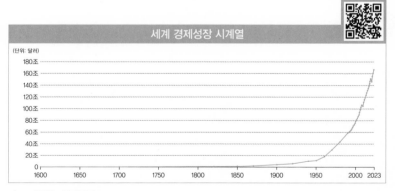

자료: 아워월드인데이터(Our World in Data)

후 급격하게 성장을 보여주었고, 특히 2000년 이후 매우 가파른 성장을 보이고 있다.

인류의 긴 역사 속에서 현재와 같은 경제성장이 시작된 것은 1800년대 후반부터이며, 본격적인 고도 성장은 2000년 이후로 볼 수 있다. 이 그래프를 통해 우리가 살펴보고자 하는 것은 이러한 성장을 가능하게 한 요인들이다. 1800년대 후반은 의심할 여지 없이 산업혁명이 시작된 시기이고, 2000년대는 인터넷 혁명이 일어난 때로, 산업과 기술의 획기적인 발전이 이루어진 시기다.

일반적으로 경제성장을 촉진하는 요인으로는 자본 축적, 노동력 증가, 기술 혁신, 정책 변화, 외국인 직접 투자 증가 등이 있다. 간단히 말해, 자본이나 노동력 같은 투입 요소가 증가하거나, 기술 혁신으로 투입 요소의 효율이 높아지면 성장이 이루어진다. 예를 들어 1950년대 이후 베이비부머(Babyboomer) 세대로 인구가 증가하면서 한국은 1980년대 이후 빠르게 경제성장을 이룰 수 있었는데, 이는 투입 요소의 증가로 설명할 수 있다. 2000년 이후 인터넷, 모바일, 디지털 혁명으로 미국이 강한 성장세를 이어가며 세계 경제를 주도하는 것도 기술 발전의 결과로 볼 수 있다.

따라서 어느 나라가 성장 잠재력이 있는지를 판단하기 위해서는 앞서 언급한 성장 요인, 특히 인구 증가, 교육 수준 향상, 기술 혁신의 여부를 중점적으로 살펴보는 것이 중요하다. 이와 같은 기준으로

볼 때 이민으로 인구를 유지하고, 기술혁신을 이뤄나가는 미국은 성
장에 유리하다. 또한 자연 인구증가와 IT기술 혁신을 이어가는 인도
도 고도성장이 예상된다. 반면 인구절벽에 부딪힌 한국, 중국은 성장
률이 정체될 가능성이 높다. 그렇기 때문에 두 나라는 질적인 효율
성을 높이기 위한 기술 혁신을 이뤄낼 수 있는지가 성장의 큰 변수
가 된다.

● 과열이냐 아니냐의 기준: 잠재성장률과 아웃풋 갭 ●

한 나라의 경제 규모와 성장 속도를 평가하기 위해 우리는 국내총생
산(GDP)를 살펴봤다. 이제 다음 질문으로 넘어가보자. 현재의 성장
은 적절한 수준인가? 즉 한 나라가 경제적으로 지속 가능한 성장을
이루기 위한 기초체력은 어느 정도이며, 현재의 성장이 그 기초체력
에 부합하는지, 아니면 부족하거나 과도한 상태인지 판단할 필요가
있다. 이는 경제의 안정성과 지속 가능성을 평가하는데 매우 중요한
과정이다. 이번 챕터에서는 이러한 판단의 기준으로 잠재성장률과
아웃풋 갭에 대해 자세히 살펴볼 것이다. 이를 통해 성장이 과열인
지, 정상적인지, 혹은 부족한지를 분석하는 방법을 알아보자.

경제의 기초체력을 측정하는 기준 잠재성장률

잠재성장률은 한 나라가 자원 활용의 왜곡 없이 달성할 수 있는 최대 경제성장률을 의미한다. 이는 경제의 기초체력을 나타내는 지표로, 현재 경제성장이 적정 수준인지 과열되었는지 또는 부족한지를 판단하는데 중요한 기준이 된다. 잠재성장률은 노동, 자본, 기술이라는 세 가지 주요 요소에 의해 결정된다. 노동력의 증가와 노동 생산성, 자본 투자 확대, 그리고 기술 혁신이 결합되어 경제가 성장할 수 있는 최대치를 결정하는 것이다.

따라서 잠재성장률은 단순히 과거의 성장률 평균이 아니라, 경제 구조와 생산성의 변화를 반영하는 동적이면서 구조적인 지표이다. 그래서 현재의 성장과 미래의 성장 가능성을 추세적으로 보여주는 매우 중요한 지표이다. 만일 이 숫자가 추세적으로 낮아진다면 경제 구조 개편 없이는 지속적인 저성장에 접어들게 된다. 대표적인 국가

각국의 잠재성장률			
국가/지역	2022년	2023년	2024년 (예상)
미국	2.0%	2.1%	2.1%
중국	5.1%	4.9%	4.7%
한국	2.3%	2.0%	2.0%
유럽연합	1.0%	0.9%	0.8%
일본	1.0%	1.0%	0.9%

자료: OECD

가 현재의 한국이다. 한국의 잠재성장률은 꾸준히 낮아지고 있는 추세로 분석되며, 이는 고령화, 생산성 둔화, 그리고 구조적 문제로 인해 경제의 기초체력이 약화되고 있음을 보여준다.

잠재성장률은 경제 정책 수립에도 중요한 역할을 한다. 중앙은행은 잠재성장률을 기준으로 금리를 설정하고, 정부는 이를 참고하여 재정 정책을 조정한다. 예를 들어 실제 경제성장률이 잠재성장률을 초과하면 경제는 과열 상태에 접어들게 되고, 물가 상승 압력이 커질 수 있다. 반대로 성장률이 잠재성장률에 미치지 못하면 자원의 비효율적 활용과 실업 증가가 발생할 수 있다.

실제성장률에서 잠재성장률을 뺀 아웃풋갭

아웃풋 갭(Output Gap)은 실제 국내총생산(GDP)과 잠재 GDP 간의 차이를 나타내는 지표로, 경제의 현재 상태를 평가하는데 중요한 역할을 한다. 잠재 GDP는 경제가 자본, 노동, 기술 등 생산 요소를 완전하게 활용하여 달성할 수 있는 최대 생산 수준을 의미한다. 따라서 아웃풋 갭은 실제 경제 활동이 이 이론적 최대치에 비해 얼마나 과열되었거나 침체되었는지 보여준다. 아웃풋 갭은 다음과 같이 계산된다.

$$아웃풋\ 갭 = (실제\ GDP - 잠재\ GDP) / 잠재\ GDP \times 100$$

이 값이 양수일 경우, 실제 GDP가 잠재 GDP를 초과하고 있음을 의미하며 이는 경제가 과열 상태에 있음을 나타낸다. 이러한 상황에서는 인플레이션 압력이 증가할 수 있다. 반대로 아웃풋 갭이 음수일 경우, 실제 GDP가 잠재 GDP에 미치지 못하고 있음을 의미하며 이는 경제가 침체 상태에 있음을 나타낸다. 이러한 경우에는 디플레이션 위험이 높아질 수 있다.

잠재성장률, 아웃풋갭을 활용한 경기진단

아웃풋 갭(Output Gap)은 경제 활동이 잠재 생산 수준에 비해 얼마나 과열되었거나 침체되었는지를 나타내는 지표로, 경제 주기의 변동에 따라 주기적인 패턴을 보인다. 경기 확장기에는 실제 GDP가 잠재 GDP를 초과하여 아웃풋 갭이 양수로 전환되며, 이는 인플레이션 압력의 증가를 시사한다. 반대로 경기 침체기에는 실제 GDP가 잠재 GDP에 미치지 못해 아웃풋 갭이 음수가 되며, 이는 디플레이션 위험을 의미한다.

따라서 아웃풋 갭의 추이를 분석하면 경기 과열이나 냉각 여부를 판단할 수 있으며, 정책 당국의 부양 또는 긴축 정책 방향성을 예측하는 데도 활용할 수 있다. 예를 들어 아웃풋 갭이 양수로 확대되는 경우, 중앙은행은 금리 인상과 같은 긴축적 통화 정책을 통해 인플레이션을 억제하려 할 수 있다. 반대로 아웃풋 갭이 음수로 확대되는 경우, 정부는 재정 지출을 늘리거나 세율을 인하하여 수요를 촉진하려 할 수 있다. 만일 후자의 상황이라면 이제 경기의 바닥이라는 추정과 함께 투자를 늘려나가기 시작할 시점으로 판단할 수 있다. 2020년 상반기가 이런 때에 해당한다. 아래 케이스스터디에서 좀 더 자세하게 살펴보자.

2020팬데믹: 미국의 아웃풋갭의 회복과 함께 돌아온 인플레이션

2020년 초, 코로나19 팬데믹의 영향으로 미국 경제는 급격한 침체를 겪었다. 이로 인해 실제 GDP가 급감하여 아웃풋 갭이 크게 음수로 확대되었다. 2020년 2분기에는 아웃풋 갭이 −10%를 기록하며 경제 활동이 잠재 수준에 비해 크게 위축되었음을 나타냈다. 이러한 침체에 대응하여 미국 정부와 연방준비제도이사회 (Fed)는 대규모 재정 지출과 통화 완화 정책을 시행하였다. 그 결과, 2021년부터

자료: FRED

경제는 빠르게 회복되기 시작하였고, 아웃풋 갭은 점차 축소되었다. 2021년 말에는 아웃풋 갭이 0%에 근접하며 경제 활동이 잠재 수준에 도달하였다.

그러나 2022년 이후 경제 회복이 지속되면서 실제 GDP가 잠재 GDP를 초과하기 시작하였다. 이에 따라 아웃풋 갭은 양수로 전환되었고, 이는 인플레이션 압력의 증가를 시사하였다. 실제로 2022년과 2023년 동안 미국은 높은 인플레이션율을 경험하였으며, 이에 대응하여 Fed는 금리 인상과 같은 긴축적 통화정책을 시행하였다. 이러한 사례는 아웃풋 갭이 경제 주기에 따라 어떻게 변동하며, 경제 정책 수립에 있어 중요한 지표로 활용될 수 있는지를 보여준다. 따라서 우리는 아웃풋 갭의 추이를 지속적으로 모니터링하여 경기 반등과 반락을 전망할 수 있다.

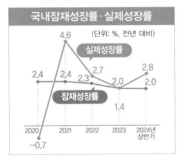

자료: 기획재정부, OECD
그래픽: 연합뉴스

자료: 기획재정부, OECD
그래픽: 연합뉴스

● 성장에는 인플레이션이라는 부산물이 뒤따른다 ●

경제성장은 국민의 생활 수준 향상과 국가의 부를 증대시키는 긍정적인 현상으로 인식된다. 그러나 이러한 성장은 단순히 이루어지는 것이 아니며, 다양한 비용과 부작용을 수반한다. 특히 경제성장 과정에서 인플레이션이 발생하는 것은 흔한 현상이다. 인플레이션은 물가 상승을 의미하며, 이는 소비자의 구매력 감소와 기업의 비용 증가를 초래할 수 있다. 따라서 경제성장과 인플레이션 간의 관계를 이해하고, 이를 적절히 관리하는 것이 중요하다.

앞서 살펴본 잠재성장률은 경제가 인플레이션 압력 없이 달성할 수 있는 최대 성장률을 의미한다. 그러나 실제 성장률이 잠재성장률을 초과하면 경제는 과열 상태에 진입하게 되며, 이는 인플레이션을 유발하는 주요 원인이 된다. 경제가 잠재성장률을 넘어서 성장할 때, 소비자와 기업의 수요가 증가하게 되어 수요견인 인플레이션이 발생한다. 또한 과도한 경제성장으로 인해 노동력과 자원의 수요가 증가하면 임금과 원자재 가격이 상승하며 비용 인상 인플레이션이 발생하게 된다. 여기에 경제 주체들이 미래 물가 상승을 예상하면 기대인플레이션을 촉발하게 된다. 노동자들이 향후 물가 상승을 예상하여 높은 임금 인상을 요구하면, 기업들은 이를 수용하면서 제품 가격을 인상하게 되고, 이는 실제 인플레이션으로 이어진다.

이러한 수요견인, 공급견인, 기대인플레이션 이외 한가지 중요한 포인트가 정책의 시차효과(time lag)의 문제이다. 정부의 확장적 재정 정책이나 중앙은행의 완화적 통화 정책이 지속되면, 시중에 유동성이 과도하게 공급되어 인플레이션을 유발할 수 있다. 예를 들어 정부가 경기 부양을 위해 대규모 재정 지출을 단행하면, 이는 총수요를 급격히 증가시켜 인플레이션 압력을 높일 수 있다. 그러나 이러한 정책들은 효과가 나타나기까지 일정한 시차(time lag)가 존재한다. 정책 결정부터 시행, 그리고 경제 전반에 영향을 미치기까지 시간이 소요되며, 이로 인해 예상치 못한 인플레이션이 발생할 위험이 있다. 따라서 중앙은행이나 정부는 이러한 시차를 고려하여 신중하게 정책을 설계하고 시행해야 하지만 실제로는 그렇게 되지 못하는 경우가 많다. 이러한 오류가 불황과 호황의 사이클을 반복적으로 만드는 원인이기도 하다.

경제성장과 인플레이션 그리고 정책 시차를 논의할 때 성장에는 반드시 비용이 따른다는 점을 기억해야 한다. 또한 경제 정책은 인간이 수립하고 실행하는 것이므로 오류가 발생할 수 있으며, 이러한 오류는 현재까지도 지속되고 있다. 따라서 경제 시스템이 완전히 합리적이라는 가정은 현실 경제와 부합하지 않을 수 있다. 오히려 이러한 반복되는 시장의 오류를 찾아내어 기회를 모색하는 것이 더 효율적인 대응 방법이다.

● 성장률 = 금리 = 인플레의 법칙 ●

성장률이 높으면 금리도 높아진다

경제성장률, 금리, 인플레이션은 상호 밀접하게 연관되어 있으며, 이들의 변화는 경제 전반에 중요한 영향을 미친다. 일반적으로 경제성장률이 높아지면 금리와 인플레이션도 상승하는 경향을 보인다. 이는 금리가 정의상 경제성장과 인플레이션의 합이기 때문이다. 실제적으로는 이는 경제 활동이 활발해지면서 소비와 투자가 증가하고, 이에 따라 상품과 서비스에 대한 수요가 공급을 초과하여 물가 상승, 즉 인플레이션을 유발하기 때문이다. 중앙은행은 이러한 인플레이션 압력을 억제하기 위해 금리를 인상하여 대출 비용을 높이고, 이를 통해 소비와 투자를 감소시켜 경제를 안정시키려 한다. 그래서 성장률만 알아도 우리는 인플레이션, 금리의 대략적인 방향(상승이나 하락이냐)과 수준을 짐작할 수 있게 된다. 성장률이 과도하게 높아지면 인플레이션이 따라오게 되고, 이는 중앙은행의 금리 인상으로 이어지게 되는 사이클을 예측할 수 있게 된다.

금리 인하기와 금리 상승기의 역설

그러나 이러한 일반적인 경향과 달리, 금리 인하기와 금리 상승기에는 역설적인 현상이 나타날 수 있다. 예를 들어 금리 인하기의 경우,

중앙은행이 경기 부양을 위해 금리를 낮추지만, 경제 주체들의 신뢰 부족이나 외부 충격 등으로 인해 소비와 투자가 기대만큼 증가하지 않을 수 있다. 이로 인해 경제성장률이 낮은 상태로 유지되거나 심지어 하락할 수 있다. 반대로 금리 상승기에는 중앙은행이 인플레이션 억제를 위해 금리를 인상하지만, 경제가 이미 과열되어 있어 금리 인상이 경제성장률을 크게 둔화시키지 못하는 경우도 있다.

하이엠
팁스

한국은행 경제전망을 무시하면 큰코다친다

한국은행이 발간하는 경제전망보고서는 향후 경제를 이해하고 투자 전략을 세우는데 있어 매우 중요한 가이드 역할을 한다. 많은 투자자들이 미국 연방준비제도(연준)의 경제 전망에 주목하지만, 한국은행의 경제 전망 역시 놓쳐서는 안 되는 중요한 정보이다. 특히 한국 내 투자자라면, 한국은행의 경제전망보고서를 반드시 확인해야 한다. 한국은행 홈페이지 금융·경제 스냅샷에서 확인이 가능하다.

한국은행은 매 분기 경제전망보고서를 발간하며, 이를 통해 국내외 경제 환경과 주요 지표들에 대한 분석과 전망을 제공한다. 이 보고서는 현재 경제 상황뿐만 아니라, 다음 분기와 내년까지의 경제 흐름을 예측하는데 중요한 정보를 담고 있다. 보고서에서 제시하는 성장률, 소비자물가지수(CPI), 실업률, 투자 흐름 등의 지표들은 투자 결정에 직접적인 영향을 미칠 수 있다.

특히 경제 전망이 급격하게 하락하는 시점에서는 더욱 신중한 접근이 필요하다. 경제 전망이 하락하면 경기 둔화로 인해 자산 시장, 특히 부동산과 주식시장

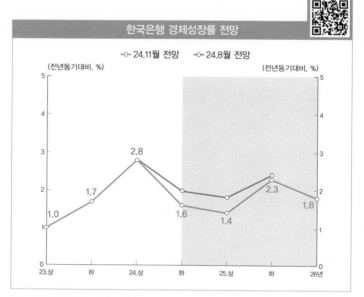

한국은행 경제성장률 전망

─○─ 24.11월 전망   ─○─ 24.8월 전망

(전년동기대비, %)   (전년동기대비, %)

2.8

1.7

1.0

1.6   1.4

2.3

1.8

23.상   하   24.상   하   25.상   하   26년

자료: 한국은행 금융 · 경제 스냅샷

에서 하락 압력이 커질 가능성이 높아진다. 이럴 때는 소극적인 투자 전략을 통해 리스크를 줄이는 것이 현명하다. 더 나아가 경제 전망치가 추가로 하락하는 경우, 이는 경기 둔화가 예상보다 더 심각해질 가능성을 의미한다. 이러한 상황에서는 방어적인 투자 자세를 유지하며, 자산 배분을 재조정하는 것이 중요하다.

반대로 경제 전망이 바닥에서 상승세로 돌아설 때는 공격적인 대응을 고려할 수 있다. 경제가 회복 국면에 접어들면, 자산 가격이 상승세를 보일 가능성이 높아지기 때문이다. 이때는 주식시장과 같은 위험 자산에 비중을 늘리거나, 성장성이 높은 산업에 적극적으로 투자할 기회를 잡는 것이 좋다. 특히 한국은행의 보고서에서 긍정적인 경제 전망이 확인될 경우, 이는 경기 회복에 대한 신뢰를 높여줄 수 있다.

한국은행 경제전망보고서는 단순히 경제 상황을 설명하는데 그치지 않고,

투자자들에게 중요한 전략적 힌트를 제공한다. 경제 전망이 하락할 때는 리스크를 줄이고, 상승할 때는 기회를 잡는 방식으로 대응하는 것이 필요하다. 특히 한국 시장에서 투자 활동을 하는 사람이라면 한국은행 보고서를 반드시 정기적으로 확인하고 분석해야 한다.

● 성장이 멈추면 비극이 시작된다 ●

성장은 국가 번영의 기본이자 경제의 안정성을 유지하는 핵심 요소이다. 한 국가의 경제성장이 멈추면 일자리 감소와 소비 위축이 발생하며, 빈곤율이 증가하고 사회적 불안이 확산하는 악순환이 시작된다. 일본의 '잃어버린 20년', 중국의 중진국 함정, 독일의 최근 경제 위기와 같은 사례들은 성장이 멈출 때 나타나는 경제적 여파와 그 심각성을 잘 보여준다. 이 장에서는 각국이 성장 둔화로 겪는 어려움을 구체적으로 살펴보고, 성장이 국가 경제와 사회 전반에 미치는 영향을 살펴본다.

일본의 잃어버린 20년, 경제는 뒷걸음질

일본은 1980년대 말부터 자산 버블이 팽창하며 고도 성장을 구가했으나, 1990년대 초반 버블 붕괴로 장기 침체에 빠지게 되었다. 부동산과 주식 시장이 폭락하며 경제는 정체되었고, 일본 정부는 제로 금리 정책 등 각종 부양책을 실시했으나 효과는 미미했다. 이 시기의 경제지표는 일본의 어려움을 보여준다. 예를 들어 1990년대 초반 4% 이상이었던 일본의 GDP 성장률은 버블 붕괴 후 1% 이하로 떨어졌다. 소비가 줄고, 기업의 투자도 위축되면서 실업률이 상승하고 소득은 감소했다. 특히 젊은 층에서 고용 기회가 줄어들어 장기적인 실업 문제가 발생했고, 이는 사회적 불안정으로 이어졌다. 일본의 사례는 성장 둔화가 경제 활동 전반에 악영향을 미치며, 국민의 삶과 국가의 안정성에도 부정적인 영향을 준다는 사실을 보여준다.

중국의 중진국 함정과 치솟는 청년 실업

중국은 1980년대부터 세계 경제의 중심으로 빠르게 성장했지만, 최근 들어 경제성장이 둔화되면서 '중진국 함정'에 빠질 위험에 직면하고 있다. 값싼 노동력과 대규모 인프라 투자가 중국 경제의 고성장을 이끌었으나, 이제 인건비가 상승하고 제조업 중심의 경제 구조가 한계에 부딪히면서 성장률이 하락하고 있다.

특히 청년 실업 문제가 심각하다. 중국의 GDP 성장률은 과거 10% 이상에서 최근 5%대로 줄어들었고, 이에 따라 고용 시장이 둔화되면서 청년 실업률이 급증했다. 2024년 중국의 청년 실업률은 20% 이상에 달하며, 이는 중국 경제의 심각한 문제로 떠오르고 있

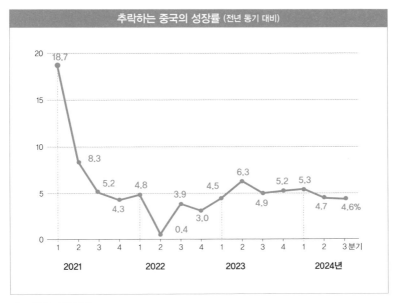

추락하는 중국의 성장률 (전년 동기 대비)

자료: 중국 국가통계국
그래픽: 연합뉴스

다. 제조업 중심 경제 구조가 성장을 이어가기에 한계를 맞으면서 대학 졸업생과 같은 청년들이 일자리를 찾지 못하고 있는 것이다.

이러한 상황은 젊은 세대의 경제적 불안정성을 초래하며, 사회적 불안 요소로 작용하고 있다. 청년 실업률이 높아지면서 소비 시장에도 부정적인 영향을 미치고 있으며, 이는 전반적인 경제 둔화로 이어질 위험이 있다. 중국 정부는 중진국 함정을 벗어나기 위해 AI와 혁신 산업으로 전환을 시도하고 있지만, 현재의 경제 구조를 변화시키는 데에는 상당한 시간이 걸릴 전망이다.

2024년 독일의 위기: 폭스바겐 해고와 제조업의 변환기

2024년 독일 경제는 에너지 위기, 인구 고령화, 세계 경기 둔화 등의 요인으로 위기를 맞고 있다. 독일은 전통적으로 유럽 경제의 중심이었지만, 최근 들어 경제성장 동력이 약화되고 있다. 특히 에너지 가격 상승으로 인해 제조업의 생산비가 급등하면서 기업들이 생산량을 줄이거나 고용을 축소하는 상황이 발생하고 있다.

독일 자동차 산업은 이 위기의 중심에 있다. 전통적으로 독일 경제의 핵심 동력원 중 하나였던 자동차 산업은 전기차 전환과 환경 규제로 인해 큰 변화를 겪고 있다. 예를 들어 독일 최대 자동차 제조업체인 폭스바겐은 전기차 전환 비용을 감당하기 어려워진 상황에서 대규모 인력 감축을 단행하고 있다. 폭스바겐은 수천 명의 직원을 해고할 계획을 발표했으며, 이는 독일 경제와 고용 시장에 중대한 타격을 주고 있다.

또한 독일의 인구 고령화는 노동력 부족 문제를 가중시키고 있다. 젊은 인구가 감소하면서 생산성이 하락하고 있으며, 이로 인해 경제 성장률도 둔화되는 양상을 보인다. 독일의 최근 경제성장률은 1% 미만에 그치고 있으며, 경제 전문가들은 독일이 중장기적으로 성장 둔화를 겪을 것으로 예측하고 있다. 독일의 이러한 위기는 성장이 정체된 경제가 얼마나 쉽게 위기를 맞을 수 있는지를 보여준다. 동시에 독일의 위기는 독일 정부의 부양 의지를 키울 수밖에 없다. 엄격한 재정 준칙을 벗어나 강도 높은 재정 부양으로 꺼져가는 경제를 살려야 하기 때문이다. 제조업 중심의 독일이 다시 유럽의 환자가 된 것은 제조업, 수출 중심의 한국 경제에도 시사하는 바가 크다. 중국의 공급과잉으로 촉발된 독일 제조업과 독일의 경제적 위기는 독일과 비슷한 경제 구조를 가진 한국에도 비슷하게 적용될 가능성이 높기 때문이다.

일본, 중국, 독일의 사례는 성장이 멈출 때 국가 경제와 사회에 미치는 영향을 생생하게 보여준다. 성장이 둔화되면 일자리가 줄고 소비가 위축되며, 경제적 불안이 가중되는 악순환이 시작된다. 이는 단순히 GDP 수치의 변화가 아니라 국가의 안정성과 국민의 삶에 심각한 타격을 주는 문제다. 경제성장은 단순한 숫자의 상승을 넘어 국가와 국민의 안정을 보장하는 중요한 요소임을 인식할 필요가 있다. 성장률이 낮아지고, 실업률이 높아진다는 것은 숫자의 의미가 아니다. 실업으로 인해 개인과 가정의 삶이 파괴되는 잔혹한 고통이다.

● 성장의 시대 3.0 ●

잃어버린 20년과 성장의 시대 3.0

잃어버린 20년으로 대변되는 일본의 저성장과 대비되게 미국은 강한 성장을 이어오고 있다. 특히 디지털 전환을 넘어 인공지능 슈퍼사이클은 미국의 압도적 경제적 성장과 자산시장의 성과를 표현하는 미국 예외주의를 더욱 강화하고 있다. 인공지능이 이끄는 성장의 시대 3.0을 주도하고 있는 미국과 미국의 빅테크 기업들의 성장은 지속될 것으로 전망된다. 그리고 이는 글로벌 경제에도 확산될 가능성이 매우 크다. 경제성장에 대한 새로운 시대의 도래이기 때문에 성장의 시대 3.0을 이해하는 것은 앞으로 경제를 전망하는데 매우 중요하다.

성장의 시대 3.0: AI 슈퍼사이클이 이끄는 새로운 경제성장

성장의 시대 3.0은 인공지능(AI) 슈퍼사이클을 중심으로 경제 효율성이 극대화되고 새로운 성장 기회를 창출하는 시대이다. 산업혁명으로 대표되는 성장의 시대 1.0이 기계화를 통해, 디지털 혁명으로 이어진 성장의 시대 2.0이 정보화와 세계화를 통해 경제를 변혁했다면, 성장의 시대 3.0은 AI 기술로 전 세계가 경제적 재도약을 이루는 전환점을 마련하고 있다. 특히 미국, 글로벌 시장, 한국의 경제성장률에 AI 슈퍼사이클이 미치는 중대한 영향을 엿볼 수 있다.

미국 경제성장률: AI와 한계비용 0 시대의 경제 동력

미국은 기술 혁신을 주도하며 경제성장을 이끌어온 선도국으로, AI

기술에 대한 투자를 확대하며 새로운 성장 동력을 마련하고 있다. 2008년 금융위기 이후 초저금리 정책으로 경제 회복을 시도한 미국은 이제 고금리 시대를 맞이하며 경제성장률의 구조적 전환을 준비하고 있다. AI 기술은 산업 자동화와 개인화된 서비스 제공을 통해 경제 전반의 생산성과 효율성을 높이고 있으며, 이러한 변화는 미국 경제성장률을 견인하는 역할을 하고 있다.

여기에 더해 일론 머스크가 강조한 한계비용 0의 시대가 미국 경제에 새로운 도약을 예고하고 있다. 머스크는 AI와 로봇 기술이 발전하면서 생산의 한계비용이 거의 0에 가까워질 것이라고 전망하며, 이는 기업이 동일한 비용으로 더 많은 생산을 가능하게 함을 의미한다. 이로 인해 기업은 높은 비용 부담 없이 생산량을 확대할 수 있어 생산성과 성장률이 동시에 상승할 가능성이 높다. 이러한 기술이 주도하는 변화는 미국 경제성장률을 2% 이상 유지하는데 큰 기여를 할 것으로 보인다.

글로벌 경제성장률: AGI와 ASI의 도입이 촉진하는 동반 성장

글로벌 경제에서도 AI가 생산성과 효율성을 크게 향상시키며 경제성장률을 끌어올리는 효과를 가져오고 있다. AI 기술의 발전으로 인해 AGI(Artificial General Intelligence, 범용 인공지능)와 ASI(Artificial Super Intelligence, 초지능 인공지능) 도입 가능성도 현실화되면서, 경제

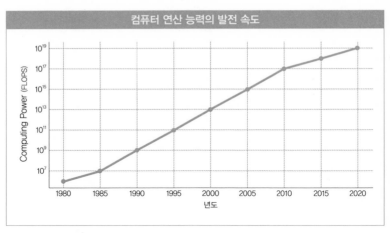

자료: 아워월드인데이터

구조가 재편되고 있다. 마사요시 손, 일론 머스크 등은 컴퓨팅 연산 능력이 매년 10배 이상씩 증가해 왔고 이 속도로 발전한다면 2-5년 이내 AGI 또는 ASI의 등장을 예견하고 있다. AGI는 인간과 비슷한 수준으로 다양한 과제를 처리할 수 있는 인공지능을 의미하며, ASI 는 인간을 초월한 인공지능으로 전반적인 생산성의 급격한 상승을 가능하게 할 것이다.

AGI와 ASI가 도입되면 기업들은 인간의 개입 없이도 자율적으로 운영되고 학습하며, 문제 해결 능력 또한 크게 강화될 것이다. 이는 단순히 기업의 생산성 향상에 그치지 않고 전 세계 경제성장에 동반 성장 효과를 불러일으킬 것으로 예상된다. 국제통화기금(IMF)은 AI와 AGI 도입을 통해 장기적으로 글로벌 경제성장률이 3%대까지 회복할 가능성이 있다고 평가하며, AI 슈퍼사이클이 경제의 새로운 성장 동력으로 자리 잡고 있음을 강조하고 있다. 특히 신흥 시장에서는 AI와 AGI 기술을 통해 기존의 경제 시스템을 재편하며 글로벌 경제성장률에 기여할 것이다.

성장의 시대 3.0은 AI 기술을 통해 경제의 효율성과 성장률을 높이는 중요한 시대적 전환점이 될 것이다. 미국, 글로벌 경제, 한국 모두 AI는 새로운 성장 동력으로 자리 잡고 있으며, 이를 통해 경제 전반의 효율성과 생산성을 극대화하고 있다. 한계비용이 거의 0에 가까워질 미래는 경제성장과 혁신을 더욱 가속화할 것이다.

 케이스스터디

미국의 골디락스가 가장 좋다.

경제학에서 "골디락스(Goldilocks)"는 지나치지도, 모자라지도 않는 이상적인 경제 상태를 가리킨다. 이는 적당한 성장률과 낮은 수준의 인플레이션이 유지되는 상태를 뜻하며, 과열이나 침체 없이 경제가 안정적으로 성장할 때를 표현한다. 마치 동화 속 골디락스가 '적당히 따뜻한' 죽을 찾은 것처럼, 골디락스 경제는 성장과 안정이 조화를 이루는 경제의 최적 상태다.

1990년대 후반, 정보통신 기술의 발달과 함께 미국은 저물가, 고성장, 그리고 낮은 실업률을 동시에 경험하며 골디락스 경제의 전형을 보여주었다. 이 시기는 '미국 경제의 황금기'로 불리며, 세계 경제에도 긍정적인 영향을 미쳤다. 2000년대 초반에도 미국은 골디락스 경제를 이어갔다. 특히 부동산 시장의 활황과 글로벌화의 확대가 성장 동력을 제공하며, 인플레이션은 상대적으로 억제된 상태를 유지했다. 2008년 금융위기로 주춤하였으나 다시 회복했다.

2020년 코로나 팬데믹 이후, 글로벌 경제는 혼란과 회복 사이를 오갔다. 그러나 미국은 과감한 재정 정책과 통화 정책을 통해 골디락스 상태에 근접하려는 노력을 이어갔다. 팬데믹 당시 대규모 경기 부양책이 총수요를 급격히 끌어올린 반면 공급망 혼란과 노동력 부족으로 인해 물가가 상승했다. 이러한 상황에서 중앙은행인 연방준비제도(Fed)는 물가 상승률 2.5%를 목표로 설정하며 인플레이션 억제를 위한 금리 인상 정책을 단행했다. 이는 과열된 시장을 조정하면서도 경제성장을 억제하지 않는 균형을 이루기 위한 신중한 접근이었다.

코로나 팬데믹 이후 기술 혁신은 미국의 골디락스 경제를 실현하는데 중요한 역할을 했다. 원격 근무 기술, 전자상거래, 인공지능(AI) 등 디지털 전환의 가속화는 생산성을 향상시켰으며, 기업들은 효율적인 운영 모델을 통해 경제성장을 견인했다. 특히 이러한 기술 혁신은 공급 측면에서 인플레이션 압력을 완화하고, 새로운 고용 기회를 창출하면서 소비와 투자를 동시에 촉진했다. 골디락스는 가장 이상적인 상황이며 투자자들이 가장 선호하는 환경이다. 경제에서 가장 중요한 균형이 맞는 환경이기 때문이다. 그래서 골디락스의 시기에는 공격적으로 투자를 늘려나가는 시기로 받아들여진다. 만일 미국의 성장이 계속된다면 글로벌 골디락스도 지속될 가능성이 높다.

통화금융지표

앞선 3장에서 우리는 경제성장에 대해서 자세히 다루었다. 경제성장과 성장률의 의미를 충분히 이해했다면 경제지표의 절반 이상을 이해한 것이나 마찬가지다. 이어서 4장과 5장에서는 경제성장과 경기 사이클에 영향을 미치는 핵심적인 두 영역인 통화와 재정 지표들을 살펴보려고 한다.

4장에서는 통화, 통화정책, 이와 연결된 금리, 그리고 통화 정책을 주도하는 중앙은행 그중 특히 미국의 중앙은행인 연준과 관련된 지표들을 꼼꼼히 살펴본다. 주요 지표로는 **중앙은행의 기준금리, 연준 자산규모, 포워드가이던스, 국채금리, 통화량(M2), 인플레이션 목표** 등이며 이를 주관하는 연준의 정책 도구들과 지표들이다. 이는 연준의 자산, 양적완화와 양적 긴축(QE, QT) 등을 포함한다. 추가로 통화 정책의 영향으로 나타나는 주식시장의 버블과 관련된 지표들로 버핏지수, 탐욕공포지수, 마샬케이, 주식시장의 PBR등을 활용하는 전략을 살펴본다.

이어지는 5장에서는 재정이다. 재정은 정부의 예산, 세금, 정책 등과 관련된 내용이다. 이와 관련된 정부재정, 정부가 발행하는 채권인 국채에 대해서 알아본다. 4장과 5장에서 살펴볼 통화와 재정은 현실적으로 분리가 불가능한 두 영역으로, 통화정책, 재정정책은 밸런스와 조화를 이루면서 집행되는 것이 이상적이다. 먼저 금융시장의 핵심인 통화와 금리 그리고 연준과 관련된 지표와 스토리를 스터디하는 것으로 시작한다.

● 세계 금융시장, 통화의 지휘자 미국 연준 ●

미국의 중앙은행은 연준이다. 연방준비제도의 줄임말이다. 한국은행, 일본은행과 달리 미국의 중앙은행인 연준은 독특한 탄생 배경을 가지고 있다. 그래서 당시 1910년대 연준의 설립목적과 조직이 여전히 현재의 연준의 역할로 이어지고 있다. 미국 연방준비제도(연준)는 1913년 "연방준비법(Federal Reserve Act)"에 따라 설립되었다. 이는 1907년 미국의 금융 공황이 주요 계기가 되었다. 당시 대규모 금융 위기가 발생하며 은행이 대거 연쇄 파산하고 경제적 혼란이 극심하자, 안정적인 통화 시스템과 은행 감독 체계의 필요성이 대두되었다.

　이 과정에서 금융계의 거물이었던 J.P. 모건이 주도적인 역할을 했다. 그는 경제공황 위기 당시 개인 자금과 은행 간 협력을 이끌어내 금융 시스템 붕괴를 막는데 결정적인 기여를 했다. 그러나 이러한 민간 중심의 위기 해결 방식이 한계를 드러내면서, 중앙은행 설립에 대한 논의가 본격화되었다. 결국 1910년, 주요 금융 및 정치 지도자들이 조지아주 제킬섬에서 비밀 회의를 열어 중앙은행의 구조를 설계했다. 여기서 제안된 계획이 이후 연방준비법으로 구체화되었으며, 연준은 통화 공급 조절, 금융 안정 유지, 그리고 최후의 대부자로서의 역할을 맡게 되었다. 연준은 설립 당시 지역별 12개 연방준비은행으로 구성된 분권형 시스템을 채택하여 중앙집권적이지 않은 독특한 구조를 만들었으며, 오늘날 세계 금융시장에서 핵심적인 역할을 수행하고 있다.

연준이 가진 세 개의 무기

연준의 통화정책을 이해하기 위해 반드시 살펴야 할 주요 지표는 연방기금금리(기준금리), 연준 자산, 그리고 포워드 가이던스다. 이 세 가지 지표는 연준의 현재 정책 방향과 미래 경제 전망을 파악하는데 핵심적인 역할을 한다.

기준금리는 연준이 매년 8차례 열리는 FOMC(연방공개시장위원회)에서 결정되며, 밴드 형태로 설정된다. 이는 현재의 경제성장률과 인플레이션 수준을 반영하는 지표로, 은행 간 자금 조달 비용에 직접 영향을 미친다. 그리고 소비자 대출 금리와 기업의 자금 조달 비용 등 금융 활동 전반에 영향을 미치며, 연준의 단기 경기 조정의 핵심 도구로 활용된다. 우리가 뉴스에서 연준의 금리 인상, 금리 인하를 자주 보는 이유이다.

두 번째 지표로 연준 자산은 양적완화(QE)와 긴축(QT) 정책과 밀접하게 연결되어 있다. 연준이 보유한 국채, 모기지채권 등 기타 자산의 증가는 글로벌 유동성의 증가를 의미하며, 이는 금융시장과 경제 전반에 활력을 제공한다. 반대로 연준 자산의 감소는 유동성 축소를 나타내며, 이는 경제 활동을 조정하고 인플레이션 억제에 기여한다. 따라서 연준 자산의 규모는 글로벌 유동성을 판단하는 중요한 지표로 작용한다.

세 번째로, 포워드 가이던스는 연준이 향후 경제성장률, 인플레이

Figure 2. FOMC participants' assessments of appropriate monetary policy: Midpoint of target range or target level for the federal funds rate

자료: 미국 연방준비제도이사회

션 전망, 그리고 금리 정책 방향을 포함하는 금리에 대한 가이드이다. 이는 점도표(dot-plot)를 포함하며, 연준이 미래 통화정책 방향을 예고하는 시장과의 커뮤니케이션 수단이다. 그러나 포워드 가이던스가 반드시 그대로 실현되는 것은 아니다. 현재 시점 데이터를 기반으로 연준의 미래에 대한 전망을 표시하는 지표로 가치가 있다. 만일 향후에 노동시장, 인플레이션에 변화가 생기면 포워드 가이던스는 다음 회의에서 얼마든지 바뀔 가능성이 있다.

세계 경제를 조율하는 연준의 도구: 연방기금금리

연준의 금리 정책은 단순한 숫자 조정이 아니라, 경제를 조율하고 물가와 고용을 안정시키는 복잡하고 정교한 과정이다. 연준은 경제가 너무 빠르게 성장하거나 지나치게 둔화되지 않도록 금리를 조정하며, 이를 통해 전체 경제를 가이드하고 있다. 직관적으로 연준의 금리를 통한 경제, 경기 사이클 조절 메커니즘을 살펴보자.

연방준비제도(Federal Reserve, 이하 연준)는 금리 조정을 통해 경제를 관리하며, 이를 통해 경제 전반을 가이드한다. 연준이 사용하는 주요 도구는 연방기금금리(federal funds rate)이다. 다른 말로는 기준금리로 불린다. 연방기금금리는 은행 간 자금을 하루 동안 대출할 때 적용되는 금리로, 연준은 이를 조정함으로써 경제 활동 전반에 영향을 미친다.

연준의 금리 조정 과정은 복잡하지만 핵심은 목표 범위를 설정하는 것이다. 연준은 은행들 간의 실제 금리가 목표 범위 내에서 움직이도록 상한과 하한을 설정한다. 상한은 은행이 연준에 예치한 준비금에 대해 지급받는 이자율로 결정되며, 하한은 연준이 은행들에게 국채 등을 빌려줄 때 적용되는 오버나잇 역레포 금리로 설정된다. 이렇게 설정된 목표 범위 내에서 은행들은 서로 자금을 빌리고 빌려주며 경제 시스템에 유동성을 공급하게 된다. 연준은 약 6주마다(연간 8회) 열리는 FOMC회의를 통해 경제 데이터를 분석하고 금리를 조정할지 여부를 결정한다.

연준의 목표는 두 가지이다. 첫째는 물가 안정과 낮은 인플레이션을 유지하는 것이고, 둘째는 강력한 노동 시장을 유지하는 것이다. 이러한 목표를 달성하기 위해 연준은 경제 상황에 따라 금리를 인상하거나 인하한다. 경제가 너무 빠르게 성장하여 물가가 급등할 위험이 있으면 연준은 금리를 인상한다. 소위 통화긴축이다. 반대로 경제가 둔화되고 실업률이 증가하면 금리를 인하하여 경제 활동을 촉진한다.

연준의 금리 정책은 직접적으로 공급에 영향을 미치지는 못하는 한계가 있다. 그래서 이 부분은 주로 정부 재정을 통해서 이뤄진다. 따라서 연준은 수요를 조정함으로써 간접적으로 경제를 안정시킨다. 예를 들어 금리가 낮아지면 소비자와 기업들은 더 많은 대출을 받게 되고, 이는 소비와 투자를 증가시킨다. 그 결과 기업들은 더 많은 직원을 채용하고 임금을 올리며, 소비자들은 더 많은 상품과 서비스를 구매하게 된다. 그러나 이러한 상황이 지속되면 물가가 상승하며 인플레이션이 발생할 수 있다. 이때 연준은 연방기금금리를 인상하여 대출 비용을 증가시키고 소비와 투자를 줄인다. 대출 비용이 증가하면 기업들은 고용을 줄이고 소비자들은 지출을 줄이며, 결과적으로 물가 상승 압력이 완화된다.

금리를 통한 수요 조정은 연준이 사이클을 조정하는 주요 메커니즘이다. 따라서 금리는 연준이 판단하는 현재 경기 사이클의 위치를 보여준다. 즉 연준이 금리를 올리기 시작한다면 경기가 과열이라는 선언이다. 반대로 금리를 인하하기 시작한다면 경기가 불황이라는 의미이다. 동시에, 연준의 금리정책은 연준이 금리를 통해 만들고자 하는 미래 경제 균형 상태를 가리킨다. 즉 연준은 중립금리 수준으로 금리를 올리거나 내려서 경기를 균형상태로 맞추고자 하는데, 현재 금리가 상승하는 추세인지 하락하는 추세인지를 보면 연준이 목

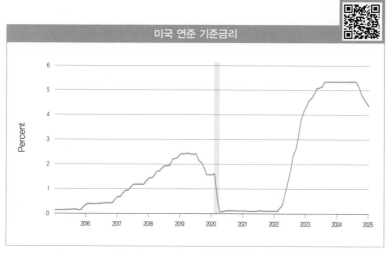

자료: FRED

표로 하는 균형점에 대한 힌트를 얻을 수 있다.

금리 인상의 효과는 시간이 걸릴 수 있다. 소비자와 기업이 주택 구매나 고용 계획 같은 주요 결정을 변경하는데 시간이 필요하기 때문이다. 그러나 대출, 모기지, 신용카드 등에서 금리가 상승하면 소비자와 기업은 즉각적으로 더 높은 비용을 부담하게 된다. 이러한 변화는 시간이 지남에 따라 점증적으로 경제 전반에 영향을 미치며, 약 6개월에서 12개월 후에는 완전한 효과를 볼 수 있다. 그래서 연준이 경기고점에서 금리 인상을 시작하면 인상 사이클이 12개월을 넘어서 이어지는 경향이 있다.

연준의 또 다른 무기 자산매입과 매각

연준은 금리 정책 외에도 자산 관리 도구를 활용해 경제를 안정화시킨다. 특히 경제 위기 시 연준은 자산매입, 즉 양적완화(QE)를 통해 시장에 유동성을 공급한다. 양적완화는 연준이 국채와 모기지담보증권(MBS)과 같은 자산을 대규모로 매입하여 시장에 돈을 푸는 방식이다. 2008년 글로벌 금융위기와 2020년 코로나 팬데믹 당시 연준은 대규모 QE를 통해 금융시장을 안정시키고 경제 붕괴를 막았다. 이 과정에서 연준의 자산 규모는 급격히 증가했으며, 이는 통화량 M2의 확대를 동반했다. 2008년 금융위기에는 연준 자산은 3배 정도 증가했다. 이렇게 늘어난 자산을 줄일 새도 없이 2020년 코로나로 경제위기가 닥치자 연준은 자산을 다시 2배 이상 증가시켰다. 이렇게 단기간에 경제위기 극복을 위해 늘린 연준이 공급한 유동성은 시중에 통화량을 증대시키고, 인플레이션을 초래할 가능성이 높다.

　그래서 우리는 시중의 유동성, 인플레이션 가능성을 예상하기 위해 연준 총자산을 확인한다. 연준 총자산은 미국채, 모기지 채권, 중앙은행 유동성 스왑, 지급준비금, 초과지준 등으로 구성되며 이중 미국채의 비중이 압도적으로 높으며, 모기지 채권이 그 다음을 차지한다. 미국 연준의 총자산은 시중에 공급되는 유동성과 일치하지는 않지만 상관성이 매우 높다. QE를 통해 연준자산이 증가하면 시중의 유동성공급, 반대로 QT를 통한 연준자산 감소는 시중의 유동성 위

2008년 금융 위기와 2020년 코로나로 급증한 연준 자산

자료: FRED

축으로 이어진다.

연준이 돈을 풀면 통화량 M2가 증가한다

우리가 보통 시중의 돈의 양, 즉 통화량을 말할 때는 M2를 의미한다. M2는 현금, 요구불 예금, 저축성 예금 등 비교적 유동성이 높은 자금을 포함한 통화량 지표로, 경제 내 자금 흐름을 나타낸다. 연준의 정책은 통화량 M2와 긴밀하게 연결되어 있다. 연준이 QE를 통해 돈을 풀면 M2는 증가한다. M2가 증가하면 은행 대출이 늘어나고 소비와 투자가 촉진되어 경제가 활성화된다. 그러나 통화량 증가가 지나치면 인플레이션 압력이 높아질 수 있다. 반대로 인플레이션이 심화되면 연준은 양적긴축(QT)을 통해 M2를 줄인다. 이는 연준이 자산을 매도하거나 보유 자산의 만기 도래분을 회수함으로써 시장의 유동성을 흡수하는 방식이다. 2022년 이후 연준은 QT를 단행하며 과잉 유동성을 억제하고 인플레이션 압력을 완화하려 하고 있다.

연준의 정책은 단순히 미국 경제에만 영향을 미치지 않는다. 연준이 돈을 풀면 글로벌 유동성이 증가하며 국제 금융시장에 긍정적 영향을 미칠 수 있다. 반대로 연준이 금리를 인상하면 달러 강세가 촉진되고, 글로벌 자본이 미국으로 유입되며 신흥국 경제에 충격을 줄 수 있다.

주식시장이 버블인지 알고 싶으면 버핏지수를 보자

연준이 통화 완화 정책을 강력하게 펴는 경우 주식시장은 활황을 넘어 버블로 이어지는 경우가 잦다. 이 경우 주식시장이 과열인지 아닌지를 판단하는 지표들을 활용하면 유익하다. 네 가지 미국, 한국 지표를 살펴본다. 이 지표들을 사용할 때 한가지 주의할 점이다. 시장의 과열, 고평가(Over Value) 또는 침체, 저평가(Under Value)는 주관적인 표현이다. 객관적인 기준을 시장에서 찾기 어렵기 때문에 이런 표현은 오해를 가져올 수 있다. 여기 네 가지 지표를 활용할 때는 주식시장이 높은 밸류(high value)로 평가될 때는 방어적으로 대응하고, 주식시장이 낮은 밸류(low value)로 평가될 때는 공격적으로 시장에 대응하는 방식을 사용하는 것이 권장된다. 고평가라고 해서 모든 자산을 팔고 시장을 떠나거나, 저평가라고 판단해서 모든 자산을 위험자산으로 올인해야 한다는 의미가 아니다.

버핏지수: 시장 전체의 가치 수준을 확인

버핏지수는 주식시장 총 시가총액을 GDP로 나눈 값으로, 투자자 워런 버핏이 주목하면서 유명해졌다. 이 지표는 시장 전체의 가치를 나타내며 역사적 중간 값은 약 80이다. 그래서 과거 데이터에 따르면 시가총액이 GDP대비 100%를 초과하면 시장이 과열 상태에 접어들었을 가능성이 높다고 해석했다. 예를 들어 2000년대 초반 닷컴버블 당시 이 지수는 140%를 넘어섰다. 반대로 지수가 70~80% 수준일 때는 시장이 저평가된 경우가 많았다. 그러나 2000년대 이후 미국의 인터넷, 모바일 슈퍼사이클로 인해서 성장률이 높아졌고 버핏지수의 과열 기준도 과거보다는 훨씬 더 높은 수준으로 올려 잡는 것이 현실적이다. 그래서 최근에는 지수가 100%를 넘어가도 과열로 판단하지 않는 경향이 있다. 만일 인공지능 슈퍼사이클이 더해진다면 지수의 평균은 역사적인 값보다 더 올라가도 무방하다. 다만 이 지수가 단기간에 급격하게 증가할 때는 단기 급등에 따른

되돌림(pullback)에 대한 경계가 필요하다.

자료: 롱텀트렌드

시장 심리를 보여주는 공포-탐욕지수

공포-탐욕지수는 투자자들의 심리를 수치화한 지표다. CNN이 발표하는 이 지수는 주가 변동성, 거래량, 수익률 스프레드 등을 종합해 산출된다. 이 지수가 높을수록 시장에 탐욕이 팽배하며 과열되었음을 의미하고, 반대로 낮을수록 투자자들이 두려움을 느껴 주식 매도가 이어지고 있음을 나타낸다. 매우 직관적인 지표로 시장의 심리를 한눈에 알아 볼 수 있다. 공포를 보일 때는 공격적으로, 탐욕을 보일 때는 방어적으로 대응을 해서 리스크를 낮출 수 있다.

유동성의 과열을 진단하는 마샬 케이 지수

마샬 케이는 명목 GDP(국내총생산) 대비 광의통화(M2)의 비율을 나타내는 지표로, 경제 내 유동성 수준과 자산 시장 과열 여부를 평가하는데 중요한 역할을 한다.

M2는 현금, 요구불 예금, 정기 예금, 적립식 저축 등 유동성이 높은 자산을 포함하는 광의통화로, 경제 활동에서 실제로 활용 가능한 돈의 양을 나타낸다. 마샬케이 지수는 통화량이 경제의 실질 생산 활동에 비해 얼마나 과도하거나 부족한지를 보여준다. 그래서 마샬-K는 시장 과열을 평가하는 주요 지표로 사용된다. 일반적으로 마샬-K 비율이 높다면, 유동성이 실질 경제활동보다 과도하게 증가했음을 의미하며, 이는 자산 시장 거품이나 인플레이션 우려를 야기할 수 있다. 반대로, 비율이 낮다면 경제 내 유동성이 부족하여 경기 침체 가능성이 높아질수 있다. 마샬-K 비율은 시장 참여자들에게 통화정책의 방향성과 유동성 관리의 중요성을 알리는 신호로 작용한다.

PBR: 한국 시장에서 0.9이하는 저평가 구간

상승이 길고 강한 미국 시장에 비해 한국 시장은 하락이 길고, 급락이 많다. 그래서 한국 시장 주식시장은 과열이 아니라 저평가 구간, 즉 주식을 사기 대체적으로 편안한 구간은 어디일까?를 찾는 것이 더 중요한 질문이다. 이 질문은 PBR 수준을 통해서 답을 찾을 수 있다. PBR(주가순자산비율)은 주가를 자산가치로 나눈 지표로, 기업이 자산 대비 얼마나 평가받고 있는지를 보여준다. 한국 코스피 시장의 PBR 밴드는 대략 0.8~1.2를 나타낸다. 한국 코스피 시장의 PBR이 0.9 수준이라면, 이는 역사적으로 낮은 수준이다. 이는 시장이 자산가치 대비 저평가 상태일 가능성을 나타내며, 장기적으로 투자 매력을 가진 시장일 수 있음을 시사한다. 코스피 지수 기준 대략 2400-2500이 PBR 0.9에 해당한다. 그래서 특히 MSCI한국 지수 기준으로 PBR 0.85 이하는 한국 기업의 펀더멘털 대비 저평가 구간으로 간주되며, 한국 증시에 진입하기 유리한 시기로 평가받는다. 소위 말하는 공격적 투자가 가능한 구간이다.

● 연준에 맞서지 마라:
경제위기 최후의 보루, 절대 지배자 연준 ●

미국 연방준비제도(연준)는 금융시장의 뇌와 같은 존재다. 연준의 결정은 달러를 기반으로 하는 글로벌 경제를 움직이고, 시장의 기조를 바꾼다. 단순한 통화 정책 기관을 넘어선, 연준은 사실상 세계 경제의 방향성을 설정하는 거대한 조타수다. 그래서 시장에서는 "연준에 맞서지 마라"는 경구가 생겨났다. "Don't Fight the Fed"의 직접적 의미는 "연준(Federal Reserve)의 통화 정책에 역행하지 말라"는 뜻이다. 이 표현은 연준의 정책 방향이 금융시장에 미치는 영향을 강조하며, 투자자들에게 중요한 가이던스를 제공한다. 연준은 앞서 살펴본, 금리 인상, 금리 인하, 양적완화(QE), 양적긴축(QT) 등 다양한 통화정책 도구를 통해 경제를 조정한다. 금리가 인상되면 시장의 유동성이 줄어들고 위험 자산의 가격이 하락하는 경향이 있다. 반대로 금리를 인하하거나 유동성을 확대하면 주식과 부동산 같은 자산의 가치가 상승하는 효과가 있다. 이러한 배경에서 연준의 정책에 역행하는 투자는 마치 거대한 바람에 맞서는 것과 같아서 성공하기 어렵다. 연준과 싸우지 말라 "Don't Fight the Fed"는 다음 장에서 살펴볼 "정부에 맞서지 말라"는 경구와 함께 우리가 경제적 판단을 할 때 반드시 기억해야 한다.

장단기금리 역전: 침체의 전조

앞서 연준은 인플레이션 억제 역할, 즉 인플레파이터임을 살펴보았다. 연준 그리고 세계 중앙은행의 대략적인 인플레이션 타깃은 2% 내외이다. 만일 인플레이션이 급등하면 연준은 금리 인상 또는 양적 긴축을 통해서 긴축정책으로 인플레이션을 억제하게 된다. 이런 억제 정책을 펴면서 연준이 기준 금리를 높이면, 단기금리인 2년물 이내 국채금리는 연준 기준금리와 연동돼서 급격하게 올라가게 된다. 그 상승이 가팔라서, 단기금리가 장기금리를 초과하는 상황을 장단기 금리 역전이라고 한다(일반적으로 장기 국채금리는 단기 국채금리보다 높다. 단순히 친구에게 돈을 빌려줄 때 3개월 후에 돌려받는 돈과 10년 후에 돌려받는 돈 중 어느 쪽이 리스크가 더 큰가 생각해 보면 쉽다. 10년 후에 받는 돈은 못 받을지도 모르고, 그동안 무슨 일이 생길지 모르기 때문에 리스크가 커진다. 그만큼 이자, 즉 금리도 높아지는 원리다).

이런 장단기 금리의 역전은 연준의 긴축적 금리 정책으로 종종 발생한다. 일반적으로 단기금리는 연준이 직접 설정하는 정책 금리의 영향을 받고, 장기금리는 미래 경제성장 기대치를 반영한다. 그래서 기준 금리가 급격히 올라가고 단기 금리가 올라가서 장기금리보다도 높아지면 시장의 금리가 너무 높아졌다는 의미이고 경기는 수축 단계로 접어들고, 인플레이션도 낮아지며, 경기 침체에 빠질 가능성이 높아진다.

미국의 장단기 금리 역전 때마다 나타난 불황, 그리고 예외가 된 2023년

자료: FRED

　역사적으로 장단기금리 역전은 경기 침체의 강력한 전조로 작용해왔다. 2008년 금융위기 이전과 2023년 초의 금리 역전 시기도 침체를 예고한 사례로 꼽힌다. 이는 연준이 금리를 빠르게 올릴 때 나타나는 부작용으로 시장은 향후 성장 가능성을 의심하며 장기금리를 낮게 유지하는 것이다. 대체로 10년 주기로 찾아오는 불황 주기 때마다 반복됐던 현상이라 신뢰도가 꽤 높은 편이다. 그러나 2020년 코로나 이후 펼쳐진 2023년 긴축 시기에 장단기 금리차가 역전됐지만 미국은 불황을 겪지 않고 강한 성장을 이어갔다. 시장에 유동성이 풍부하고, 경제성장이 강하게 이어지면 연준의 긴축 정책에도 불구하고, 장단기 금리가 역전됨에도 불구하고 불황이 오지 않는 사례로 남게 됐다.

불가능한 목표: 물가 안정과 고용 극대화

연준은 두 마리 토끼를 잡으려 한다. 물가 안정과 고용 극대화라는 이중 책무는 경제 이론상 모두 중요하지만, 현실에서는 대립적인 결과를 낳는다. 금리를 인상하면 소비와 투자는 줄어들지만 물가 안정에는 유리하다. 반대로 금리를 낮추면 기업은 활발하게 고용을 늘리지만 인플레이션 압력은 높아진다. 현실적으로 실현이 불가능해 보이는 이 두 가지 목표를 연준은 달성하기 위해서 통화 완화, 또는 통화 긴축 정책을 반복한다. 우리가 금융위기 또는 불황을 겪으면서 실업률이 급등하거나, 때로는 경기가 과열돼서 인플레이션이 급등하는 케이스—예를 들면 2023년 미국의 10% 인플레이션—를 보면 연준이 추구하는 목표가 늘 달성되는 것이 아님을 알 수 있다. 그럼에도 연준은 두 정책 간의 밸런스를 위해서 통화 정책을 운영한다.

길게 올리고, 빨리 내리는 금리

이런 양립하기 어려운 두 가지 목표를 동시에 추구하기 때문에 연준은 최대한 시장에 충격을 덜 주는 방식으로 금리 정책을 편다. 연준의 금리 정책은 종종 "길게 올리고, 빨리 내린다"는 패턴을 보인다. 경기를 식히고, 인플레이션을 내리기 위한 금리를 올리는 과정은 신중하며 시간이 걸리지만, 반대로 인하기에는 급하게 내리는 패턴을 반복해왔다. 특히 2008년 금융위기와 2020년 팬데믹 시기 연준은 불과 몇 달 만에 금리를 제로 수준으로 낮췄다.

연준 풋(Fed Put): 시장의 보이지 않는 안전망

금융시장에서 자주 듣는 용어가 연준 풋이다. 연준 풋은 위기 시 연준이 시장에 개입해 투자자들을 보호하는 메커니즘으로 인식된다. 2008년 금융위기와 2020년 코로나 팬데믹 당시 연준은 대규모 유동성을 공급하며 금융시장의 붕괴를 막았다. 이는 시장에 "연준이 항상 뒤에 있다"는 신뢰감을 심어주는 동시에 과도한 리스크 테이킹(Risktaking)을 유발하는 부작용을 낳기도 했다. 연준 풋은 자산 시장의 필수 안전장치이지만, 자칫 시장이 연준의 개입에 과도하게 의존하게 만들 수 있다. 이로 인해 투자자들은 연준의 정책 신호에 따라 과민 반응하거나, 거품을 형성할 가능성이 커진다.

연준의 실수는 있어도 실패는 없다

연준의 강력한 역할에도 불구하고, 그들의 정책이 항상 성공적이었던 것은 아니다. 1980년대 폴 볼커 의장의 급격한 금리 인상은 인플레이션을 잡는데 성공했지만, 이로 인해 대규모 실업과 경기 침체가 발생했다. 최근에는 2022년 연준이 인플레이션 위기를 과소평가하며 금리 인상 시기를 놓친 점이 비판 받았다. 연준이라는 제도 역시 감정이 있는 사람이 운영하기 때문에 완벽할 수 없다. 그러나 지난

2008년, 2020년 글로벌 위기를 겪으면서 문제 해결력을 보여주었고, 또 위기에 대한 학습효과도 쌓았다. 1900년대 초 대공황에서 국가 경제의 멜트다운(melt down)을 막기 위해 설립된 연준의 역할은 지금도 충실히 실행되고 있다. 그래서 연준을 의심하되, 연준에는 맞서지 말라는 경구대로, 연준에 대한 믿음, 위기는 발생할 수 있으나 극복될 수 있다는 믿음이 우리가 지표를 대할 때 필요하다.

● 통화와 금리 ●

이어서 통화와 금리의 대해서 알아본다. 뉴스에서 보게 되는 통화와 금리에는 여러 개념과 종류들의 뒤섞여 있다. 이를 잘 구분하는 것이 경제를 잘 이해하는 출발이기도 한다. 다양한 개념을 구분해서 살펴보도록 하자. 통화는 경제의 혈액과 같은 역할을 하며, 물가 안정과 경제성장을 위해 중앙은행이 관리하는 핵심 요소이다. 통화량은 공급과 수요를 조절하며, 인플레이션이나 디플레이션을 방지하는데 사용된다. 또한 은행의 신용 창출 과정에서 자본 흐름을 원활히 하여 경제성장과 투자를 촉진한다. 국제적으로는 기축통화로 사용되며, 미국 달러가 대표적인 예다.

통화는 크게 근원통화(M0), 협의통화(M1), 광의통화(M2)로 나눌

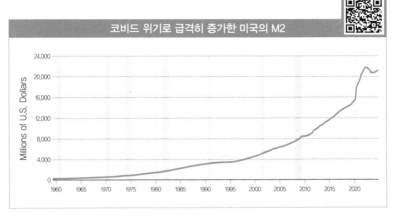

자료: FRED

수 있다. M0는 중앙은행이 발행한 지폐와 동전, 은행이 보유한 지급
준비금을 포함하며, "근원통화" 또는 "본원통화"라고도 불린다. 이는
경제 시스템에서 가장 기초적인 통화로, 유동성의 근간을 이룬다.

M1은 M0에 요구불예금(체크카드로 즉시 사용할 수 있는 자금)을 포함
하며, 즉각적인 거래에 사용 가능한 통화를 나타낸다. M2는 M1에
더해 정기예금, 적금 등 단기간에 현금화하기 어려운 자산까지 포함
한 개념으로, 경제 내 총 유동성을 측정하는 주요 지표로 사용된다.
통화 중에서도 M2가 경제 활동의 중요한 지표로 활용된다. 2020년
팬데믹 이후 연방준비제도의 통화 완화 정책으로 M2는 급격히 증가
했으며, 이는 소비와 투자를 촉진했지만 동시에 물가 상승을 유발했
다. 이후에는 긴축적 통화정책으로 M2 증가세가 둔화되며 인플레이

션 억제를 목표로 하고 있다.

1년 이하 단기금리, 10년 이상 장기금리

금리에도 여러 개념과 종류가 존재한다. 하나씩 살펴보자. 복잡해 보이지만 한번 구분해 놓으면 그 의미를 명확하게 이해하게 된다. 먼저 단기금리와 장기금리다. 가장 중요한 차이는 단기금리는 장기금리보다 낮아야 한다는 점이다. 우리가 보통 금리라고 할 때는 대체로 장기금리 즉 10년물 국채금리인 경우가 많다.

금리는 크게 단기금리와 장기금리로 나뉜다. 단기금리는 주로 1년 이하 만기를 가진 금융상품에 적용되며, 연준의 정책 변화에 민감하게 반응한다. 장기금리는 만기가 10년 이상인 금융상품에 적용되며, 주로 경제성장 기대와 물가 상승률에 영향을 받는다. 미국 채권 시장에서 금리는 만기에 따라 다양하게 나타난다. 예를 들어 단기 국채인 빌(Bill)은 1개월에서 1년까지의 만기를 가지며 안정적인 투자 수단으로 인식된다. 중기 국채인 노트(Note)는 2년에서 10년 만기를 가지며, 장기 국채인 본드(Bond)는 20년 이상 만기를 가진다.

ETF로 미국채에 투자하기

일반적으로 채권 가격은 채권 금리와 반대로 움직인다. 그래서 금리가 높은 시기에는 채권 가격이 하락해서 향후 채권 가격 반등을 기대하는 채권 투자자들이 늘어난다. 2024년 초 미국 10년 국채금리가 5%에 육박. 채권 가격이 하락하자 채권에 관심 있는 투자자들이 많아졌다. 금리가 향후 내려가면, 채권 가격은 올라갈 것으로 기대하기 때문이다. ETF를 이용해서 국채에 투자하는 방법을 소개한다. 국채에 투자하는 쉬운 방법은 ETF를 사는 것이다. 미국 20년 국채에 투자하는 TLT ETF가 대표적인 상품이다.

국내 채권에 투자하는 ETF로는 ACE국고채 10년 등 상품이 존재한다. 한가지 고려해야 할 사항이 있다. 일반적으로 채권 투자는 안전하다고 한다. 만기까지 보유하고 이자를 받는다면 정해진 이자를 받기 때문에 안전하다. 그러나 만기 전에 사고파는 경우는 채권 가격도 등락이 매우 크다. 채권 투자가 무조건 안

미 20년 만기 국채 ETF TLT

iShares 20+ Year Treasury Bond ETF ⬆ **89.61** +1.07 (+1.21%)

자료: 인베스팅닷컴

전하다는 주장은 일부만 맞기 때문에 채권을 사고파는 경우에는 리스크를 고려해야 한다.

특히 이어지는 케이스스터디에서 소개할 내용으로, 최근 금융시장은 저금리, 저물가, 저성장이 가고, 중금리, 중물가, 중성장의 뉴노멀이 도래했다. 일종의 큰 변화(Sea Change)가 나타나고 있다. 과도한 금리인하 기대는 채권 투자의 리스크를 키울 수 있다.

실질금리와 중립금리

금리 관련해서 자주 등장하는 둘이 있다. 바로 실질금리와 중립금리이다. 먼저 실질금리(Real Interest Rate)는 명목금리에서 물가 상승률을 뺀 값으로, 자본의 실제 구매력을 나타낸다. 이는 투자 수익률과 경제성장을 평가하는 데 중요한 지표로 사용된다. 예를 들어 명목금리가 5%이고 물가 상승률이 2%라면 실질금리는 3%가 된다. 실질금리가 낮거나 음수인 경우 소비와 투자가 늘어나 경제성장을 촉진할 수 있다. 실질금리는 또한 장기적인 경제 정책 방향성을 제시하는데도 활용된다. 투자자는 실질금리를 기준으로 자본 배분을 계획하며, 중앙은행은 이를 참고해 금리 정책을 설계한다. 특히 연준은 실질금리를 중립금리와 비교하여 현재 통화 정책의 방향성을 평가한다.

금리 중에 가장 간단한 개념이지만 실질적으로 계산하기 어려운 것이 중립금리이다. 중립금리(Neutral Interest Rate)는 경제가 물가 상승 압력이나 경기 둔화 없이 안정적으로 성장할 수 있는 이상적인 금리를 의미한다. 이는 통화 정책의 방향성을 결정하는 중요한 기준으로 사용된다. 중앙은행은 현재 금리가 중립금리보다 높거나 낮은지 평가해 긴축적 또는 완화적 정책을 시행한다. 다만 중립금리는 분명하게 계산되는 금리가 아니고 추정 값이다. 왜냐하면 중립금리는 고정된 값이 아니라 경제의 생산성, 인구 성장률, 기술 발전 등의 요인에 따라 변화하기 때문이다.

예를 들어 경제가 고속 성장기에 있으면 중립금리가 높아질 수 있으며, 반대로 저성장 국면에서는 낮아질 가능성이 크다. 그래서 대략적으로 미국의 경우 2.5%를 기준으로 경제성장이 커지면 높아지고 반대이면 낮아지는 것으로 추정한다. 유럽과 일본은 이보다 낮은 1% 내외를 중립금리로 추정하고 있다. 만일 경제 효율성이 높아지면 중립금리는 올라가게 된다. 이 경우 약간 높은 인플레이션도 허용되기 때문에 인플레이션 타깃이 높아진다.

중립금리는 투자와 소비를 안정적으로 유지하는데 중요한 역할을 한다. 현재 금리가 중립금리보다 낮으면 완화적 통화 정책으로 해석되며, 경제성장을 자극하지만 인플레이션 우려를 야기할 수 있다. 반면 금리가 중립금리보다 높으면 긴축적 정책으로 간주되며, 물가를 안정시키지만 경제 활동을 위축시킬 위험이 있다. 연준과 각국 중앙은행은 중립금리를 분석하여 경제 상황에 맞는 정책을 설계한다. 그래서 중립금리 수준을 적절히 평가하는 것은 경제 안정과 지속 가능한 성장을 달성하는 핵심 요소로 작용한다. 예를 들어 미국의 경우 인공지능 슈퍼사이클로 생산성이 증가하고 성장률이 높아진다면 중립금리도 상승한다. 따라서 중립금리와 연동된 연준의 인플레이션 목표, 그리고 기준금리도 상승할 가능성이 높다.

 케이스스터디

하워드 막스의 레짐 체인지: 저금리 시대의 종말

월가 투자 그루 중 한명인 오크트리의 하워드 막스는 최근 전 세계 경제가 기존의 저금리 시대에서 고금리 시대로 전환되는 '레짐 체인지(Regime Change)'를 맞이하고 있다고 주장한다. 그는 이 변화가 단순히 금리 인상에 그치는 것이 아니라, 투자 환경과 경제 전반에 걸친 근본적인 전환을 의미한다고 강조한다.

　　2008년 글로벌 금융위기 이후, 전 세계 중앙은행들은 경제 회복을 위해 초저금리 정책을 시행해왔다. 낮은 금리로 인해 기업과 개인은 저렴한 비용으로 자금을 조달할 수 있었고, 이는 경제성장과 자산 가격 상승을 견인하는 역할을 하였다. 그러나 저금리 시대는 장기적으로 여러 부작용을 내포하고 있었다. 과도한 자산 가격 상승, 위험 자산에 대한 과열된 투자, 그리고 급증한 부채 수준은 경제 시스템의 안정성을 위협하는 요소로 작용해 왔다. 특히 코로나19 팬데믹 이후 중앙은행들이 유동성을 대거 공급하며, 인플레이션 압력이 급격히 증가하였다. 이에 따라 많은 국가가 저금리 정책에서 벗어나 금리를 인상하기 시작하면서 저금리 시대의 종말이 본격적으로 도래하게 되었다.

하워드 막스는 현재의 고금리 환경이 투자자들에게 큰 도전을 안겨줄 것이라고 전망한다. 저금리 시대에는 위험이 과소평가되며 자산 가격이 쉽게 상승할 수 있었지만, 고금리 시대에서는 이러한 환경이 더 이상 유지되지 않는다. 높은 금리로 인해 자산의 할인율이 상승하고 자산 가격이 하락할 가능성이 커지며 이는 부동산, 주식, 채권 등 모든 자산군에 영향을 미친다.

금리가 상승하면서 기업과 국가에도 부담이 증가하게 된다. 금리가 낮았던 시기에는 많은 기업이 저렴한 자금 조달을 통해 성장을 이어갔지만, 고금리 시대에는 더 높은 이자 비용을 감당해야 한다. 특히 부채 비율이 높은 기업이나 국가는 재정적 압박을 더욱 강하게 느끼게 된다. 이에 따라 이제 기업들은 고성장보다는 안정적인 재무 구조를 우선적으로 고려하는 경향이 강화된다.

막스는 새로운 금리 환경에서 성공하기 위해서는 기존과 다른 투자 전략이 필요하다고 강조한다. 그는 자산 배분의 중요성을 강조하며, 고금리 시대에서는 위험 자산보다는 안전 자산의 비중을 높이는 것이 바람직하다고 주장한다. 또한 특정 산업이나 자산군에 대한 과도한 집중을 피하고, 포트폴리오를 다변화하여 리스크를 관리해야 한다고 조언한다. 고금리 시대에서는 이전보다 더 큰 리스크와 변동성을 감내해야 하므로, 장기적 관점에서 투자 전략을 세우고 인내심을 가지고 시장에 접근하는 것이 중요하다.

하워드 막스가 주장하는 레짐 체인지는 단순한 금리 인상을 넘어서는 변화로, 저금리 시대의 종말을 의미하며 새로운 고금리 시대의 도래를 일깨운다. 이는 투자자들에게 위험을 보다 신중하게 평가하고 관리하며, 안정성과 장기적 수익을 추구하는 새로운 철학을 요구한다. 따라서 금리 전망을 기존의 저금리 시대 프레임워크로 해서는 안되며 이는 한국은행 총재가 반복적으로는 주장하는 내용 즉 '초저금리로 귀환은 없다'는 내용과도 일치한다.

중앙은행의 독립은 교과서속 이야기

교과서에서 중앙은행의 독립성은 이상적인 경제 시스템의 기본 원칙으로 간주된다. 이는 통화정책이 정치적 압력으로부터 자유로워야 경제가 안정적이고 지속 가능한 성장을 이룰 수 있다는 이론에 기반을 둔다. 그러나 현실에서 중앙은행의 독립은 그리 단순하지 않다. 통화와 재정 정책의 긴밀한 연결, 글로벌 금융 환경의 영향, 그리고 국가별 경제 구조의 특수성은 중앙은행의 역할에 복잡성을 더한다.

한국은행은 헌법과 법률적으로 정부로부터 독립된 기관으로, 독자적인 통화 정책을 수립하고 실행할 권한을 가진다. 그러나 글로벌 경제에서 환율과 금리의 상호 연계성 때문에 한국은행의 독립성은 상대적이다. 특히 한국의 경제는 환율 변화에 민감하게 반응한다. 수출 의존도가 높은 한국 경제는 환율의 급격한 변동이 실물경제에 미치는 영향이 크기 때문에 한국은행은 사실상 환율 안정성을 고려한 정책을 수립할 수밖에 없다. 이는 연준(Federal Reserve)과 같은 외국 중앙은행의 정책 방향에 따라 한국은행이 영향을 받는 주요 이유 중 하나다.

연준이 금리를 인상하거나 긴축 정책을 강화하면, 글로벌 자금은 미국으로 유입되는 경향을 보인다. 이로 인해 원화 가치는 하락하고, 이는 한국 경제에 수입 물가 상승과 같은 인플레이션 압력을 초래할 수 있다. 이러한 상황에서 한국은행은 금리를 따라 올려야 할지, 아니면 국내 경기 부양을 위해 저금리를 유지해야 할지 딜레마에 빠진다. 결국 한국은행은 글로벌 금융 환경과 연준의 정책 기조를 고려하며 정책을 수립할 수밖에 없는 구조에 있다.

한국은행 총재의 발언 '한국은행은 정부로부터 독립적이지만, 연준으로부터는 독립적이지 못하다'는 한국 은행의 결정이 미국 연준의 상호작용 속에서 이뤄짐을 잘 나타내준다. 실례로 한국 경기가 침체되어 금리를 내려야 할 경우라도,

달러원 환율이 지나치게 높아지면 환율 우려로 한국은행은 쉽게 금리 인하를 하기 어렵다. 그래서 미국 경제는 뜨거운데 한국 경제는 침체기로 빠질 때 한국은행이 할 수 있는 수단이 줄어드는 어려움에 처하게 된다.

통화와 재정의 연결성 또한 한국은행의 독립성을 제한하는 요인이다. 정부가 경기 부양을 위해 대규모 재정 지출을 단행하면, 한국은행은 이에 상응하는 통화정책을 수립해야 할 경우가 많다. 이는 통화정책이 재정정책의 보조적 역할을 하게 되는 상황을 만들어낸다. 중앙은행의 독립성은 이론적으로 중요하지만, 현실에서는 완전한 독립이 어려운 구조적 요인이 존재한다. 특히 한국은행은 정부와의 관계뿐만 아니라 글로벌 경제에서 연준의 정책에 따라 움직이는 외부 변수에도 크게 의존하고 있다. 이와 같이 중앙은행이 독립적이라는 명제가 교과서와는 다르게 현실에서 작동하고 있음을 이해할 필요가 있다. 그래서 한국 중앙은행이 금리를 내릴지, 올릴지를 예상할 때 한국의 현재 경기상황, 미국의 경기상황, 그리고 미국 연준의 행보를 먼저 확인하면 정확도가 더 올라간다.

하이엠
팁스

인플레이션이 높아지면 실질금리는 내려가고, 그래서 금값은 올라간다

인플레이션이 상승하면 경제 구조에 여러 변화가 일어난다. 그중 하나가 실질금리의 하락이다. 실질금리는 명목금리에서 인플레이션을 뺀 값으로 정의되며, 인플레이션이 높아질수록 실질금리는 반대로 낮아진다. 이는 금리 자산의 매력을 떨어뜨리고 투자자들이 대체 투자 자산을 찾게 만드는 주요 요인으로 작용한다.

금은 이자를 제공하지 않지만, 구매력을 보존하는데 강점이 있다. 실질금리
가 낮아지는 환경에서는 금 보유의 기회비용이 감소하기 때문에 금 수요가 증가
한다. 이러한 수요 증가는 금값 상승으로 이어지며, 이는 역사적으로도 반복적
으로 확인된 현상이다.

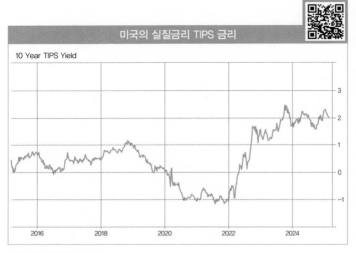

자료: 트레이딩이코노믹스

1970년대 오일 쇼크로 인한 인플레이션 급등기에는 금값이 사상 최고치를
기록했으며, 최근에도 글로벌 경제 불확실성과 인플레이션 상승으로 금값이 강
세를 보이는 추세가 이어지고 있다. 특히 금은 경제적 불확실성 속에서 안전자
산으로서의 역할을 하며 투자자들로부터 신뢰를 받는다.

5장

정부재정지표

앞서 우리는 금리와 통화에 대해 살펴보았으며, 이를 조율하는 중앙
은행의 역할도 자세히 다뤘다. 특히 세계 금융시장과 글로벌 경제의
중심에서 연준이 수행하는 정책 도구와 금리 조절 메커니즘에 대해
살펴보았다. 이 모든 내용을 통합적으로 이해하면 **통화정책**이라는
개념에 도달하게 된다. 이번 장에서는 통화정책과 더불어 경기 조절
의 또 다른 축인 **재정정책**에 대해 알아보도록 한다.

　이번 장은 정부 그리고 재정정책과 관련된 지표를 알아보자. 주
요 지표는 **정부의 예산, 정부가 발행하는 국채의 양, 미국의 국채 발
행과 관련된 QRA, 정부 부채 또는 재정적자, 정부 재정이 불러오는
인플레이션** 등이 핵심이다. 가계, 기업과 함께 3대 경제주체로서 정
부는 작동한다. 동시에 시장의 룰을 만들고 시장을 조절하기도 하기
때문에 가계, 기업을 넘어서는 강력한 힘을 지니고 있다. 특히 세금,
국채, 인프라 건설 등 경제 전반에 걸쳐 강력한 영향을 미치기 때문
에 정부와 관련된 지표는 실물지표뿐만 아니라 금리 등 금융지표에

도 막대한 영향을 미친다. 정부의 핵심 기능이라 할 수 있는 재정을 살펴보는 것으로 이 장을 시작해보자.

정부 재정이란 정부가 국가의 경제적, 사회적 목적을 달성하기 위해 조달하고 지출하는 모든 자금을 말한다. 이는 세입과 세출의 형태로 이루어지며, 경제와 사회 전반에 걸쳐 중요한 역할을 한다. 정부 재정은 국민으로부터 세금을 걷거나 공채를 발행하여 자금을 조달한다. 이렇게 조달된 자금은 공공재와 공공서비스 제공, 경제적 불평등 완화, 사회적 안정 유지 등에 사용된다.

또한 경제가 침체되었을 때는 재정을 확대하여 일자리를 창출하고 소비를 촉진하며, 경제가 과열될 때는 긴축적인 재정 운용으로 물가 안정을 도모한다. 이와 함께 정부 재정은 사회의 균형 발전을 위한 기반을 제공한다. 예를 들어 주거안정, 또는 일자리 확충 정책을 집행하거나, 교육 및 복지 서비스를 확대하여 국민의 삶의 질을 높이는데 기여한다. 인구 감소 문제의 해결, 그리고 기후변화 대응에도 정부 재정은 상당히 투여된다. 결론적으로 정부 재정은 정부의 수입과 지출을 관리하는 것을 넘어, 국가 경제의 지속 가능한 성장을 지원하고 국민의 삶을 향상시키는 핵심 도구로 기능한다.

● 정부의 초강력 무기 재정 ●

재정이란 정부가 경제와 사회를 운영하기 위해 필요한 자금을 조달하고 사용하는 활동을 의미한다. 이는 세금, 공공 요금, 국채 발행 등으로 재원을 확보하고, 이를 지출하여 경제의 균형을 유지하거나 사회적 목표를 달성하는 활동을 의미한다. 그러나 정부 재정은 단순히 수입과 지출을 관리하는 것을 넘어, 경제와 사회 전반에 영향을 미치는 정부의 가장 강력한 정책 도구다. 재정의 핵심인 정부 예산은 국가의 정책 목표와 경제적 우선순위를 반영하기 때문이다. 정부 예산은 수입과 지출로 구성되며, 수입은 주로 세금, 공공 요금, 국채 발행으로 이루어진다. 그리고 정부 지출은 공공 서비스 제공, 복지 정책 시행, 국방 강화, 사회기반시설 투자 등에 사용된다.

지표로서의 재정 관련 지표는 정부의 수입과 지출 규모, 재정 적자 또는 흑자 상태, 그리고 정부 부채 비율 등을 포함한다. 가장 주목할 지표는 첫째 매년 수립되는 정부의 예산규모와 방향이다. 둘째로 재정적자 추이이다. 기본적으로 정부의 예산 규모와 증감률은 매우 중요하다. 팽창 예산은 정부의 성장의지를, 수축 예산은 정부의 긴축 의지를 드러내기 때문이다. 이는 한국뿐 아니라 모든 국가에 공통적으로 적용되는 원리이다. 특히 중국은 공산당 주도하의 국가자본주의이기 때문에 정부의 예산이 경제의 모든 것을 말하기도 한다. 중국 정부가 부양의지를 표명하면, 증시, 부동산 등 자산시장은 상승하고, 반대로 구조조정, 질적성장 등의 표현으로 긴축을 표명하면 자산시장은 얼어 붙는다. 또한 전체 예산의 규모뿐만 아니라 예산 항목별 규모의 증감도 중요하다. 왜냐하면 정부정책의 우선순위가 드러나기 때문이다. 이는 뒤에서 좀 더 자세히 살펴본다.

재정적자 또는 흑자상태, 나아가 정부 부채비율은 매우 중요한 지표이다. 단기적이 경제사이클뿐만 아니라 장기적인 경제의 건강 상태를 나타내주기 때문이다. 이런 지표들은 정부가 얼마나 효과적으로 국가 자원을 배분하고 관리하는지를 보여준다. 예를 들어 재정적자는 경기 부양, 경제성장을 위한 정부의 투자 또는 적극적인 개입으로 해석된다. 그러나 과도할 경우 인플레이션과 국가 신용도 저하로 이어질 수 있다. 중남미, 아프리카 국가들이 재정 파탄과 인플레이션으로 국가 부도에 이르는 경우가 이에 해당된다. 반면 재정 흑자는 정부의 재정 건전성을 보여주지만, 불필요한 긴축 정책으로 인해 경제성장이 저해될 위험도 있다. 그래서 재정 관련 지표로 재정적자, 흑자, 부채비율은 정부 정책의 효율성과 지속 가능성을 평가하는 중요한 기준이 된다.

한국 657조원, 미국 6조달러 정부 예산

한 국가의 예산 규모와 영역별 비중 그리고 정부 부채 규모를 보면 그 나라의 경제 구조를 이해할 수 있다. 한국과 미국의 경우를 보자. 한국의 2024년 정부 예산은 약 657조 원으로 GDP 대비 약 30% 수준이다. 주요 지출 항목은 복지(34.5%), 교육(15%), 국방(10.3%)이다. 이는 사회적 안전망과 미래 세대를 위한 투자에 비중이 커진 구조를 보여준다. 미국의 2024년 연방 예산은 약 6.9조 달러(약 9,800조 원)로 미국 GDP 대비 24% 수준이다. 한국 예산의 10배가 넘는 수준이다. 미국의 경제 규모가 한국보다 최소 10배 이상이라는 의미이기도 하다. 천조국이라 불리는 미국의 주요 지출 항목은 국방비(15%), 사회보장(24%), 메디케어와 메디케이드(25%)다. 특히 의료 지출, 사회보장, 국방비의 높은 비중은 미국의 정책적 우선순위를 단적으로 보

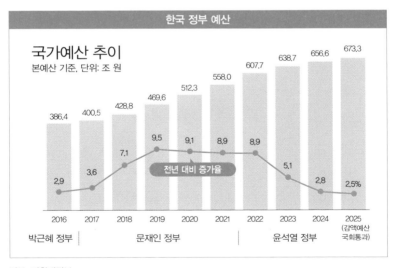

자료: 기획재정부

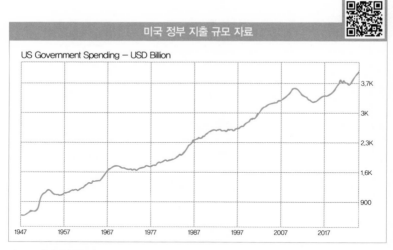

여준다. 오바마 대통령 이후로 의료보장이 선거 때마다 주요 이슈가 되는 이유가 여기에 있다.

● 정부에 맞서지 말라 ●

재정 정책은 정부가 세금을 걷고 쓰는 행위를 넘어, 경제 주체들의 행동에 강력한 영향을 미친다. 금융시장 격언 중 "정부에 맞서지 마라"는 말이 있다. 이는 정부의 재정 및 통화 정책은 경제를 움직이는 핵심 축이기 때문에 이에 역행하는 투자나 경제활동은 성공하기 어렵다는 뜻이다. 다시 2020년으로 가보자. 2020년 코로나19 팬데믹 당시 각국 정부는 대규모 재정 정책을 통해 경제를 회복시켰다. 미국은 3~6조 달러 규모의 경기부양책을 집행하며 경제를 활성화했고, 한국 역시 긴급 재난 지원금 등 100조 원 규모의 재정을 투입하여 기업과 개인의 피해를 최소화했다. 이러한 정책은 정부의 재정이 경제의 방향성을 결정하는 강력한 무기임을 보여준다.

재정은 정부의 초강력 무기로, 경제와 사회의 안정을 도모하는 핵심 도구다. 정부 예산은 단순히 수입과 지출의 관리가 아니라, 국가의 우선순위를 반영하고 미래를 설계하는 전략적 행위다. 그래서 매년 4분기에 국회에서 통과되는 예산안 규모, 예산의 영역별 비중 그리고 예산 방향이 매우 중요하다. 이는 매년 말 정부 예산 수립 시기에 재정경제부의 보고서를 통해서 공표된다. 반드시 확인해야 할 지표이다. 다음 년도 정부가 생각하는 경제성장의 규모, 그리고 성장의 영역을 미리 알 수 있기 때문이다.

한국 정부의 예산안에 대한 설명에 앞서 중국의 예산 과정을 확인한다. 중국 정부는 매년 12월에 경제공작회의를 통해서 예산의 방향성을 정한다. 그리고 이를 이듬해 3월 양회에서 확정하고 집행한다. 이때 중국 정부가 부양으로 가는지 또는 긴축으로 가는지에 따라 한국경제에도 큰 영향을 미친다. 2024년 경우처럼 중국 정부가 강력한 부양의지를 천명하면서, 팽창 재정을 가져갈 경우 중국 내수의 회복을 기대하면서 한국경제에도 긍정적으로 작용하게 된다.

한국 정부의 예산안 보고서를 보면 일년 주도 산업이 보인다

정부는 매년 예산안을 책정하면서 경제 정책의 규모와 방향에 대해서 설명한다. 한국의 경우 기획재정부가 예산안 보고서를 통해서 세

정부 예산안				

별첨 1. 정부 예산방향 ① 첨단산업 육성

- 신성장 · 공공안전 부문 중심 R&D 강화(26.5 29.7조원); 3대 게임체인저(AI, 바이오, 양자) 집중 육성
- 첨단산업 육성 (5.0 6.2조 원): 반도체, 바이오, 이차전지, 디스플레이, 모빌리티 종합 지원

	구분	'24년	'25년(案)	상세 내역
R&D 강화 (29.7조) '25년 기준	미래도전 R&D	5.4조	7.1조	• 차세대 소형원자로 기술 개발 (0.9조) • 반도체 첨단 패키징(178억) • 우주기술, 이차전지, 수소 등
	3대 게임 체인저	2.8조	3.5조	• AI: AI반도체 활용 클라우드(370억), 차세대 범용 AI 개발 (180억) • 바이오: 선도국 협업 프로젝트(0.3조), mRNA 백신 개발(290억) • 양자: 양자컴퓨팅/통신/센서 플래그십 (252억)
	공공안전 R&D	3.4조	3.7조	• 신유형 재난, 신종범죄, 기후변화 등 공공문제 해결
	연구자 육성	0.6조	0.7조	• 연구장려금 확대(+2700명), 임금 보장 (600억) 등
	기초 연구	2.6조	2.9조	• 특화형 기술창업 확대(180개), 신생·미개척분야 연구(150개)

자료: 기획재정부

입, 세출, 그리고 지출 방향에 대한 자세한 보고서를 작성한다. 이는 정부가 지향하는 방향성을 직접적으로 설명해주는 것이므로 귀담 아 들어야 한다. 예를 들어 2025년 예산에 대해서 정부는 혁신 생 태계조성, 안보안전 강화를 주요 특징으로 내세웠다. 이에 대한 구체 적 정책으로 R&D강화, 3대 게임체인저 – 인공지능, 바이오, 양자 컴 퓨팅 사업을 중점 지원할 것임을 밝히고 있다. 정부의 방향성이 이 와 같다면 2025년은 이런 산업들이 주도 산업이 될 가능성이 높아 지므로 정부가 정책적으로 추진하는 산업에 집중할 필요가 있다.

● 미국 정부의 국채 발행 계획 QRA ●

정부 수입은 크게 세금과 국채발행이다. 한국, 미국 모두 정부의 국 채 발행 규모는 금리를 결정하는 힘을 지니고 있고, 이는 시장 전반 에 영향을 미치기 때문에 특히 주목할 필요가 있다. 특히 미국 국채 발행규모는 글로벌 금융시장에 미치는 여파가 매우 크다. 미국 재무 부가 미리 공표하는 미국 국채 발행 계획에 대해서 이해가 필요한 이유다. 미국 재무부는 매 분기마다 '분기별 자금조달 계획(Quarterly Refunding Announcement, QRA)'을 발표한다. 이 발표는 일반적으로 분기 말 이후 한 달 내에 두 차례에 걸쳐 진행되며, 첫 번째 발표에서는 총순차입액(Marketable Borrowing)을 공개하고, 두 번째 발표에서는 만기별 국채 발행액 등 구체적인 발행 계획을 상세히 설명한다. 미국 재무부의 QRA는 정부의 자금 조달 전략을 명확히 제시하며, 주요 내용은 다음과 같다.

1) **총순차입액(Marketable Borrowing):** 해당 분기와 다음 분기에 정부가 시장에서 조달할 총 자금 규모를 의미한다.
2) **만기별 국채 발행액:** 단기, 중기, 장기 국채의 발행 규모와 일정이 포함된다.
3) **재정증권(Bills)과 쿠폰채(Coupon Securities) 발행 계획:** 단기 국채인 재정증권과 이자 지급이 있는 쿠폰채의 발행 계획이 상세히 기술된다.
4) **연준의 양적긴축(QT) 정책 고려:** 연방준비제도(연준)의 자산 축소 정책이 국채 발행에 미치는 영향이 반영된다.

QRA는 미국 정부의 국채 발행 계획을 상세히 공개하여, 시장 금리의 변동을 예측하는데 중요한 정보를 제공한다. 그래서 QRA는 정부의 재정 운영과 금융시장의 상호 작용을 이해하는데 필수적인 자료로 활용된다. 국채 발행 규모와 구조는 시장 금리에 직접적인 영향을 미치며, 이는 경제 전반에 파급 효과를 가져온다. 또한 QRA를 통해 정부의 재정 운영 방침과 전략을 평가할 수 있으며, 이는 시장에 매우 중요한 정보이다. 그래서 분기별로 1월, 4월, 7월, 10월 말에

PRESS RELEASES

Quarterly Refunding Statement of Assistant Secretary for Financial Markets Josh Frost

October 30, 2024

WASHINGTON — The U.S. Department of the Treasury is offering $125 billion of Treasury securities to refund approximately $116.4 billion of privately-held Treasury notes and bonds maturing on November 15, 2024. This issuance will raise new cash from private investors of approximately $8.6 billion. The securities are:

- A 3-year note in the amount of $58 billion, maturing November 15, 2027;

- A 10-year note in the amount of $42 billion, maturing November 15, 2034; and

- A 30-year bond in the amount of $25 billion, maturing November 15, 2054.

The 3-year note will be auctioned at 1:00 p.m. ET on Monday, November 4, 2024. The 10-year note will be auctioned at 1:00 p.m. ET on Tuesday, November 5, 2024. The 30-year bond will be auctioned at 1:00 p.m. ET on Wednesday, November 6, 2024. All these auctions will take place on a yield basis and will settle on Friday, November 15, 2024.

The balance of Treasury financing requirements over the quarter will be met with regular weekly bill auctions, cash management bills (CMBs), and monthly note, bond, Treasury Inflation-Protected Securities (TIPS), and 2-year Floating Rate Note (FRN) auctions.

자료: 미국 재무부

는 QRA의 발표 내용을 반드시 살펴야 한다.

QRA 발표는 금융시장에 큰 영향을 미칠 수 있다. 특히 국채 발행 규모의 증가는 채권 수급에 변화를 초래하여 금리 상승을 유발할 수 있다. 예를 들어 2024년 7월 29일에 발표된 QRA에서 재무부는 3분기 전체 차입 규모를 하향 조정하였지만, 장기 국채 발행 계획을 시장 예상보다 대폭 높여, 단기가 미국 10년물 금리가 급등하는 현상이 나타났다. 이처럼 정부의 채권 발행 예고 양이 증가하면 국채금리가 단기간에 급등하기도 한다. 금리 급등은 연쇄효과로 주식시장에는 급락을 초래하기도 한다. 반대로 채권 발행 예고 양이 적으면, 국채금리 하락 안정을 예상할 수 있다. 따라서 매 분기 QRA에서 우리가 주목해야 할 포인트는 미국 정부 국채 발행 규모의 증가 여부이다. 물론 단기채와 장기채권의 만기별 발행 계획도 중요하지만 가장 중요한 것은 규모이다. 일반적으로 정부 국채 발행 규모가 예상보다 증가하면 금리 상승 압력이 커지는 경향이 있고 이는 시장에 부정적으로 작용한다. 그래서 미국 정부가 국채 발행규모를 갑자기 늘릴 경우에는 경계가 필요하다.

● 끝도 없이 늘어가는 미국의 재정 적자 ●

미국의 재정적자는 매년 새로운 기록을 경신하며, 세계 경제의 핵심 변수로 자리 잡고 있다. 특히 최근 들어 연방정부의 부채와 재정적자가 급증하면서 그 규모는 감당하기 어려운 수준에 이르렀다. 미국 정부가 하루에 지출하는 이자만 약 3조 원에 달하는 현실은 미국 재정 상황의 심각성을 단적으로 보여준다. 이는 단순히 부채 규모의 문제가 아니라, 국가 경제 전반에 걸쳐 파급 효과를 미칠 수 있는 주요 요인이다.

미국 재정 적자

회계연도 전년 10월~당해 9월 기준

2020	2021	2022	2023	2024
3조 1,320	2조 7,700	1조 3,700	1조 6,950	1조 8,330억 달러

미국 국내총생산 (GDP) 대비 6.4%

자료: 미국 재무부
그래픽: 연합뉴스

GDP 대비 부채 비율 지표의 중요성

재정적자와 부채의 절대적인 규모는 큰 의미가 있지만, 더욱 중요한 것은 GDP 대비 부채 비율이다. GDP 대비 부채 비율은 한 국가가 경제적 생산성을 기준으로 부채를 얼마나 감당할 수 있는지를 보여주는 지표로, 국가 재정 건전성을 평가하는데 핵심적인 기준이 된다. 미국의 GDP 대비 부채 비율은 2024년 기준 약 130%에 달한다. 이는 주요 선진국 중에서도 높은 수준이다. 주요국과 비교해 보면 아래 표와 같다.

국가별 GDP 대비 부채 비율	
국가	**GDP 대비 부채 비율**
미국	약 130%
유럽연합(EU)	약 85%
중국	약 77%
한국	약 50%

자료: OECD

미국은 세계 최강의 경제 대국이자, 달러 기축 통화국으로 비교적 높은 부채 비율을 감당할 수 있다. 유럽연합의 재정적자 권고비율이 GDP대비 3% 수준이다. 미국이 현재 GDP대비 재정적자 비율이 6%이므로 유럽 기준으로도 두 배에 해당하는 막대한 정부 빚을 지고 있다. 미국 달러가 기축통화이기 때문에 가능한 일이다. 그러나 이러한 상황이 장기적으로 지속될 경우, 신용도 하락과 금리 상승, 경제성장 둔화로 이어질 가능성이 크다. 실제로 미국 내에서도 미국 부채의 지속 가능성에 대한 우려가 높다. 특히 트럼프 2기 정부의 재무장관 스캇 베센트는 바이든 정부의 GDP대비 6%에 해당하는 미국 부채는 지속 가능하지 않다고 강력 비판하며, 2028년까지 이를 절반으로 낮춰 GDP대비 3%까지 줄이겠다는 공약을 발표했다.

미국의 재정적자: 세계의 축복이자 장기적 재앙

미국의 재정적자는 두 가지 상반된 측면을 가지고 있다. 단기적으로는 경기 부양과 금융시장 안정에 기여하며, 축복으로 작용한다. 정부가 적자를 통해 자금을 조달하고, 이를 경기부양책으로 사용하면 경제성장과 증시 상승을 견인할 수 있다. 2020년 코로나19 팬데믹 당시 미국 정부는 대규모 재정 정책을 통해 경제 충격을 완화했고, 이는 주식시장과 소비 회복에 결정적인 역할을 했다.

그러나 장기적으로 재정적자는 미국과 글로벌 경제에 재앙이 될 수 있다. 적자의 지속은 국가 부채의 누적을 초래하고, 이는 이자 비용 증가로 이어진다. 이자 비용이 늘어나면 다른 중요한 정부 지출, 예를 들어 사회보장이나 국방비에 대한 투자가 줄어들 수 있다. 또한 높은 부채 비율은 투자자들의 신뢰를 저하시켜 국채금리를 상승시키고, 이는 민간 부문의 투자와 소비를 위축시키는 악순환을 초래할 수 있다. 이는 미국 내 문제로 국한되지 않는다. 미국경제에 문제가 발생하면 글로벌로 확산되고 이런 경우 글로벌 경제의 멜트다운이 벌어질 수 있다. 미국 시장에 위기가 발생하면 어떻게 글로벌 경제가 휘청이는지 2008년 금융위기 때 세계가 체험한 바 있다.

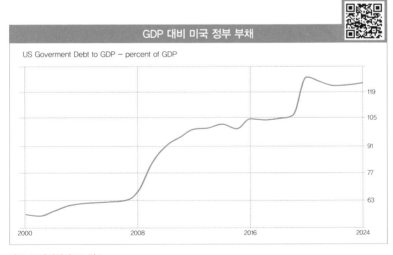

자료: 트레이딩이코노믹스

미국이 장기적으로 안정적인 경제를 유지하기 위해서는 두 가지 경로가 필수적이다. 첫째, 경제성장률을 높이는 것이다. 지속적인 기술 혁신과 생산성 향상을 통해 GDP를 확대하면, 부채 비율을 자연스럽게 낮출 수 있다. 역사적으로 미국은 IT 혁명과 같은 기술 혁신을 통해 경제를 성장시키고 재정을 개선해 왔다. 가장 건강한 부채 비율 하향 방법이다. 둘째, 정부 지출을 효율적으로 관리하고 줄이는 것이다. 현재 미국의 예산에서 큰 비중을 차지하는 국방비와 의료비는 재정 개혁의 핵심 대상이다. 특히 메디케어와 메디케이드와 같은 복지 지출은 장기적으로 개혁하지 않으면 재정 부담이 더욱 가중될 것으로 예상된다. 미국 정부가 DOGE(일론 머스크가 이끄는 정부효율부)를 신설해 미국 재정의 30%를 축소하겠다는 시도도 이 같은 정부주도 효율 관리를 목표로 한다.

미국의 재정적자는 단기적으로는 경제성장과 시장 안정을 지원하는 긍정적인 역할을 하지만, 장기적으로는 경제에 심각한 위험 요소가 될 수 있다. GDP 대비 부채 비율이 130%를 초과한 현 상황은 세계 최강국으로서의 경제적 입지를 유지하기 위해 재정 정책의 전환이 필요하다는 점을 시사한다. 궁극적으로 경제성장률을 높이고 정부 지출을 줄여 재정을 안정화하는 방향으로 나아가야 한다. 그렇지 않으면, 재정적자는 미국 경제에 더 큰 부담으로 작용하여 미래 세대에까지 부정적인 영향을 미칠 수 있다. 나아가 미국 달러, 미국 국채 그리고 미국 패권에도 도전이 될 수 있다. 역사적으로 역대 패권 국가였던 스페인, 영국 등도 결국에는 정부 부채 때문에 패권국의 지위를 잃은 선례가 있기 때문이다.

미국 정부 빚 이자만 국방비를 추월

미국 정부의 부채는 매우 심각한 수준이다. 특히 코로나 이후 최근까지 급격히 증가하여 심각한 재정 문제로 부각되고 있다. 2024년 현재, 연방정부의 부채는 약 33조 달러에 달하며, 이는 GDP 대비 약 130%로 역사적으로도 매우 높은 수준이다. 이러한 부채 증가는 정부의 이자 지출을 급격히 늘려, 연간 이자 비용이 약 1조 달러, 하루 약 3조 원에 이르고 있다. 특히 이자 지출이 국방비를 초과하는 현상은 미국 역사상 처음으로, 재정 건전성에 대한 우려를 더욱 증폭시키고 있다. 미국 의회예산국(CBO)은 2024년 미국이 정부 부채에 대해 지불해야 하는 이자 총액이 8,700억 달러에 달할 것으로 추정했다. 이는 미국의 한 해 국방예산 8,500억 달러를 넘어서는 액수다.

달러 기축국이기 때문에 부채 규모에서 자유로운 미국이지만 이러한 상황은 지속 가능하지 않다. 빚을 내서 빚을 갚는 상황이 심화되기 때문이다. 적절한 레버리지는 긍정적이다. 그러나 개인이나, 기업이나, 정부나 감당할 수 없는 레버리지 즉 빚은 언제나 위기의 출발점이다. 특히 경제성장이 주춤하거나 불황기에는 위기가 증폭되는 경향이 있다. 미국도 예외가 될 수 없고, 미국 정부도 부채 규모 감소를 위한 방향으로 선회하고 있다. 이는 장기적으로 미국경제와 글로벌 경제에 건강한 성장을 가져오는 자양분이 될 것이나, 단기적으로는 한국경제에 숙제를 가져다 주는 양면성이 있다. 앞서 미국의 재정적자는 단기적인 축복이라고 했

자료: 비주얼캐피탈리스트

다. 반대로 미국이 재정 적자를 줄여 나간다는 것은, 글로벌 경기수축이나, 미국 중심의 성장 즉 미국 예외주의의 강화로 이어지고 이는 한국을 포함한 이머징 국가들에게는 경제성장에 부정적으로 작용할 여지가 있기 때문이다.

하이엠
팁스

미국의 금리가 내려가지 않는 이유는 미국 재정적자 때문

정부재정, 정부 부채와 긴밀히 연결되는 지표가 금리이다. 따라서 미국 부채가 늘어나면 미국 국채금리, 이자율의 강세를 예상할 수 있어야 한다. 2022년부터

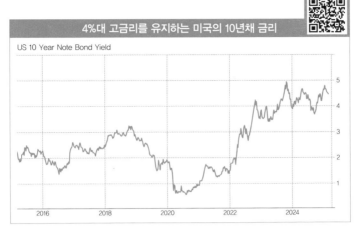

자료: 트레이딩이코노믹스

이어지는 미국의 고금리를 살펴보자. 2024년, 미국 10년물 국채금리는 상대적으로 높은 4%대를 유지하며 시장의 주목을 받고 있다. 통상적으로 연방준비제도(연준)가 금리 인하에 나서면 시중 금리는 하락하는 것이 일반적이다. 그러나 2024년은 시장의 기대와 달리 연준이 0.5% 인하라는 빅컷으로 시작해서 연속적으로 금리를 인하함에도 불구하고, 국채금리가 하락하지 않고 높은 수준에서 유지되고 있다. 이는 단순히 통화정책의 영향만으로는 설명하기 어려운 현상으로, 그 이면에 숨겨진 원인으로 미국의 재정적자가 지목되고 있다.

정부 부채는 시중 금리에 직접적인 영향을 미치는 중요한 요소다. 미국 정부의 부채가 많아질수록 국채 발행이 증가하며, 이는 시장에서 채권 공급 과잉을 초래한다. 채권이 많아지면 투자자들이 높은 수익률을 요구하게 되고, 이는 결국 금리를 끌어올리는 결과를 낳는다. 다시 말해, 정부의 자금 조달 필요가 커질수록 시중 금리는 상승 압력을 받는다.

앞서 살펴본 바와 같이, 2024년 미국의 정부 부채는 GDP 대비 130%에 달하며 정부 역사상 최고 수준이다. 이러한 상황에서 정부는 국채를 대량 발행해 자금을 조달하고 있으며, 이는 금리를 낮추려는 연준의 통화정책과 반대 방향으로 작용하고 있다. 결과적으로 금리가 낮아지지 않고 고공행진을 이어가고 있는 것이다. 미국의 높은 재정적자와 정부 부채를 통해 우리는 다음과 같은 금리, 달러 등에 대한 전망을 할 수 있다. 첫째, 미국 10년물 국채금리가 4%대를 유지할 가능성이 높다. 하향한다고 해도 3% 이하로 내려가기는 어렵다. 하워드 막스가 주장한 씨체인지(SEA change)를 의미하기도 한다. 둘째, 미국의 고금리는 미국 국채의 매력을 높이고, 달러화 자산에 대한 수요를 견고히 하는 요인이 된다. 미국이 고금리와 달러강세를 동시에 보이는 것도 이 때문이다. 이는 고금리가 기축 통화를 가진 미국경제의 안정성을 강화하는 측면을 보여주기도 한다. 연결고리를 정리해보자. 미국의 높은 재정적자, 높은 부채규모, 높은 국채금리 그리고 강달러. 현재와 같은 추이가 유지된다면, 달러 강세가 지속될 가능성이 높다. 그러므로 달러원 환율이 미국 고금리가 지속되는 한 1,400원 이하로 내려올 가능성은 낮다. 달러원이 1,400원을 넘어 1,500원을 넘을 가능성도 염두에 둘 필요가 있는 이유이다. 미국의 재정, 통화, 환율뿐만 아니라 앞장에서 살펴본 한국의 저성장과 맞물려 함께 참조할 만한 것이 일본 엔화의 변화이다. 2010년 이후 아베노믹스를 기점으로 약세를 거듭하고 있는 일본 엔이 한국의 미래가 될 수도 있다.

● 재정은 좋은 약이지만 과하면 맹독이 된다 ●

정부의 과도한 지출은 인플레이션과 경제파국을 불러온다

정부에 맞서지 말라는 격언으로 이번 장을 시작했다. 정부는 법과 세금이라는 막대한 힘을 가지고 있다. 그래서 언제든 맘만 먹으면 운동장의 판을 바꿀 수 있는 힘이 있다. 다만 그 힘을 기업처럼 자유자재로 쓰지 않고 숨겨둘 뿐이다. 그래서 가계 기업 정부 세 경제 주체에서 가장 순해 보이지만 막강한 힘을 가진 것이 정부이다. 이런 막강한 힘을 가진 정부가 잘못된 방향으로 나아갈 경우, 국가가 위기에 빠지는 경우가 자주 있다. 정부는 사실 만능처럼 여겨진다. 모든 문제의 해결은 정부로 향하기 때문이다. 고속도로를 만드는 것도 정부 몫이며, 학교나 병원, 그리고 발전소를 만드는 것도 정부가 할 일이다. 저출산 문제 해결도 정부의 몫이며, 기후변화도 정부의 해결 과제다.

그러나 실제 정부는 만능이 아니다. 정부가 해결하지 못하는 문제들 예를 들면 저출산 문제, 사교육, 양극화 등 끝이 없이 많은 문제들이 있다. 정부의 실패라고도 불리는 문제들도 마찬가지다. 그래서 정부는 정부가 할 수 있는 일과 할 수 없는 일을 구분하고 민간과 균형을 찾는 노력이 필요하다. 만일 정부가 모든 일을 해결하려고 나설 때 오히려 문제가 발생한다. 정부가 과도한 영향력을 시장에 행사하거나, 규제를 강화하거나, 세금을 높이는 등 거대 정부와 필연적으로 뒤따르는 방만 재정은 심각한 경제 문제를 낳기도 한다. 아르헨티나 사례를 통해 정부 지출의 양면성을 설명하고, 무분별한 재정 지출이 불러올 수 있는 위험에 대해 살펴본다.

방만재정으로 파탄 난 아르헨티나

정부 지출이 과도하게 늘어나면 인플레이션이 급증하고, 결국 나라 경제 전체가 어려워지는 것을 잘 보여준 나라가 아르헨티나이다. 메시 보유국 아르헨티나는 1940년대까지만 해도 부유한 나라였으나 이제는 메시, 축구 그리고 IMF 구제금융을 떠올리게 된다. 인플레이션의 나라, 아르헨티나는 어쩌다 인플레이션과 IMF의 대명사가 됐을까? 그 원인으로 지목되는 페론이즘에 대해서 살펴보자. 재정이 가지는 부작용에 대해서 잘 설명해주는 케이스이기 때문이다. 또한 반대로 재정을 잘 관리했을 때 어떻게 되는지도 잘 보여주는 사례가 2023년 아르헨티나의 전기톱 대통령 밀레이 대통령의 케이스이다. 극과 극의 두 개의 사례를 통해 재정의 효용과 위험성에 대해서 살펴보자.

아르헨티나를 파괴한 페론주의

1940년대 후안 도밍고 페론 대통령(1946-1955)이 주도한 페론주의는 아르헨티나 경제에 막대한 영향을 미쳤다. 페론주의는 노동자 계층의 권익 보호와 복지국가 건설을 목표로 하여, 노동조합 강화, 기업의 국유화, 복지 지출 확대 등의 정책을 급진적으로 추진하였다. 페론 대통령은 국민들의 지지를 얻기 위해 사회복지와 임금 인상을 통해 노동자 계층을 중심으로 한 경제 발전을 추구하였으며, 국가 주도하에 산업과 경제를 통제하려 했다. 페론 정부는 철도, 전화, 가스, 전기, 항공사 등 주요 산업을 국유화하고 외국 자본을 배제했다. 그리고 노동자들의 지지를 얻기 위해 연간 20% 이상의 임금 인상과 복지확대를 단행했다.

그러나 이런 재정 확대 정책은 재정 적자로 이어졌고, 이를 메우기 위해 통화 발행을 남발, 물가상승률이 5년만에 50%를 넘어섰다. 외국 배제, 복지 확대는 기업의 생산성 둔화로 이어졌고 수출경쟁력 약화, 결국 외환 감소로 경제 위기로 치닫게 된다. 동시에 이러한 정책은 경제적 불균형을 초래했다. 기업의 국유화와 과도한 복지 지출은 생산성을 저하시키고 재정 부담을 가중시켰으며, 정부의 과도한

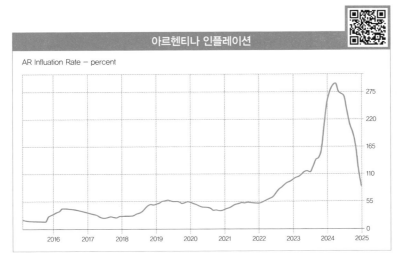

아르헨티나 인플레이션

AR Influation Rate – percent

자료: 트레이딩이코노믹스

지출로 인한 적자는 시간이 지날수록 누적되었다. 결국 페론주의의 결과로 아르헨티나 경제는 높은 인플레이션과 만성적인 재정 적자에 시달리게 되었다. 정부의 의도와 달리 물가가 급등하면서 국민들의 실질 소득이 감소하고, 경제 전반의 불안정성이 심화되었다. 이후에도 아르헨티나의 문제는 2020년대까지 이어졌다. 만성적인 재정적자와 인플레이션에 시달리며 선진국이었던 아르헨티나는 IMF 구제금융의 대명사로 전락했다.

1960년대와 1970년대에도 인플레이션 문제는 지속되었고, 경제가 불안정해지자 아르헨티나는 1980년대에 IMF의 구제금융을 받게 되었다. IMF는 재정 건전화와 긴축 정책을 요구했지만, 아르헨티나는 구조적 문제와 내부적인 반발로 인해 지속적인 개선을 이루지 못했다. 이후 1990년대에도 외환위기가 발생하면서 다시 IMF의 구제금융이 필요하게 되었고, IMF의 권고로 페소화를 미국 달러와 연동시키는 페그제도를 도입했으나, 이는 결국 2001년 대규모 경제 위기를 초래하는 결과를 낳았다. 이 위기로 인해 아르헨티나는 다시 IMF의 구제금융에 의존하게 되었고, 이후 수십 년간 경제적 불안정과 인플레이션 문제는 계속되었다. 아르헨티나의 역사에서 볼 수 있듯이 페론주의의 단기적 인기와 복지 강화는 장기적으로는 경제의 안정성을 해치는 원인이 되었다. 반복되는 IMF 구제금융은 아르헨티나 경제가 재정 방만과 과도한 인플레이션을 제어하지 못했음을 상징적으로 보여준다.

전기톱 대통령 밀레이, 아르헨티나 주식시장 10배 폭등

2023년 아르헨티나에서는 "전기톱 대통령"으로 불리는 하비에르 밀레이(Javier Milei) 대통령이 등장하여 경제 개혁이 가속화되고 있다. 밀레이 대통령은 취임 이후 과감한 긴축 정책과 개혁을 통해 아르헨티나 경제를 회복시키고자 하는 목표를 내세웠다. 그는 공공 부문의 비효율을 줄이기 위해 과도한 복지 지출을 삭감하고, 공기업을 민영화하며, 정부의 역할을 축소하는 정책을 시행하였다. 또한 중앙은행을 폐지하여 페소화의 불안정을 해결하고자 하는 계획을 발표하기도 하였다. 페론주의와는 정반대되는 정책들이었다. 정부 재정 지출을 줄이기 위해 그는 다음과 같은 과격한 정책을 실행했다.

먼저 정부 조직을 대폭 축소했다. 기존 18개 부처를 9개로 축소했다. 공공사업의 약 90%를 중단하여 재정지출을 대폭 삭감했다. 이 과정에서 공무원 1만명 이상을 해고했다. 또한 에너지, 교통보조금을 대폭 삭감했다. 이런 조치들을 통해 2024년 1분기에 재정 흑자를 기록했다. 동시에 페소화를 50% 이상 평가절하하여 환율을 조정하였다. 중앙은행을 없애겠다는 공약까지 했으나 실행에 옮기지는 않았다. 아르헨티나에 만연한 정부의 퍼주기식 정책들과 방만한 재정이 밀레이 대통령의 개혁정책으로 개혁될 수 있다는 믿음이 생기

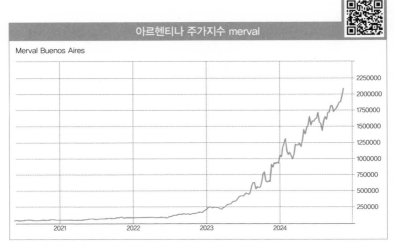

자료: 트레이딩이코노믹스

자 주식시장은 즉각적이고 폭발적인 반응을 보였다.

개혁 발표 이후 주식시장은 폭등하였는데, 이는 투자자들이 아르헨티나 경제의 구조적 변화와 재정 건전성 회복에 대한 기대감을 반영한 것이다. 특히 그의 긴축 정책은 재정 적자를 줄이고 인플레이션을 억제할 수 있는 방안으로 평가되었다. 아르헨티나의 종합주가지수 머발 지수는 밀레이 대통령 당선 이후 거의 10배에 달하는 폭발적인 상승을 기록했다. 한국으로 치면 코스피가 2,500에서 25,000으로 상승하는 엄청난 상승이 일어났다. 이러한 아르헨티나의 밀레이 대통령 사례는 재정 건전성이 얼마나 중요한 요소인지를 잘 보여주는 사례이다. 파퓰리즘, 재정위기와 시장안정, 그리고 성장은 함께 하기 어렵다. 그래서 정부의 역할이 중요하다.

 케이스스터디

아베노믹스의 과감한 재정정책이 일본 증시를 4배 상승시키다

일본은 '잃어버린 20년'으로 유명한 나라다. 그러나 2010년 이후 일본은 장기적인 경제 침체와 인구 고령화라는 구조적 문제 속에서도 과감한 재정정책과 경제 개혁을 통해 눈에 띄는 성과를 거둔 사례로 볼 수 있다. 특히 아베노믹스와 기시다 총리의 개혁은 일본 경제와 증시를 다시 활력을 찾게 한 중요한 전환점이 되었다. 잠재성장률은 낮아지고, 인구절벽으로 치닫고 있는 한국이 경제 성장의 역동성을 되찾기 위해 참고해야 할 사례이다.

아베노믹스: 과감한 재정정책의 시작

아베 신조 전 총리는 2012년 취임 이후 '아베노믹스'라는 이름의 경제 정책을 발표하며 일본 경제를 되살리기 위한 대대적인 노력을 기울였다. 아베노믹스는 크게 세 가지 화살(Three Arrows)로 요약된다.

1) 과감한 통화 완화: 일본은행(BOJ)을 통해 대규모 자산 매입 프로그램(양적완화)을 실행하며 시장에 대규모 유동성을 공급했다. 이를 통해 엔화 약세를 유도하고 수출을 활성화하여 기업들의 경쟁력을 높였다.

2) 적극적인 재정 정책: 대규모 인프라 투자와 정부 지출 확대를 통해 경기 부양을 도모했다. 이 과정에서 국가 부채가 증가했지만, 이는 경제 회복을 위한 불가피한 선택으로 평가되었다.

3) 구조 개혁: 규제를 완화하고 노동시장과 기업 환경을 개혁하여 장기적인 경제 성장 기반을 마련하고자 했다. 이러한 정책의 결과, 일본 증시는 빠르게 반등하며 닛케이 225 지수는 아베 집권 초기부터 약 3배 이상 상승하는 성과를 냈다.

일본 증시와 부동산

도쿄 집값과 닛케이 지수 변화 추이

자료: 연합인포맥스

기시다 개혁: 새로운 자본주의

기시다 후미오 총리는 2021년 취임 이후 아베노믹스의 성과를 이어받아 경제를 더욱 성장시키기 위한 개혁을 추진했다. 그는 '새로운 자본주의(New Capitalism)'라는 슬로건 아래, 포괄적이고 지속 가능한 경제성장을 목표로 삼았다.

1) 재정과 민간의 균형 투자: 정부 주도의 재정 정책뿐만 아니라 민간 기업의 투자 확대를 유도하기 위해 세제 혜택과 지원책을 강화했다.

2) 디지털 전환과 그린 에너지 투자: 디지털화와 탈탄소 사회를 위한 투자에 집중하며, 일본 경제를 기술 혁신과 지속 가능성에 기반한 성장으로 전환시키는데 주력했다.

3) 금융시장 개혁과 외국 투자 확대: 상장 규제는 완화하되, 기업 지배구조 개선과 주주환원 확대 그리고 외국인의 투자 장벽 완화를 실시했다. 기시다 총리의 개혁 이후 KKR등 미국 자본의 투자가 급증했고 일본 증시는 더욱 상승세를 이어갔다. 닛케이 225 지수는 2024년 현재 아베노믹스 이전 대비 4배 이상의 수준을 기록하며 안정적인 성장세를 보여주고 있다.

일본의 재정정책은 과감한 통화 및 재정 정책, 구조 개혁의 조화를 통해 장기 침체에서 벗어나 증시와 경제를 회복시킨 사례로 볼 수 있다. 2025년 초고령사회로 접어드는 한국이다. 일본이 2007년 초고령사회로 접어들면서 나타난 성장둔화와 경기침체 그리고 그후 이어진 아베노믹스와 기시다의 시장 개혁은 한국에 정책적 시사가 크다. 한국도 최근 이런 일본의 케이스를 반영해서 '밸류업 프로그램'을 강화하고 있다. 일본처럼 과감한 경제 개혁 프로그램을 쓰지 않는다면 한국도 '잃어버린 20년'을 겪을 가능성이 크다. 일본과 한국의 경제구조와 성장 단계가 유사한 점이 많기 때문이다. 그래서 특히 일본의 불황과 이후 불황 탈출을 위한 규제완화, 금융시장 개혁을 정부가 적극적으로 참고할 필요가 있다.

6장

고용지표

고용은 경제의 핵심 동력이다. 근로자는 기업의 생산자이면서, 소비자이면서, 정부의 세금 납부자이기 때문이다. 고용은 성장과 소비, 주식시장, 금리, 인플레이션을 연결하는 가교 역할을 하며, 경제 전반의 건강 상태를 가늠하는 중요한 바로미터로 여겨진다. 고용이 활발하면 가계 소득이 증가하고 소비와 투자 심리가 개선되어 경제가 선순환하지만, 고용이 위축되면 그 여파는 전방위적으로 확산돼 경제 불황을 넘어 경제 쇼크로 이어지기도 한다.

이번 챕터에서는 고용지표 중에서도 **비농업 고용지표**(Non-Farm Payrolls), **실업률, 평균 급여, 노동시간, JOLTS**(구인 등), **인구 구조** 등을 중점적으로 다룬다. 특히 비농업 고용지표는 매월 발표될 때마다 금융시장을 요동치게 하는 주요 지표이고, 실업률은 연준(Federal Reserve)이 통화 정책을 결정하는데 중요한 근거로 사용된다. 또한 급여와 노동시간은 노동 시장의 질적 변화를 읽는 핵심 단서이다. 이뿐만 아니라 고용 문제를 둘러싼 연준의 통화 정책적 역할과 미국 대선에서 드러난 고용 속 정치 논리도 함께 살펴본다. 고용은 매우 중요한 경제지표이면서 정치와 사회 구조의 변화를 유도하기 때문이다.

● 미국 고용이 좋으면 글로벌 증시는 만사형통 ●

미국 경제에서 고용은 경제 활동의 중심축이다. 고용이 증가하면 소비가 활성화되고, 기업의 투자 심리가 개선되며, 경제는 선순환에 들어선다. 특히 미국의 고용 상황은 글로벌 경제에도 직접적으로 영향을 미친다. 미국 고용 지표는 단순히 미국 내 경제 상태를 넘어 세계 경제 흐름을 가늠하는 주요 척도로 여겨진다.

그중에서도 비농업 고용지표(Non-Farm Payrolls)는 가장 주목받는 고용 관련 지표다. 이 지표는 미국 노동부가 매달 첫 번째 금요일 오전 8시 30분(미국 동부시간)에 발표하며, 농업 부문을 제외한 민간 및 정부 부문의 고용 변화를 보여준다. 한국시간으로는 밤 9시 30분이다. 발표 후 주식시장, 채권시장, 외환시장 등 금융시장은 즉각적으로 반응하며 큰 변동성을 보인다.

또한 이 지표는 금융시장뿐 아니라 연준의 통화정책을 결정하는 결정적 기준이 된다.

매월 초 금요일 밤, 시장을 뒤흔드는 비농업 고용지표

비농업 고용지표는 단순히 고용 증가 수치를 보여주는 것을 넘어, 경제 전반의 흐름과 앞날을 가늠할 단서를 제공한다. 이 지표는 전반적 경제 활동의 강도, 기업의 고용 의사 결정, 소비 심리, 등을 파악하는데 필수적이다. 주요 세부 변수는 다음과 같다. 전체 고용 증가 수치, 실업률, 시간당 임금, 산업별 고용 등이다. 중요한 내용이므로 하나씩 의미와 기준을 살펴보자.

첫째, 전체 고용 증가 수치는 경기 상황을 가장 직관적으로 보여준다. 일반적으로 월간 20만 명 이상의 고용 증가는 미국 경제가 안정적으로 성장하고 있음을 나타낸다. 이 숫자는 기업이 더 많은 노동력을 필요로 한다는 점에서 경제 확장의 신호로 간주되며, 소비와 투자 심리가 함께 개선될 가능성이 높다. 투자자들은 고용 증가가 강할 경우 주식 시장의 강세를 기대할 수 있다. 특히 금융주와 같은 경기민감 업종에 긍정적인 반응이 나타날 것으로 예상할 수 있다. 반대로, 고용 증가가 10만 명 이하로 떨어지면 경기 둔화를 우려한 투자심리가 위축되며 안전자산 선호 현상이 강화될 가능성이 커진다. 미국 고용 증가 둔화로 나스닥 선물이 밤새 급락하는 날이 이런 경우에 해당한다. 물론 연준의 금리 인상 우려가 강할 때는 상대적으로 낮게 나오는 고용 증가가 시장에 호재로 작용할 수 있다. 일명 (고용 시장이) 나쁜 것이 (증시에는) 좋다는 'Bad is Good'이다. 그러나 이런

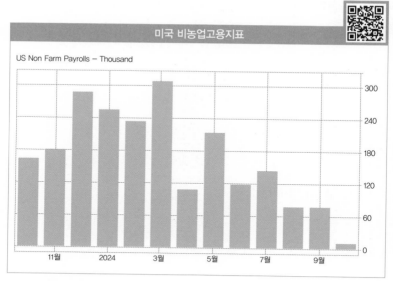

미국 비농업고용지표

US Non Farm Payrolls - Thousand

자료: 트레이딩이코노믹스

현상은 단기적인 효과에 그친다. 경제의 본질은 성장에 있기 때문에 10만 명 이하의 고용 증가가 나타날 때는 경기 사이클 하강, 경기 불황의 가능성을 가지고 시장을 보아야 리스크가 줄어든다.

둘째, 실업률이다. 실업률은 노동 시장의 전반적인 건강 상태를 나타내며, 연준(Fed)의 정책 방향성을 예측하는 중요한 단서를 제공한다. 완전 고용에 가까운 4% 이하의 실업률은 노동 시장이 안정적이고 경제가 활발히 돌아가고 있음을 시사한다. 하지만 실업률이 지나치게 낮을 경우, 노동 시장 과열로 인해 기업이 인건비 부담을 겪을 가능성도 고려해야 한다. 즉 인플레이션 급등 가능성을 경계해야 한다. 반대로 실업률 상승 시는 경기둔화 우려가 시장에 커지게 된다. 이런 경기 불황에 대한 우려로 주식 시장은 침체 가능성이 커진다. 즉 불황의 공포(R의 공포)가 커지는 시기로, 방어적인 채권이 강세를 보이거나 경기 방어적인 주식 섹터의 관심이 높아지는 경향이 있다.

셋째, 시간당 임금 변화는 인플레이션 압력을 예측하는데 핵심적인 역할을 한다. 임금 상승률이 3% 이상으로 가속화되면 기업의 비용 증가가 소비자 물가로 전가될 가능성이 높아진다. 이는 인플레이션 유발과 연준의 금리 인상 가능성을 높이며 채권 시장에서 금리 상승 압력을 가할 수 있다. 반대로 임금 상승이 정체될 경우, 소비 증가가 제한될 수 있어 경기 회복 속도를 늦출 우려가 있다.

넷째, 노동시간은 기업 활동의 강도와 노동 수요의 질적 상태를 파악하는데 유용하다. 고용된 근로자들이 실제로 얼마나 많은 시간을 일하고 있는지는 경제 활동의 강약을 판단하는 중요한 단서가 된다. 노동시간이 늘어난다면 이는 추가 고용 가능성을 시사하며 경기 확장의 신호로 볼 수 있다. 투자자들은 노동시간의 증가가 예상되는 경기 확장 국면에서 주식 투자 비중을 늘리는 전략을 취할 수 있다. 반면 노동시간 감소는 고용 축소와 생산 둔화를 의미할 수 있으므로 방어적인 투자 전략이 요구된다.

마지막으로 산업별 고용 변화는 특정 산업의 성장 가능성과 경제 구조 변화를 이해하는데 도움을 준다. 예를 들어 서비스업에서 지속적인 고용 증가가 관찰된다면 이는 경기가 확장 사이클에 있음을 알려주며, 제조업 고용 감소는 경기 둔화를 알리는 시그널이 될 수 있다.

 케이스스터디

일자리가 넘쳐나는 미국 경제: JOLTS지표 활용하기

JOLTS(Job Openings and Labor Turnover Survey)는 미국 노동통계청(BLS)이 매월 발표하는 노동 시장의 주요 지표로, 노동 시장의 유동성과 수요를 평가하는데 중요한 데이터를 제공한다. 이 지표는 기업이 제공하는 구인 공고(Job Openings), 채용(Hires), 퇴직(Quit) 등의 세부 항목을 포함하며, 노동 시장의 흐름과 균형 상태를 파악하는데 활용된다. 특히 이 중에서도 잡 오프닝(Job Openings)은 미국 내 일자리 수요를 보여주는 핵심 지표이다.

2020년 코로나19 팬데믹 초기, 미국 노동 시장은 대공황 이후 최악의 위기를 맞았다. 실업률은 약 15%까지 치솟았고, JOLTS 데이터는 구인 공고와 채용이 급감했음을 보여주었다. 그러나 2021년 백신 보급과 경제 재개로 노동 시장은 빠르게 회복되며 구인 공고 수가 1,000만 개를 넘어서 사상 최대치를 기록했다. 같은 시기, 퇴직률도 높아져 '대퇴직 시대(Great Resignation)'라는 새로운 흐름이 나타났다. 근로자들은 더 나은 조건을 찾아 이직했고, 기업들은 경쟁적으로 임금을 인상했다.

2022년에는 노동 시장 과열로 구인 공고 수가 1,100만 개에 달하며 노동 수요가 공급을 현저히 초과했다. 덕분에 실업률은 3.5%로 내려갔고, 임금 상승이 가속화되며 인플레이션 압력을 높였다. 이에 따라 연준은 금리 인상을 단행했다. 2023년 이후에는 구인 공고 수가 900만 개 수준으로 감소하며 점차 안정되었지만, 기술 및 서비스 업종의 고용은 여전히 강한 증가세를 보였다. 구인 공고 수는 이후 추가로 하락해서 코로나 이전인 700만개 수준으로 감소했다.

자료: FRED

　　미국의 잡 오프닝이 코로나 이전 수준인 700만개로 돌아왔다는 사실은 미국 노동 시장이 이제 초과 수요를 지나 균형으로 돌아왔음을 의미할 가능성이 높다. 그래서 우리는 이런 지표를 바탕으로, 미국 임금의 상승 탄력이 낮아질 것과, 미국 내 실업률의 완만한 상승, 그리고 전체적인 미국 고용 시장의 둔화, 나아가 미국 경기의 소프트한 둔화를 예상할 수 있다. 비록 잡 오프닝이 700만개로 높게 유지되어 노동 시장은 상대적으로 세계에서 가장 견고한 경기를 유지하고 있지만, 최소한 노동 시장의 정점은 내려왔다는 추정이 가능하기 때문이다. 인플레이션 압력이 둔화되고 따라서 연준의 금리 인하도 계속 될 것이라는 전망이 가능하다. JOLTS는 이처럼 현재의 경제 활력을 보여줄 뿐 아니라, 미래의 미국의 고용, 경기, 그리고 연준의 통화 정책도 가늠하게 하는 지표이다.

● 실업률이 높아지면 연준은 금리를 내린다 ●

실업률은 경제 상황을 진단하고 정책 방향을 결정하는 중요한 지표다. 특히 미국 연방준비제도(연준)는 실업률을 중시하여 금리 정책을 조율한다. 물가안정과 동시에 고용극대화라는 연준의 양대 책무 때문이다. 실업률이 높아지면 연준은 금리를 낮춰 경기 부양을 시도하고, 실업률이 지나치게 낮아질 때는 과열된 경제를 억제하기 위해 금리를 인상한다.

연준은 실업률이 경제 과열이나 침체를 나타내는 주요 신호로 본다. 실업률이 자연실업률(자연실업률은 경제가 완전고용 상태에 있을 때, 즉 인플레이션 압력 없이 지속 가능한 실업률을 의미하며 미국 기준 약 실업률 4% 내외로 추정한다)보다 낮아지면, 연준은 노동 시장의 과열 가능성을 경계한다. 노동 시장 과열은 임금 상승을 유발하고, 이는 소비자 물가 상승으로 이어지며 인플레이션 압력을 높인다. 이런 상황에서는 연준이 금리를 인상하여 경제 활동을 둔화시키고, 인플레이션을 억제하려 한다. 반대로 실업률이 자연실업률을 초과하여 상승할 경우, 이는 경제 침체의 신호로 간주된다. 실업률 상승은 소비 감소와 기업 활동 축소를 동반하므로, 연준은 금리를 인하하여 자금 조달 비용을 낮추고, 소비와 투자를 촉진하려 한다.

2020년 코로나19 팬데믹은 경제 정책의 작동 원리를 극명하게 보여준 사례다. 팬데믹 초기, 미국의 실업률은 약 15%까지 급등하며 대공황 이후 최악의 상태에 도달했다. 이를 타개하기 위해 연준은 기준금리를 0%로 낮추고 대규모 양적 완화 정책을 통해 시장에 유동성을 공급했다. 이러한 정책의 결과로 실업률은 점차 하락해 2022년 말에는 3.5% 수준으로 회복되었다. 그러나 실업률 하락과 함께 인플레이션이 상승하며 연준은 또 다른 문제에 직면했다. 2023년 초, 실업률이 3.7% 이하로 유지되자 연준은 노동 시장이 과열되었다고 판단하고 기준금리를 급격히 인상하기 시작했다.

이러한 사례는 '샤워실의 바보'로 불리는 현상으로 경제 정책의 효과가 시차(time-lag)를 두고 나타난다는 점을 잘 보여준다. 정책의 시차란, 경제 정책이 시행된 이후 그 효과가 경제 전반에 반영되기까지 시간이 걸리는 현상을 의미한다. 예컨대, 유동성 공급이나 금리 인상이 경제에 영향을 미치기까지 수개월에서 수년이 걸릴 수 있다. 이로 인해 정책 결정 시점과 결과 간의 시간차가 발생하며, 경기 과열이나 침체와 같은 의도치 않은 부작용이 나타날 수 있다. 이는 연준의 정책 개입이 때로는 불황을 초래하는 원인이 되는 이유이기도 하다.

고용은 동행지표 실업률은 후행지표: 정책 시차의 문제 초래

고용과 실업률의 성격 또한 이러한 호황과 불황의 사이클을 반복시키는데 중요한 역할을 한다. 고용은 경제 활동과 함께 변화하는 동행지표로, 기업의 수익 증가나 경기 회복에 즉각 반응한다. 반면 실업률은 경제 변화가 나타난 이후에야 반영되는 후행지표다. 이러한 차이는 연준의 정책 결정에 영향을 미친다. 예를 들어 2022년부터 연준이 급격히 금리를 인상했음에도 불구하고, 그 영향은 2023년 중반까지 실업률에 거의 반영되지 않았다. 금리 인상이 실물 경제에 파급 효과를 미치는데 시간이 걸리기 때문이다. 그러나 2024년 중반이 되면서 실업률은 4%를 넘어 고용 시장이 둔화되는 모습을 보였다. 결국 연준은 실업률이 높아진 시점에서야 정책의 효과를 확인할 수 있으며, 이때는 이미 정책이 과도하게 집행된 상태일 가능성이 크다. 이는 불황과 경기 침체를 초래하는 주요 원인 중 하나로, 반복되는 불황의 사이클의 원인으로 지목된다.

인구감소는 실업률을 낮추지만 잠재성장률도 낮춘다

실업률과 관련된 양날의 검이 있다. 바로 인구이다. 인구 구조 변화는 실업률과 경제성장에 변수로 작동한다. 예를 들어 일본은 저출산과 고령화로 인해 노동 인구가 지속적으로 감소하며 실업률은 낮은 수준(약 2%대)을 유지하고 있다. 대졸자 취업률이 100%에 이를 정도이다. 하지만 이는 경제성장을 반영하지 않는다. 노동 인구 감소로 잠재성장률이 오히려 하락했기 때문이다. 한국과 중국 역시 베이비붐 세대의 은퇴와 저출산 문제로 일본과 유사한 경로를 걷고 있다.

이와 같이 낮은 실업률이 반드시 장기적으로 경제가 건강하다는 의미는 아니다. 이는 노동 인구 감소로 경제 활동이 축소되는 또 다른 문제를 초래하기도 한다. 일본의 사례에서처럼 말이다. 따라서 단순히 낮은 실업률이 무조건 좋은 것이 아니다. 그래서 실업률 데이터를 분석할 때는 인구 추이, 노동인구 추이 등을 함께 보아야 더 정확한 장기적 해석을 할 수 있다.

하이엠
팁스

샴의 법칙은 경기침체를 미리 말려준다

실업률은 경제 상황을 나타내는 중요한 지표지만, 후행지표로서 경기 침체 가능성을 미리 경고하지는 못한다. 과거의 경제 데이터를 반영하는 실업률의 이러한 후행성의 한계를 보완하기 위해 샴의 법칙(Sahm Rule)이 제안되었다. 샴의 법칙은 미국 연방준비제도 이사회(FRB)의 경제학자 클라우디아 샴(Claudia Sahm)이 고안한 경기 침체 예측 모델이다. 이 법칙은 실업률의 단기 변동에 주목하며, 실업률이 최근 12개월 평균치보다 0.5% 포인트 이상 상승하면 경기 침체가 시작되었다고 판단한다.

샴의 법칙은 간단하면서도 강력한 예측력을 가지고 있다. 실업률의 단순 상승이 아니라 평균 대비 변화를 기준으로 하므로, 후행지표인 실업률을 경기 침체 예측에 효과적으로 활용할 수 있다. 실업률이 낮은 상태, 즉 경기 확장기에 중앙은행이 금리를 올릴 때 경기침체, 리세션(Recession-R의 공포라고 불린다)이 올 가능성이 높은 시점을 샴의 법칙을 통해 추정할 수 있다. 실제로 샴의 법칙은

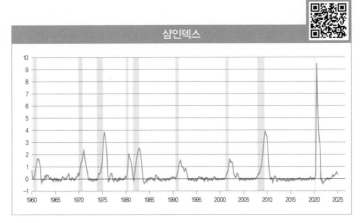

샴인덱스

자료: FRED

1970년대 이후 미국의 모든 경기 침체를 정확히 포착했다. 그러나 2024년 8월 샴 지수가 0.53%로 0.5%를 일시적으로 상회했지만 미국의 경기 침체는 이어지지 않은 예외적인 상황이 발생한 사례도 있다. 그만큼 2020년 코비드 이후 미국의 재정, 통화 확장 정책은 유례가 없을 정도로 강력해서 그 효과는 2024년까지도 이어지고 있다. 이는 미국 예외주의로 이어지는데 케이스스터디에서 살펴보자.

우리가 샴 지수를 활용하는 방법은 간단하다. 실업률의 월별 변동을 모니터링하며, 샴의 법칙 기준에 부합하는 상승이 나타나면 경기 침체 가능성을 예상하고 자산시장의 하락을 대응할 수 있다. 샴의 법칙은 특히 경기 확장기에서 경기 침체로 넘어가는 초기 단계에서 신속히 반응할 수 있는 실질적 도구이다. 2024년 미국의 예외에도 불구하고 샴의 법칙은 시장 참여자들이 대체로 참고하는 지표이다. 연준의 긴축 정책 전환기, 즉 금리를 인상하는 사이클에 있을 때 경기 불황 도래 시점을 예상할 수 있는 지표이므로 주목할 가치가 충분하다.

● 일자리의 정치 논리는 때로는 경제 논리를 앞선다 ●

고용, 즉 일자리는 경제지표이지만 매우 민감한 정치적 요소이기도 하다. 한 명의 국민은 근로자이면서 선거할 수 있는 투표권자(Voter) 이기 때문이다. 특히 2016년 이후 미국에서 두드러지게 나타나고 있는 고용의 정치논리에 대해서 살펴보자.

글로벌 경제 체제에서 자유무역과 아웃소싱은 경제적 효율성을 극대화하는 중요한 수단이다. 세계무역기구(WTO)가 주도하는 자유무역 체제는 비교우위 원칙에 따라 각국이 잘할 수 있는 분야에 집중하고, 이를 통해 생산비용을 낮추고 소비자에게 더 저렴한 상품을 제공하는 구조다. 이 체제는 경제 논리적으로는 이상적인 모습이다. 중국이나 베트남, 라오스 등의 싼 인건비를 활용해서 의류, 신발 등을 제조하는 아웃소싱은 원가를 낮춘다. 그래서 개도국에게는 성장의 기회를 주고, 선진국 소비자에게는 낮은 가격이라는 효용을 준다.

그러나 이러한 경제 논리가 항상 우선시되는 것은 아니다. 2016년 영국의 브렉시트, 2016, 2024년 트럼프 대통령의 당선 그리고 바이든 대통령의 인프라일자리법안 또는 인플레이션 방지법 등은 일자리의 논리가 경제논리를 넘어 정치적 이슈가 된 좋은 사례이다.

WTO 체제와 미국 중부의 몰락: 힐빌리의 노래

WTO 체제로 대표되는 글로벌 자역무역은 효율성을 높였지만, 그 과정에서 미국 내 양극화를 초래했다. 해안가 엘리트주의와 중부지역으로 대변되는 대중주의의 충돌로 불리는 현상이다. 글로벌화로 동부 뉴욕중심의 금융엘리트, 그리고 서부 캘리포니아 실리콘 밸리 중심의 테크 엘리트들은 막대한 부를 축적했다. 반면 미국의 러스트벨트(Rust Belt)와 같은 전통 제조업 지역은 고용이 없어지는 심각한 타격을 주었다. 글로벌화로 인해 제조업은 비용 절감을 위해 아웃소싱을 단행했으며, 미국의 중서부 지역은 이로 인해 산업 공동화와 실업 문제에 직면했다. 동부와 서부의 엘리트층은 자유무역의 혜택을 만끽했지만, 중서부의 힐빌리(Hillbilly) 지역 주민들은 일자리를 잃고 경제적 불안에 빠졌고 이는 정치적 분노로 이어졌다. 이 같은 경제적 양극화는 단순히 경제 문제에 그치지 않고, 정치적 파급효과로 이어졌다.

Make America Great Again: 미국으로 일자리를 다시 가져오자

2016년 도널드 트럼프의 대통령 당선은 이러한 경제적 양극화가 정치적 변화를 어떻게 이끄는지를 보여주는 사례다. 트럼프는 러스트벨트 지역을 포함한 제조업 중심 지역의 실업 문제를 정치적 도구로 활용하며, "미국을 다시 위대하게(Make America Great Again)"라는 슬로건을 내걸었다. 그는 자유무역과 글로벌화가 미국 중산층의 몰락을 초래했다고 주장하며, 보호무역 정책을 강력히 추진했다. 트럼프의 주요 정책은 관세 부과와 같은 보호무역주의였다. 중국을 포함한 주요 무역국들과 무역전쟁을 벌였고, 이를 통해 미국으로의 리쇼어링(reshoring, 해외 생산시설의 국내 복귀)과 제조업 부흥을 시도했다. 이는 분명히 경제 논리보다는 정치적 필요성이 우선된 선택이었다.

트럼프 정부 이후 조 바이든 대통령은 칩스법(CHIPS Act)과 인플레이션 감축법(IRA)을 통해 미국내 제조업 부흥 정책을 이어갔다. 바이든 행정부는 트럼프의 보호무역주의를 완전히 폐기하지 않고, 일부 정책을 경제와 안보를 강화하는 방향으로 재조정했다. 칩스법(CHIPS Act)은 미국 내 반도체 생산을 촉진하고, 중국에 대한 의존도를 줄이기 위해 대규모 투자를 유도했다. 삼성전자가 텍사스주에 반도체 공장을 짓는 것도 같은 맥락이다. 인플레이션 감축법(IRA)은 친환경 에너지 산업 육성과 미국 내 제조업 확대를 목표로 대규모 재정 지원을 실시했다. 현대자동차가 조지아주에 전기차 공장을 대규모로 건설한 것도 이 때문이다. 이들 정책은 경제 논리만으로는 설명할 수 없는 정치적 목적을 내포한다. 중국과의 기술 경쟁, 자국 내 고용 창출, 핵심 유권자층인 제조업 종사자들의 지지를 얻기 위한 움직임으로 해석된다.

경제 논리로만 본다면, 글로벌 무역 체제는 지속적으로 효율성을 추구해야 한다. 그러나 정치적 현실에서는 고용 안정이 더 중요하게 다뤄진다. 이는 글로벌화가 불러온 경제적 양극화와 사회적 불안정이 정치적 반발로 이어졌기 때문이다. 러스트벨트 지역의 제조업 쇠퇴는 단순한 경제 문제를 넘어 정치적 압박으로 전환되었다. 보호무역주의와 리쇼어링 정책은 효율성에 반하는 움직임이지만, 정치적 안정과 유권자의 요구를 충족시키기 위해 선택된 결과였다.

이처럼 트럼프와 바이든 정부의 사례는 고용 문제는 단순한 경제지표로만 해석될 수 없음을 보여준다. 정치논리가 때로는 경제논리를 앞서고, 정책은 꼭 효율성만을 추구하지 않는 것도 잘 보여준다. 또한 글로벌화의 경제적 효율성이 모든 문제를 해결하지 못하며, 고용과 같은 현실적 문제를 해결하기 위해 정치적 고려가 우선시된다는 점을 확인하게 된다. 동시에 이런 이해는 우리의 전망도 가능하게 한다. 트럼프 2기 행정부의 정책은 경제의 효율성보다 지지자들을 위할 가능성이 높다. 이는 자국 내 고용과 미국 우선주의를 의미하며, 중국과의 강력한 무역전쟁, 미국으로의 제조업 리쇼어링, 그리고 외교적으로 미국의 고립주의 노선의 강화를 예상할 수 있게 한다.

미국 예외주의는 계속된다

미국 예외주의는 미국이 경제적 성과와 자산 시장 성장에서 다른 국가보다 뛰어
난 위치를 유지하는 현상을 의미한다. 최근 미국은 이러한 예외주의를 강화하며,
경제와 금융시장에서 두드러진 성과를 보이고 있다. 미국 정부는 인프라 일자리
법안(IIJA)과 인플레이션 감축법(IRA)을 통해 국내 제조업 부흥과 리쇼어링을 촉진
하고 있다. 이러한 정책은 미국 내 생산 능력을 확충하고, 기술 혁신 사이클의 주
도권을 장악하여 사실상의 승자 독식 효과를 가져오고 있다. 또한 인공지능(AI)
등 첨단 기술 분야에 대한 투자를 강화하여 미래 성장 동력을 확보하고 있다. 이
러한 기술 혁신은 생산성 향상과 새로운 산업 생태계 구축에 기여하며, 기업의
생산성을 높이고, 미국 경제의 성장률을 높이고 있다. 결국에 미국 경제의 경쟁
력을 높이고 있다.

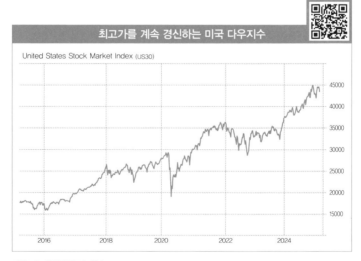

자료: 트레이딩이코노믹스

미국 예외주의의 뿌리는 미국의 강력한 성장률이다. 유럽과 비교했을 때, 미국은 상대적으로 높은 경제성장률을 기록하고 있다. 2024년 3분기 미국 경제는 연율 2.8% 성장하여, 여전히 견조한 성장세를 보이고 있다. 유럽, 일본에 비해 압도적인 성장률을 보이고 있다. 글로벌 자산 시장에서도 미국의 강세는 두드러진다. S&P500 지수와 나스닥 지수는 지속적인 상승세를 유지하며, 글로벌 투자자들에게 매력적인 선택지로 자리 잡고 있다(한국에서도 서학개미가 날로 날로 증가하는 것도 미국 예외주의의 한 단면이다). 이는 안정적인 금융 시스템과 기술 혁신이 결합된 결과로 볼 수 있다. 이러한 미국 예외주의 현상은 2025년 이후에도 지속될 전망이다. 인공지능, 자율주행 등 아마존, 테슬라, 마이크로소프트, 구글 같은 빅테크 중심의 기술 혁신과 트럼프 정부의 정책적 지원, 그리고 글로벌 경제에서의 리더십을 바탕으로 미국은 경제와 금융시장에서 독보적인 성장이 유지될 것으로 예상되기 때문이다. 우리가 인공지능의 시대에 미국의 예외주의를 지속적으로 주목하는 이유이다. 비록 주가는 변동하고 사이클은 순환하기 때문에 단기적 변동성은 필연적이지만, 장기적 기술진보와 경제성장을 믿는다면 미국 예외주의에 대한 믿음은 변함이 없다.

7장

물가지표

최근 돌 반지 가격이 급격히 올라 한 돈짜리 반지 대신 반 돈짜리 돌 반지가 유행하고 있다. 이는 물가 상승이 우리의 일상에 영향을 미치는 대표적인 사례다. 20년 전 한 돈에 약 4만 원이던 돌 반지 가격이 최근에는 40만 원 이상으로 치솟았다. 그리고 축의금 액수가 점점 늘어나 이제는 국민 축의금 액수가 10만 원에 이르고, 자장면 한 그릇의 가격이 만원 가까이 오르는 현상처럼, 우리가 가장 피부로 느끼는 경제적 변화는 대개 인플레이션 때문이다. 아래 그래프는 1994년부터 2023년까지 축의금 평균액의 변화를 나타낸다. 1994년 평균 2만 8천 원이었던 축의금은 30년이 지난 2023년에는 평균 8만 3천 원으로 상승했다. 이 세가지 사례는 인플레이션의 단면을 보여준다. 자각하기 전에는 잘 느껴지지 않지만, 가격은 지속적으로 꾸준히 오른다.

결혼식 축의금 추이

(단위: 원)

	1994	2001	2005	2021	2022	2023	2024년 9월
	28,000	36,000	42,000	73,000	80,000	83,000	90,000

한국갤럽조사 · 카카오페이조사

자료: 한국갤럽조사연구소, 카카오페이

경제지표 중 가장 중요한 것은 단연 경제성장률이다. 결국 성장률이 금리, 고용, 금융시장 등을 리드하기 때문이다. 그런데 우리 실생활에 가장 큰 영향을 끼치지만 잘 보이지 않기 때문에 제대로 실체를 인식하지 못하는 것이 인플레이션이다. 가장 경제적이면서 동시에 가장 정치적인 지표 인플레이션. 그래서 늘 잊지 않도록 상기하고 확인해야 하는 지표가 인플레이션이다.

이번 장에서는 인플레이션과 관련된 주요 지표들을 다룬다. 가장 대표적인 지표로는 **소비자물가지수**(CPI), **생산자물가지수**(PPI), 연준의 물가지표인 **개인소비지출 지수**(PCE)가 있다. 더불어 경제적 변화의 흐름을 보여주는 디플레이션(가격하락)과 리플레이션(가격 회복)도 함께 살펴본다. 또한 원유 가격, 미국 고용지표와 같은 글로벌 경제의 주요 변수들이 인플레이션에 어떻게 영향을 미치는지도 분석한다. 인플레이션은 단순히 물가가 오르는 현상을 넘어선다. 이는 경제전반의 흐름과 균형, 그리고 우리의 생활 수준에 직접적인 영향을 미친다. 이번 장을 통해 인플레이션 지표들을 이해하고, 이를 기반으로 경제를 해석하고 활용하는 방법을 알아본다.

● 경제의 세 얼굴: 인플레이션, 디플레이션, 리플레이션 ●

경제는 세 가지 얼굴을 지니고 있다고 한다. 바로 인플레이션(Inflation), 디플레이션(Deflation), 리플레이션(Reflation)이다. 이 세 가지는 단순한 물가 변동이 아니라, 자본주의 경제 체제의 흐름과 균형을 나타내는 핵심적인 변수이다. 왜냐하면 물가는 경제 전반의 건강 상태를 나타내는 체온계와 같기 때문이다. 적정한 상승은 경제에 활력을 주지만, 과도한 인플레이션이나 디플레이션은 경제를 병들게 한다. 그래서 균형 잡힌 인플레이션을 관리하기 위한 노력이 정부와 중앙은행 정책의 모든 것이라 해도 과언이 아니다.

인플레이션(Inflation): 자본주의와 성장의 그림자

인플레이션은 물가(물건의 가격)가 전반적으로 그리고 지속적으로 상승하는 현상이다. 이는 자본주의 경제와 뗄 수 없는 관계에 있으며 경제성장과 불가분의 관계이기도 하다. 자본주의는 성장과 투자를 통해 경제의 규모와 질을 확장시키는 체제인데, 인플레이션은 이 과정에서 자연스럽게 발생하는 부산물로 볼 수 있다. 인플레이션은 좋은 인플레이션과 나쁜 인플레이션 두 가지로 구분할 수 있다. 좋은 인플레이션은 경제성장과 함께 생산성 증가, 고용 확대를 동반한다. 이는 투자자와 소비자에게 긍정적인 신호를 주며 경제 활력을 높인다. 건강한 인플레이션이라 부를 수 있다. 만일 인플레이션이 과하지 않고, 성장도 적정하게 이뤄진다면 이를 골디락스라고 부른다. 시장이 가장 선호하는 상태이다.

반면 나쁜 인플레이션은 공급 충격이나 통화 과잉으로 인해 발생하며, 성장으로 인한 효과보다는 소득 불균형과 구매력 저하를 초래한다. 경제 활동을 둔화시키고, 양극화를 초래하는 경우가 많아 나쁜 인플레이션이라고 부른다. 아르헨티나를 IMF 구제금융으로 몰고 간 인플레이션이 대표적인 나쁜 인플레이션의 예이다.

인플레이션을 측정하는 주요 지표로는 소비자물가지수(CPI)와 생산자물가지수(PPI)가 있다. CPI는 일반 소비자가 느끼는 물가 변동을, PPI는 생산 과정에서의 생산 물가 변동을 측정한다. 이 외에도 코어

CPI(Core CPI)는 식품과 에너지 같은 변동성이 큰 품목을 제외하여 물가의 기저적 흐름을 보여준다. 식품과 에너지 가격을 제외하고 측정하는 이유는 이 두 카테고리가 계절별 변동성이 커서 지수 왜곡을 가져올 수 있기 때문인데 약간의 역사적 맥락이 존재한다. 코어 CPI는 1978년 2차 오일 파동기에 처음으로 도입됐다. 당시는 원유 가격이 급등하는 시기라 에너지를 포함하면 인플레이션 수치가 매우 높게 나왔다. 그래서 인플레이션 수치를 조금은 낮춰보고자 하는 의도(?)도 일부 포함되어 있다고 볼 수 있다.

디플레이션(Deflation): 뒷걸음 치는 경제

디플레이션은 물가가 전반적으로 그리고 지속적으로 하락하는 현상이다. 언뜻 보면 물가 하락은 소비자들에게 이익처럼 보일 수 있다. 하지만 디플레이션은 경제 전반에 걸친 심각한 악영향을 미친다. 소비와 투자가 줄어들고, 기업의 수익 감소는 고용 축소로 이어지며 경제가 침체의 늪에 빠지게 된다. 한마디로 결제 성장이 없어진 다는 의미이기도 하다. 특히 디플레이션은 부채의 실질 가치를 증가시켜 기업과 개인의 재정적 부담을 가중시킨다. 이는 자산 가치 하락과 맞물려 금융 시스템에까지 위협을 가할 수 있다. 일본은 '잃어버린 20년' 동안 디플레이션의 고통을 경험하며 경제적 정체 상태에 빠졌었다. 디플레이션 하면 가장 먼저 떠오르는 단어가 일본의 잃어버린 20년인 이유이다.

리플레이션(Reflation): 시장이 원하는 회복의 시간

리플레이션은 경기 침체나 디플레이션 이후에 물가가 적절히 회복되는 상태를 의미한다. 이는 경제가 과도한 침체에서 벗어나 적정한 성장 궤도에 재진입하는 것을 의미한다. 리플레이션은 완만한 인플레이션과 경기 회복을 동반하기 때문에 시장이 바라는 균형으로 복귀 상태다. 경기 침체 구간에 접어들면, 정부와 중앙은행은 완화적 통화정책과 확장적 재정정책을 통해 리플레이션을 유도한다. 저금리, 양적 완화(QE), 그리고 인프라 투자와 같은 정책은 수요를 자극하고, 이는 결국 물가와 경제 활동을 활성화한다. 성공적인 리플레이션은 소비와 투자의 선순환을 만들어내며, 경제의 지속 가능성을 높이는데 기여한다.

경제의 균형을 유지하는 지표들

인플레이션, 디플레이션, 리플레이션 이 세 가지 경제 현상을 이해하기 위해서는 관련 지표들을 함께 분석해야 한다. 소비자물가지수(CPI)와 생산자물가지수(PPI)는 그중 기본이며, 코어 PCE(Core PCE)는 장기적인 물가 흐름을 파악하는데 유용하다. 여기에 원유 가격, 환율, 고용지표 등의 글로벌 변수도 인플레이션, 디플레이션, 리플레이션에 중요한 영향을 미친다. 예를 들어 유가 상승은 생산비용 증가로 이어져 인플레이션을 유발할 수 있으며, 반대로 유가 하락은 디플레이션 압력을 가중시킬 수 있다.

미국 고용지표 개선은 가계 소득 증가와 임금 상승을 통한 소비 여력을 확대하거나, 경제 활동이 확대될 가능성을 나타내기도 한다. 반대로, 지나친 고용 증가는 임금 상승으로 인해 기업의 투자 감소와 경제활동 위축으로 이어지기도 한다. 이처럼 경제는 단순한 숫자의 흐름이 아니라 정부, 중앙은행, 기업, 근로자의 선택과 행동이 모여 이루어지는 생동감 있는 시스템이며, 인플레이션, 디플레이션, 리플레이션의 개념과 지표들은 이 거대한 흐름 속에서 균형점을 찾는 출발점이다.

하이엠
팁스

적금은 들수록 손해, 인플레이션 때문

적금은 안전한 금융 상품으로 여겨지지만, 인플레이션 시대에는 손해를 볼 수도 있다. 현재 적금 이자가 대략 2%라고 가정해보자. 여기에서 이자소득세 15.4%를 공제하면 실질 이자율은 약 1.7%로 떨어진다. 그런데 한국의 연간 인플레이션율이 2%라고 한다면, 이자율보다 물가 상승률이 더 높아지면서 실질 이자율은 마이너스가 된다.

즉 은행 적금에 돈을 맡겨도 인플레이션으로 인해 실제 자산가치와 구매력이 줄어드는 상황이 발생한다. 예를 들어 100만 원을 적금에 넣어 1년 후 101만 7천 원을 받더라도, 물가가 2% 오르면 실제로 느끼는 가치는 여전히 100만 원 이하로 떨어진다. 안전하다고 여겨졌던 적금이 오히려 자산 가치를 잠식시키는 결과를 낳는 셈이다.

더 큰 문제는 단순히 적금뿐 아니라 현금을 보유하고 있을 때도 발생한다. **인플레이션은 현금의 구매력을 갉아먹는다.** 예를 들어 100만 원을 그냥 보유하고 있을 경우, 물가가 2% 오른다면 1년 후 이 돈의 실질 가치는 약 98만 원으로 줄어드는 셈이다. 만일 이 같은 현상이 10년간 지속된다면, 자산가치가 그동안 20-30% 줄어들고 만다. 이는 적금으로도, 단순 현금 보유로도 물가 상승을 따라가지 못한다는 사실을 보여준다.

인플레이션 환경에서는 단순히 돈을 모으는 것만으로는 자산을 지킬 수 없다. 인플레이션이 보이지 않게 우리의 자산을 앗아가기 때문이다. 분명 명목 가격으로는 자산이 이자율만큼 증가하는 것처럼 보이지만 인플레이션을 제외한 실질 가격, 실질 가치는 오히려 후퇴하는 셈이다. 그래서 부동산, 주식, 채권, 물가연동형 자산 등 인플레이션을 상쇄할 수 있는 투자 전략을 고려해야 한다. 인플레이션 때문에 가장 안전해 보이는 적금이나 예금이 자산가치 증식에 오히려 마이너스가 될 수 있기 때문이다. 그래서 장기적으로 자산을 늘리기 위해서는 안전성만을 추구하는 기존의 관점을 넘어 실질 구매력을 유지할 수 있는, 즉 인플레이션을 헤지할 수 있는 자산 운용 방안이 필요하다.

● 소비자물가, 생산자물가, 개인소비지출 ●

인플레이션과 관련된 개념에 이어 구체적인 지표에 대해 자세히 살펴보자. 인플레이션을 측정하는 지표는 다양하지만, 그중에서도 소비자물가지수(CPI), 생산자물가지수(PPI), 그리고 미국 중앙은행 연방준비제도(Fed)가 선호하는 개인소비지출(PCE)은 가장 널리 사용되고 중요한 지표로 꼽힌다. 이 세 가지 지표는 각각의 관점에서 물가 상승을 분석하며, 경제 정책과 시장의 흐름을 이해하는데 핵심적인 역할을 한다.

소비자물가지수(CPI)는 일반 소비자가 구매하는 상품과 서비스의 가격 변화를 측정한다. 이는 소비자들이 체감하는 물가 수준을 반영하며, 인플레이션에 대한 가장 직관적인 정보를 제공한다. 주택, 식품, 의류, 교통, 의료 등 다양한 소비 항목을 포함하며, 특정 기간 동안의 물가 변화를 비교해 경제 전반의 물가 수준을 보여준다. 또한 변동성이 큰 식품과 에너지를 제외한 코어 CPI(Core CPI)는 물가의 장기적인 흐름을 파악하는데 유용하다. CPI는 소비자들이 실제로 경험하는 생활비 부담을 반영하기 때문에 중앙은행의 금리 정책과 정부의 경제 대책을 결정하는데 중요한 기준이 된다. 그래서 매월 초에 발표되는 미국의 CPI는 금융시장의 변동에 큰 영향을 미친다. 소비자 물가지수는 연준의 인플레이션 목표인 2~2.5%가 적정 수준으로 해석된다. 1% 이하로 하락하면 디플레이션 가능성, 3%를 넘어서면 강한 인플레이션 경계감이 시장에는 발동된다.

생산자물가지수(PPI)는 생산자가 상품과 서비스를 제공하는 과정에서 경험하는 가격 변화를 측정한다. 이는 공급 측면에서 물가 변동을 분석하는 지표로 소비자물가에 선행하는 특성을 지닌다. 즉 생산자 물가가 상승하면 소비자 물가도 시차를 두고 상승할 가능성이 높다. PPI는 생산자물가는 생산 과정에서의 원자재, 중간재, 완제품 가격 변화를 반영하며, 기업의 생산 비용이 얼마나 변동하고 있는지를 보여준다. PPI가 상승하면 생산비 증가가 소비자물가에 영향을 미칠 가능성이 크다. 예를 들어 에너지 가격이 상승하면 PPI에 반영된 후 일정 시간 뒤 CPI에도 영향을 미친다. 이는 기업들이 생산비 증가분을 소비자 가격에 전가하려는 경향 때문이며 결국 전체적인 인플레이션으로 이어질 수 있다.

개인소비지출(PCE)은 소비자 지출뿐만 아니라 정부와 기업이 개인을 위해 지출한 항목까지 포함하여 경제 전체의 소비 구조를 반영하는 지표다. 미국 연방준비제도는 CPI보다 PCE를 선호하는데, 이는 PCE가 소비자들이 물가 상승에 따라 소비 습관을 변화시키는 대체 효과를 반영하기 때문이다. 또한 PCE는 경제 전반의 소비 패턴을 포괄적으로 보여주며, 장기적인 물가 흐름을 보다 정확하게 측정할 수 있다. 코어 PCE(Core PCE)는 변동성이 큰 식품과 에너지를

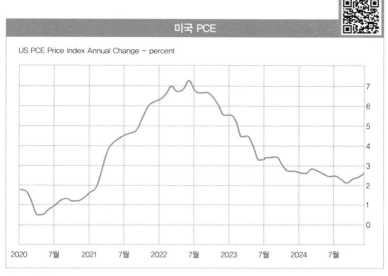

US PCE Price Index Annual Change – percent

2020 7월 2021 7월 2022 7월 2023 7월 2024 7월

자료: 트레이딩이코노믹스

제외하고 계산되며, 연준의 인플레이션 목표치인 2%도 이 지표를 기준으로 설정된다. PCE는 CPI보다 낮은 인플레이션율을 나타내는 경향이 있지만, 그만큼 경제의 실제 상황을 정교하게 반영할 수 있는 장점이 있다.

CPI와 PPI, PCE는 각각 소비자, 생산자, 그리고 경제 전반의 관점에서 인플레이션을 보여주며 서로 보완적인 관계를 맺고 있다. 예를 들어 PPI가 상승하면 이는 생산 비용 증가로 이어질 가능성이 높고, 시간이 지나면서 CPI와 PCE에도 영향을 미칠 수 있다. 반면 CPI가 먼저 상승할 경우에는 소비자 수요의 증가가 물가 상승을 이끌었을 가능성이 크다. 이러한 지표들은 물가 상승의 원인과 결과를 파악하고 경제적 흐름을 해석하는데 도움이 된다. 물가지표의 변화는 세 개의 얼굴로 표현되는 경제 현 상황을 잘 나타내며 이어질 정책 개입을 예측할 수 있게 하기 때문이다. 예를 들어 미국의 PCE가 3%를 넘어간다면 미국 경제는 현재 성장기로 호황일 가능성이 매우 높다. 그리고 이런 수치가 지속적으로 유지된다면 연준의 인플레이션 억제 정책의 등장을 예상할 수 있다. 2023년이 그런 해에 해당한다. 연준은 유동성을 축소하거나 금리 인상에 나서며 인플레이션 파이터로서 역할을 수행하게 된다.

 케이스스터디

정부지출이 늘고 통화량이 증가하면 인플레이션은 올라간다

정부지출과 통화량 증가는 경제를 부양하는데 효과적이지만, 동시에 인플레이션을 초래할 위험이 있다. 2020년 팬데믹 당시 전 세계 주요국들은 경제 위기를 막기 위해 대규모 재정 정책과 통화 완화 정책을 시행했다. 미국은 경기 부양을 위해 Cares Act 등 6조 달러에 달하는 재정을 투입하며 대규모 현금 지급과 실업수당을 통해 시장에 유동성을 공급했다. 동시에 중앙은행인 연방준비제도(Fed)는 기준금리를 거의 0%로 낮추고, 양적 완화를 통해 대규모로 자산을 매입하며 시장에 막대한 자금을 풀었다.

그 결과 미국 경제는 빠르게 회복되는 모습을 보였지만, 이 과정에서 인플레이션이 가속화되었다. 2022년 미국의 소비자물가지수(CPI)는 전년 동기 대비 무

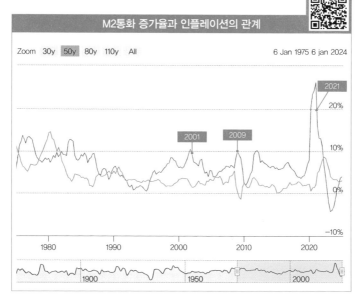

M2통화 증가율과 인플레이션의 관계

Zoom 30y 50y 80y 110y All   6 Jan 1975 6 jan 2024

2021
20%
2001   2009
10%
0%
−10%

1980   1990   2000   2010   2020

1900   1950   2000

자료: 롱텀트렌드

려 9% 이상 상승하며 40년 만에 최고치를 기록했다. 이는 에너지와 식료품 가격뿐만 아니라, 주택과 서비스 분야의 가격까지 전반적으로 상승시켰다. 팬데믹 기간 동안 억눌려 있던 수요가 정부지출과 통화량 증가로 촉발되면서, 공급망 문제와 맞물려 급격한 물가 상승으로 이어졌다.

한국 역시 비슷한 흐름을 경험했다. 정부는 코로나19 극복을 위해 재난지원금을 지급하고 다양한 경기 부양책을 시행했다. 동시에 한국은행은 금리를 낮추고 유동성을 공급하며 경제를 지탱하려 했다. 그러나 이러한 정책의 결과로 2022년 한국의 소비자물가는 5.1% 상승하며 2008년 글로벌 금융위기 이후 최고치를 기록했다. 특히 유가 상승과 물류비 증가가 결합하면서 전반적인 생활 물가에 큰 영향을 미쳤다.

인플레이션은 영원할까?

인플레이션은 경제에서 반복적으로 나타나는 현상이다. 그 근본적인 원인을 인문학적으로 표현한다면, 인간의 무한한 욕망에 기인한다. 이러한 욕망은 정치 구조 속에서 더욱 확고해지며, 정치인들이 재정 정책을 통해 경제를 활성화한다는 명분으로 이어진다. 정치인의 주요 목표는 권력을 유지하고 확대하는 것이며, 이는 선거에서 표를 얻는 과정을 통해 실현된다. 그래서 정치인들은 표심을 얻기 위해 세금과 예산을 이용해 정부 재정을 확대한다. 경제발전과 복지 증진이라는 명목 아래 추진되는 이 정책들은 한 번 도입되면 축소하거나 폐지하기 어려운 구조를 형성한다.

예를 들어 한국에서 60세 이상 노인들에게 제공되는 무료 지하철 탑승 혜택은 재정 부담을 가중시키는 정책으로 논란이 되고 있지만, 이를 축소하거나 폐지하는 것은 정치적 부담 때문에 쉽지 않다. 미국에서도 사회보장(Social Security)이나 메디케어(Medicare)와 같은 복지 정책은 한 번 도입되면 축소가 거의 불가능하다.

민주주의 정치 체제에서는 개인의 욕망 확대가 정치인의 표로 연결되고, 이는 정부 재정의 지속적인 확대를 초래한다. 이러한 과정이 반복되면서 인플레이션은 끊임없이 유지되는 구조를 갖게 된다. 건전 재정을 추구한다고 말은 하지만, 실제로는 각 지역구의 예산 증액이 더 중요한 가치를 지니게 된다. 각 지역마다 "○○억 예산 확보"를 자랑하는 국회의원들의 현수막은 이러한 현상을 단적으로 보여준다. 인플레이션은 인간의 무한한 욕망과 정치적 구조 속에서 정부 재정이 지속적으로 확대되는 한 계속 이어질 가능성이 높다. 이를 근본적으로 해결하려면 단순한 정책 조정이 아닌, 정치적 합의가 필요한데 이는 말처럼 쉬운 일

이 아니다. 그래서 인플레이션이 없어진다는 희망보다는 이를 잘 이용하는 대응
이 효과적이다.

● 한국은 에너지 가격이,
미국은 고용이 인플레이션의 핵심 원인 ●

인플레이션의 원인은 국가마다 다르며, 이는 각국의 경제 구조와 소
비 패턴에 따라 상이하게 나타난다. 또한 같은 국가 내에서도 시기
에 따라 인플레이션의 원인이 상이하다. 그러나 대체로 한국에서는
원유를 포함한 에너지 가격이 인플레이션의 핵심 원인으로 작용하
는 반면 미국에서는 고용 시장이 인플레이션의 주요 동인으로 부각
된다. 두 나라의 사례를 통해 인플레이션의 메커니즘을 비교하고, 그
경제적 함의를 보자.

한국: 에너지 의존도가 만든 인플레이션 구조

한국은 에너지 수입 의존도가 매우 높은 나라로, 원유 가격이 인플
레이션에 직접적으로 영향을 미친다. 한국은 원유의 100%를 수입
에 의존하며, 원유뿐만 아니라 천연가스와 석탄의 수입 비중도 상당
히 크다. 이러한 구조는 국제 원유 가격의 변동성이 곧바로 국내 물

가에 반영되는 결과를 초래한다. 한국은 제조업 중심, 수출주도 국가이기 때문에 석유화학 등 공산품의 주원료가 되는 원유의 가격이 오르면 물가가 오른다. 또한 원유 가격의 상승은 한국의 전기 등 에너지 단가도 높이는 효과가 있다. 따라서 원유 가격이 오르면 에너지 가격이 오르고 한국의 인플레이션도 상승하게 된다.

구체적으로 2022년 러시아-우크라이나 전쟁으로 인해 국제 유가가 배럴당 100달러를 넘어서자, 한국 내 휘발유와 경유 가격이 사상 최고치를 기록했다. 이로 인해 물류비가 증가하면서 공산품과 식료품 가격까지 전반적으로 상승했다. 예를 들어 식품 기업들은 제조비용 상승을 이유로 라면, 음료수, 그리고 냉동식품의 가격을 10% 이상 인상했다. 이는 소비자물가지수(CPI)에 큰 영향을 미쳤고, 2022년 한국의 물가 상승률은 5.1%로 2008년 이후 최고치를 기록했다.

또한 한국은 에너지 가격이 오를 때 이를 완화하기 위한 정책적 수단이 제한적이다. 에너지 가격 상승이 기업과 가계 전반에 막대한 영향을 미치기 때문이다. 한국 정부는 유류세 인하와 같은 대책을 통해 에너지 가격 상승의 충격을 줄이려 노력하지만, 이러한 정책은 단기적인 완화에 그칠 뿐이다. 장기적으로는 구조적 의존도를 낮추는 것이 필요하다. 에너지 전환 정책과 재생에너지 확대가 지속적으로 논의되는 이유도 여기에 있다. 만일 지금과 같은 화석 연료 의존도가 낮아지고 재생 에너지 비율이 현저하게 높아진다면 원유 가격과 연동되는 한국의 인플레이션 구조에도 변화가 오게 된다.

미국: 고용 시장의 압력이 물가를 끌어올리다

반면 미국은 한국과 전혀 다른 경제 구조를 가지고 있기 때문에 인플레이션 원인과 대응이 한국과 상이하다. 한국의 원유와 달리, 미국에서는 고용 시장이 인플레이션의 핵심 요인으로 작용한다. 미국은 글로벌 원유 1위 생산국으로 에너지 자급률이 높아 국제 유가 변동의 영향을 상대적으로 덜 받는다. 대신 미국의 인플레이션은 주로 강력한 고용 시장에서 비롯된다. 2023년 기준, 미국의 실업률은 3.5%로 역대 최저 수준을 기록했다. 이는 팬데믹 이후 노동 수요가 급증했음에도 불구하고, 노동 공급이 이를 따라가지 못했기 때문이다. 특히 서비스업과 물류업 등 노동집약적 산업에서 인력 부족이 심화되면서 기업들은 경쟁적으로 임금을 인상했다. 예를 들어 아마존은 물류 창고 직원의 초봉을 시간당 20달러 이상으로 올렸으며, 주요 패스트푸드 체인들도 임금을 인상해 구인난 해소에 나섰다.

이 같은 가파른 임금 상승은 기업의 비용 증가로 이어지고 이는 제품과 서비스의 가격인상, 소비자 물가의 상승으로 이어진다. 그래서 임금 상승은 소비자들의 구매력을 증가시키는 동시에 기업의 비용을 높여 물가 상승으로 이어진다. 이를 비용-소비 상승의 악순환이라 부른다. 만일 강한 노동 수요가 장기화되고, 인플레이션이 높아지면, 미국 연방준비제도(Fed)는 이를 통제하기 위해 기준금리를 인상하며 경제 과열을 막고자 하지만, 고용 시장의 견고함은 인플레이션 억제를 어렵게 만들고 있다. 그래서 시장에서는 높은 인플레이션과 높은 금리가 더 장기간 지속된다는 의미로 'Higher for longer'라는 표현이 자주 등장하게 된다.

경제구조가 다르면 인플레이션 대응도 다르다

한국과 미국의 인플레이션 원인은 국가 경제의 구조적 차이를 잘 보여준다. 한국은 수입 에너지 의존도가 높고 수출 중심의 제조업 국가이기 때문에 원유와 같은 국제 원자재 가격에 민감하며, 에너지 가격이 전반적인 물가 상승을 주도한다고 했다. 반면 미국은 에너지에서 독립적인 구조를 가지고 있고 소비 중심의 경제 구조를 가지고 있기 때문에 노동 시장의 변화가 인플레이션의 주요 원인으로 작용하는 것을 살펴보았다. 이 차이는 정책적 대응에도 영향을 미친다. 한국은 에너지 가격 상승에 대응하기 위해 단기적으로 유류세를 인하하거나 에너지 보조금을 지급하지만, 이는 지속 가능하지 않다. 반대로 미국은 고용 시장의 과열을 억제하기 위해 기준금리를 인상하고 금융시장의 긴축을 통해 수요를 조절하려 한다.

한국과 미국의 사례는 인플레이션이 단순히 물가 상승이라는 결과에 그치지 않고, 국가의 경제 구조와 정책에 따라 다양한 양상을 띤다는 점을 보여준다. 한국에서 원유 가격이 라면과 휘발유 가격까지 연쇄적으로 영향을 미치는 구조와, 미국에서 노동 시장의 과열이 서비스 비용과 임금 상승, 물가 상승, 금리 인상으로 이어지는 패턴은 각국의 경제를 이해하는데 중요한 단면을 보여주며, 이러한 차이를 이해하는 것은 국가별 경제 정책과 글로벌 경제 흐름을 예측하는데 매우 유용하다.

 케이스스터디

호르무즈 해협, 수에즈 운하에 사고가 나면 한국 인플레는 오른다.

한국은 에너지 수입 의존도가 높은 나라로, 원유를 비롯한 에너지 자원의 많은 부분을 중동 지역에서 수입한다. 이러한 에너지 의존 구조는 국제 유가 변동에 민감하게 만든다. 특히 원유 수송 경로에서 문제가 발생할 경우 한국 경제에 단기적으로 큰 영향을 미친다. 호르무즈 해협과 수에즈 운하가 그 대표적인 사례다. 이 두 곳은 전 세계 원유와 에너지 자원의 수송에서 핵심적인 역할을 하기 때문에 사고나 분쟁으로 물류가 차단되면 한국의 인플레이션 상승 요인으로 작용한다.

호르무즈 해협은 전 세계 원유 수송량의 약 30%가 통과하는 초대형 해상 물류 통로다. 이 해협에서 군사적 충돌이나 봉쇄가 발생하면 국제 유가는 즉각적으로 상승하며, 이는 한국의 수입 에너지 비용 증가로 이어진다. 예를 들어 2019년 미국과 이란 간의 긴장이 고조되면서 호르무즈 해협에서 유조선이 공격받자 국제 유가가 단기간에 급등했다. 당시 한국의 정유사들은 원유 구매 비용

자료: 구글맵스

증가로 인해 국내 휘발유와 경유 가격을 인상했고, 이는 소비자물가지수(CPI) 상
승으로 직결되기도 했다.

수에즈 운하 역시 에너지와 물류 흐름에 중요한 역할을 한다. 2021년, 컨테이
너선 '에버 기븐'호가 수에즈 운하에 좌초해 약 일주일간 운하가 봉쇄되었을 때
국제 유가는 하루 만에 6% 가까이 상승했다. 한국은 이 사건으로 인해 에너지
수입에 차질을 빚었고, 물류 비용 증가와 함께 유가가 국내 물가에 미치는 영향
을 체감해야 했다. 원유뿐만 아니라 철강, 화학 제품, 그리고 소비재까지 물류비
상승에 따른 가격 인상이 연쇄적으로 발생했다.

호르무즈 해협과 수에즈 운하에서 사고나 충돌이 발생하면 단순히 원유 가
격만 오르는 것이 아니다. 에너지 가격 상승은 물류비와 제조원가를 증가시키며,

이는 전반적인 물가 상승으로 이어진다. 특히 한국처럼 수출과 제조업 중심의 경제에서는 에너지 비용 증가가 생산자물가지수(PPI)와 소비자물가지수(CPI)에 중대한 영향을 미친다. 이처럼 한국의 인플레이션은 지정학적 리스크와 글로벌 물류 환경에 크게 좌우될 수밖에 없는 구조적 특징을 가지고 있다.

하이엠 팁스

유가는 초과공급에 시달린다

한국의 인플레이션은 유가가 상당부분 좌우한다고 했다. 그리고 인플레이션은 향후 한국은행의 통화정책, 즉 금리 인하에 막대한 영향을 미친다. 그래서 글로벌 유가에 대한 이해와 전망은 향후 한국은행이 펼칠 통화정책, 특히 금리 인하 경로를 예상하게 한다.

현재 유가는 미국의 원유 공급 증가로 인해 초과공급 상태에 있으며, 이러한 상황은 더 심화될 가능성이 크다. 유가는 크게 ① 매크로 경제적 요인, ② 수요와 공급의 펀더멘털, ③ 투기적 수요에 의해 결정되지만, 본질적으로는 수요와 공급의 균형이 가격을 좌우한다. 미국은 현재 하루 1,300만 배럴(mbd)의 원유를 생산하고 있으며, 향후 트럼프 정부의 정책에 따라 300만 배럴이 추가 생산될 전망이다. 여기에 브라질, 가이아나, 멕시코와 같은 비(非)OPEC 국가들의 생산량 증가도 예고되어 있다.

특히 러시아(1,000만 배럴), 사우디아라비아(1,000만 배럴)의 생산량을 넘어서고 있는 미국의 셰일 원유 생산은 OPEC의 유가 주도권을 잃게 만들었다. 또한 인플레이션을 억제하려는 미국의 의도가 원유 초과공급을 더욱 가속화하고 있다. 결론적으로 초과공급 상태가 지속되면서 원유 가격은 배럴당 70달러 이하로 하락할 가능성이 크다. 심지어 60$ 내외로 하락할 가능성이 크다. 따라서 유가가 70$ 이하로 장기 균형을 이룬다면, 한국의 인플레이션 압력은 매우 낮아진다. 한국은행이 추가적인 금리 인하를 단행할 환경이 만들어지는 셈이다.

● 인플레이션은 적응하는 것이지 사라지는 것이 아니다 ●

인플레이션은 경제의 본질적인 속성 중 하나다. 그것은 일시적으로 사라지거나 멈추는 것이 아니라, 지속적으로 경제에 영향을 미치는 현상이다. 중요한 점은 우리가 보는 소비자물가 등 인플레이션 지표는 물가의 변동폭을 보여줄 뿐 물가의 수준을 보여주지 않는다는 사실이다. 이는 인플레이션이 전년 동기 대비(year-over-year, YOY) 방식으로 측정된다는 점과 밀접하게 관련되어 있다.

전년 동기 대비로 인플레이션을 측정하면 한 번 높아진 물가는 경제 시스템 내에서 새로운 기준점으로 작용하는 경향이 있다. 예를 들어 소비자물가지수(CPI)가 전년 대비 5% 상승했다고 가정하자. 이 경우 다음 해에 CPI 상승률이 0%라 하더라도 물가 수준은 여전히 이전 해보다 5% 높은 상태로 유지된다. 이것이 바로 인플레이션이 사라지지 않는 이유다. 일단 물가가 상승하면 그것이 새로운 기준점으로 자리 잡아 사람들의 소비 습관, 임금 수준, 그리고 기업의 가격

책정 방식에 영향을 미친다.

한국은행과 같은 중앙은행은 물가 안정을 목표로 다양한 정책을 시행한다. 특히 기준금리를 조정하여 경제 내 통화량을 관리함으로 써 물가 상승 압력을 억제하려 한다. 그러나 이러한 노력에도 불구하고, 중앙은행이 물가 수준 자체를 책임질 수는 없다. 한국은행은 물가 상승률을 목표 범위 내로 유지하는데 중점을 두지만, 이미 높아진 물가 수준을 낮추는데는 한계가 있다. 이는 고정된 임대료, 원자재 가격 상승, 그리고 생활 필수품과 같은 가격 경직성 있는 품목들이 경제 시스템 내에서 지속적으로 높은 수준을 유지하기 때문이다.

가장 현실적인 예는 식료품 가격이다. 예를 들어 국제 곡물 가격이 급등하면 국내 라면이나 빵의 가격이 상승한다. 이후 곡물 가격이 하락하더라도, 최종 소비자 가격은 내려가지 않는 경우가 많다. 이는 유통망의 가격 구조, 기업의 마진 정책, 그리고 소비자의 가격 수용도가 결합하여 만들어지는 결과다. 실제로 한국에서 2022년의 물가 상승은 주로 에너지와 식료품 가격에서 비롯되었지만, 그 여파는 다른 품목들로 확산되며 지속적인 높은 물가 수준으로 이어졌다.

결국 인플레이션과의 싸움은 중앙은행이나 정부가 완전히 승리할 수 없는 전쟁이다. 중앙은행은 물가 상승률을 안정시키는데 중점을 두며, 그 과정에서 경제 전반의 충격을 최소화하려 한다. 하지만 이는 경제 주체들이 이미 높아진 물가에 적응하는 것을 전제로 한다.

인플레이션은 일상적인 경제 활동 속에서 새롭게 형성된 가격 구조를 기반으로 작동하며, 그로 인해 한 번 높아진 물가는 잘 내려가지 않는 경향이 있다.

따라서 인플레이션은 단기적으로 통제하거나 극복해야 할 대상이지만, 장기적으로는 변화된 환경에 적응해야 하는 경제의 기본적인 속성으로 이해해야 한다. 한번 높아진 물가는 내려가지 않고 최소한 유지되는 경향이 있다. 우리가 보는 지표들은 전년 동기 대비 증감률이기 때문에 인플레이션 수치가 낮다고 해서 물가 수준이 낮다고 착각해서는 안 된다.

 케이스스터디

임금은 인플레이션보다 적게 오른다

인플레이션은 물가를 끌어올리지만, 봉급생활자의 임금은 그 속도를 따라가지 못한다. 이는 가계의 실질 구매력을 감소시키고 생활비 부담을 가중시키는 결과를 초래한다. 예를 들어 2022년 한국의 소비자물가지수(CPI)는 5% 이상 상승하며 14년 만에 최고치를 기록했다. 반면 같은 해 평균 임금 상승률은 3% 대에 그쳤다. 이는 봉급생활자의 실질 소득이 줄어들었음을 의미하며, 가계 경제에 심각한 부담을 주었다. 라면, 우유, 빵, 등 필수 식료품, 자장면 등 외식 비용 등 가격이 급등하고, 월세 등 주거비용은 급등했지만, 월급봉투는 얇아졌다. 이 같은 '지갑 도둑' 인플레이션의 피해는 저소득층일수록 크다. 부동산, 금 등 인플레이션 헤지 자산이 적고, 필수 소비재의 소득 대비 비중이 크기 때문이다.

미국의 사례도 비슷하다. 2022년 미국의 소비자물가는 전년 대비 9% 이상 상승하며 40년 만에 최고치를 기록했다. 반면 같은 해 평균 임금 상승률은 4% 대에 그쳤다. 팬데믹 이후 강력한 고용 시장에도 불구하고, 임금이 물가 상승을 따라가지 못하면서 노동자들의 실질 소득은 줄어들었다. 월세와 식료품, 에너지 비용이 크게 상승하면서 중산층과 저소득층은 생활비 부담에 직면했고, 부채를 늘려 생계를 유지하는 사례가 급증했다.

고소득층은 자산 투자와 금융 수익으로 인플레이션을 일부 상쇄할 수 있지만, 봉급에 의존하는 중산층과 저소득층은 경제적 불평등 속에서 더욱 취약해진다. 이로 인해 양극화는 심화되고, 사회적 긴장이 높아지는 결과를 초래한다. 인플레이션이 단순히 물가 상승의 문제가 아니라, 종국에는 사회적 불평등을 악화시키는 기제로 작용한다는 점은 물가가 매우 정치적인 경제 현상이자 경제 지표임을 알 필요가 있다. 왜냐하면 2000년대 '아랍의 봄'에서 나타난 것과 같이 과도한 물가 상승은 정치적 폭동이나 정체 체제의 변화를 가져오기 때문이다.

 케이스스터디

파퓰리즘이 만드는 인플레이션, 피해자는 국민 다수

2022년 터키는 소비자물가지수(CPI)가 전년 대비 75% 이상 상승하며 심각한 인플레이션 위기에 직면했다. 이는 세계적으로도 유례없는 수준으로, 터키 경제의 구조적 문제와 정책적 실책이 복합적으로 작용한 결과다.

주요 원인은 터키 중앙은행의 비전통적 금리 정책이었다. 터키 에르도안 대통령은 23년 5월 대통령 선거를 앞두고, "높은 금리는 인플레이션을 유발한다"는 비정통적 경제 관점을 주장하며 기준금리를 계속해서 인하하도록 중앙은행에 압력을 가했다. 이로 인해 터키 리라화의 가치는 급락했고, 수입 비용이 급증하면서 원자재와 에너지 가격이 치솟았다. 터키의 높은 수입 의존도는 인플레이

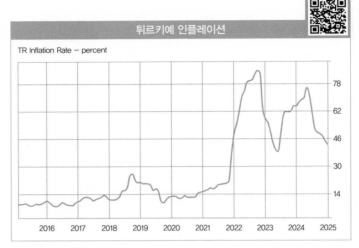

튀르키예 인플레이션

TR Inflation Rate − percent

78
62
46
30
14

2016 2017 2018 2019 2020 2021 2022 2023 2024 2025

자료: 트레이딩이코노믹스

션 상승을 더욱 가속화했다.

또한 팬데믹 이후 유동성 확대와 글로벌 공급망 위기가 겹치며 터키 내 식료품과 에너지 가격 상승을 부채질했다. 특히 국제 유가와 천연가스 가격 상승은 터키의 물류와 생산비용 전반을 끌어올렸다. 터키 사례는 잘못된 정책과 경제 구조적 취약성이 결합될 경우 인플레이션이 얼마나 심각한 위기를 초래할 수 있는지 보여주는 대표적인 사례다.

선거가 끝나고 에르도안 대통령은 선거에서 이긴 후에도 기존 입장을 고수했을까? 예상대로 선거 전과는 정반대의 통화 정책을 실행했다. 선거가 있던 23년 5월 8%대로 낮췄던 금리를 올리기 시작해서 24년에는 50%까지 인상하는 정책을 폈다. 아이러니가 아닐 수 없다. 70%대의 인플레이션과 50%대의 금리에서 일반 국민들이 특히 서민들이 겪을 경제적 고통은 누구를 탓해야 할까? 인플레이션, 금리가 얼마나 정치적인 지표인지 아주 잘 보여주는 사례가 아닐 수 없다.

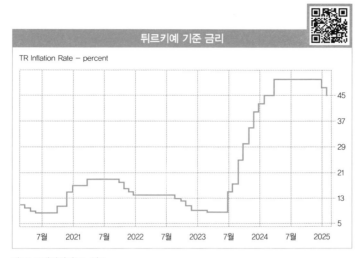

튀르키예 기준 금리

TR Inflation Rate − percent

자료: 트레이딩이코노믹스

8장

국제무역지표

한국은 제조업과 수출 중심의 국가이다. 따라서 국내 경제성장, 통화정책, 재정정책, 물가와 같은 요소도 중요하지만, 무역은 한국 경제를 이해하는데 반드시 알아야 할 핵심 영역이다. 특히 2016년 트럼프 대통령 이후 미중 무역전쟁이 시작되면서 세계는 새로운 무역질서와 공급망 재편의 과정에 접어들었다. 이로 인해 무역과 관련된 개념과 지표에 대한 이해는 그 어느 때보다 중요해졌다.

무역과 관련된 국제지표는 글로벌 경제 흐름을 이해하는데 필수적이다. 본 장에서는 국제무역과 관련된 주요 경제지표를 다루며, 이를 통해 무역 흐름과 경제 상황 간의 상관관계를 설명한다. 주요 내용은 수출·수입, 무역수지, 경상수지, 환율과 같은 기본 지표뿐 아니라, **글로벌 공급망압력지수**(GSCPI), **발틱운임지수**(BDI), **상하이컨테이너운임지수**(SCFI), **항공화물운임지수**(BAI)와 같은 물류 및 운송지표도 포함된다. 특히 환율은 국제 교역에서 핵심적인 변수로 미국 달러화와 주요 통화 간 관계가 경제와 무역에 미치는 영향을 구체적으로 살펴본다.

먼저 본격적인 지표 관련 논의에 앞서 주요 교역 지표의 의미와 쓰임을 살펴본다. 수출은 국내에서 생산된 상품이나 서비스를 해외로 판매하는 것으로, 국가 경제성장과 외화 획득의 핵심 원천이다. 한국은 주로 반도체와 자동차 같은 제조업 제품을 수출하며, 이는 한국 경제의 경쟁력을 대표하는 주요 품목들이다. 반면 수입은 해외에서 생산된 상품이나 서비스를 국내로 들여오는 것으로, 한국은 원유와 천연가스 같은 에너지 자원을 주로 수입한다.

무역수지는 일정 기간 동안 수출액에서 수입액을 뺀 값으로, 흑자는 수출이 수입을 초과한 경우, 적자는 그 반대의 경우를 뜻하며, 국가의 대외 건전성을 평가하는 중요한 지표다. 경상수지는 무역수지에 서비스 수지, 본원소득, 이전소득을 더한 값으로, 한 국가의 대외 경제 활동 전반을 포괄적으로 보여준다.

환율은 한 국가의 통화와 다른 국가 통화 간의 교환 비율을 뜻하며, 국제 무역에서 핵심적인 역할을 한다. 특히 가장 중요한 환율로 꼽히는 미국 달러 대비 한국 원화 환율은 달러-원 환율(USD/KRW)로 표기된다. 환율이 상승하면(원화 절하) 한국의 수출품은 가격 경쟁력이 높아져 수출이 증가할 가능성이 있지만, 수입품 가격이 올라 경제 전반의 부담이 커질 수 있다. 반대로 환율이 하락하면(원화 절상) 수입품 가격은 낮아져 물가 안정에 기여할 수 있으나, 수출 경쟁력은

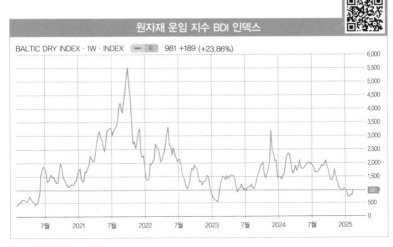

자료: 트레이딩이코노믹스

약화될 가능성이 있다.

글로벌 공급망압력지수(GSCPI)는 글로벌 공급망의 병목현상과 제약 상황을 평가하는 지표로 뉴욕 연방준비은행에서 발표한다. 이 지표는 운송 비용, 배송 시간, 재고 수준 등을 바탕으로 공급망의 스트레스 수준을 나타내며, 0보다 높으면 압력이 크고, 낮으면 압력이 완화된 상태를 의미한다. SCPI는 COVID-19 팬데믹 이후 물류와 생산 흐름의 문제를 측정하기 위해 개발되었으며, 공급망 상황을 분석하는데 중요한 역할을 한다.

전통적인 운임지수인 발틱운임지수(BDI)는 주요 원자재의 해상 운송 비용을 나타내며, 물류 시장의 수요와 공급을 반영한다. BDI

가 높을 때는 원자재 수요가 증가하거나 운송 공급이 부족한 상황으로, 이는 글로벌 경제가 활기를 띠고 있음을 의미한다. 코로나19와 같은 공급망 제약 상황이 발생하면 BDI 지수가 비정상적으로 급등하게 된다. 이로 인해 해운사나 화물운송 항공사는 매출 증가로 수혜를 입지만, 타이어, 라면, 가전 업체 같은 수출입업체는 급등한 운송 비용으로 인해 막대한 추가 부담을 떠안게 되는 상황이 벌어진다. 반대로 BDI가 낮으면 원자재 수요 감소나 물류 공급 과잉으로 인해 경제 활동이 위축되었을 가능성을 시사한다.

상하이컨테이너 운임지수(SCFI)는 컨테이너 해상 운송 비용의 변동을 보여주며, SCFI가 높을 때는 해운 물동량 증가와 물류 비용 상승을 의미한다. 반면 SCFI가 낮을 때는 물류 수요 감소나 운송 비용 안정화를 반영한다. 항공화물 운임지수(BAI)는 항공 물류 시장의 운송 비용과 수요·공급 상황을 나타내며, BAI가 높으면 고부가가치 상품의 무역이 활발하거나 물류 수요가 공급을 초과한 상태를 뜻한다. 반대로 낮을 때는 물류 수요 감소나 시장 안정화를 의미한다. 각각의 지표들의 쓰임에 대해서는 다음 장 산업지표에서 자세히 다룬다.

● 미국 경기가 좋아지면 한국 수출이 증가한다 ●

한국 경제는 수출 중심의 구조를 가지고 있으며, 글로벌 경기 변동에 민감하게 반응한다. 특히 한국의 주요 수출품목인 반도체와 전기·전자제품은 전 세계적인 경기 흐름에 따라 수요가 크게 변동한다. 한국의 수출 시장에서 중국이 20%로 제1 수출국을 차지하고, 미국이 17%로 그 뒤를 잇고 있지만, 한국 수출에 있어 미국 경기는 단순한 비중 이상의 영향을 미친다. 이는 한국의 주요 수출 품목이 글로벌 산업 경기와 밀접하게 연관되어 있으며, 미국 경제가 세계 경제를 주도하는 핵심 동력으로 작용하기 때문이다.

미국 경기가 좋아지면 한국 수출이 증가하는 이유는 명확하다. 미국은 소비와 투자 중심의 경제 구조를 가지고 있으며, 경기가 호조를 보일 경우 IT 제품, 자동차, 가전 등 한국의 주요 수출품목에 대한 수요가 늘어난다. 특히 반도체는 스마트폰, 데이터센터, 자동차 등 다양한 산업에 필수적인 부품으로, 미국 경기 회복은 이러한 산업의 생산 확대를 유도해 반도체 수요를 크게 증가시킨다. 한국이 반도체 생산과 수출에서 세계적으로 중요한 위치를 차지하고 있기 때문에 미국 경기 회복은 한국 경제에 직접적인 호재로 작용한다.

한국 주요 수출 품목				
Electrical, Electronic Equipment	Machinery, Nuclear Reactors,...	Iron and Steel	Organic Chemicals	Ships, Boats, and Other Floating Structures
	12%	4.1%	3.3%	3.2%
		Optical, Photo, Technical, Medical Apparatus	Rubbers	Copper
	Mineral Fuels, Oils, Distillation Products	2.7%	1.1%	1.1%	0.95%	0.90%
27%	8.6%	Inorganic Chemicals, Precious Metal Compound, Isotope	Foam, Plastics Stored...	Aluminum		
Vehicles Other Than Railway, Tramway		2.6%	0.76%	0.72%		
	Plastics	Articles of Iron or...		
15%		1.7%		
	5.6%	Essential Oils, Perfumes, Cosmetics, Toiletries 1.3%		

자료: 트레이딩이코노믹스

    미국의 경기 상황을 가장 잘 보여주는 대표적인 지표 중 하나는 구매관리자지수(PMI)이다. PMI는 제조업과 비제조업의 생산 활동을 평가하는 선행지표로 특정 산업의 현재와 미래 경기 상황을 보여준다. PMI가 50 이상일 경우 산업이 확장 국면에 있음을, 50 미만일 경우 수축 국면에 있음을 나타낸다. 특히 미국 PMI는 글로벌 경제 전반에 미치는 영향력이 크며, 한국 수출의 흐름을 예측하는데 있어 중요한 역할을 한다. 실제로 미국 PMI와 한국 수출은 높은 상관관계를 보인다. PMI 지수가 상승하면 이는 미국 내 기업들이 생산 확대와 투자를 늘리고 있음을 의미하며, 이 과정에서 한국의 전기·전자제품과 반도체 수요가 증가한다. 반대로 PMI가 하락하면 미국 내 경제 활동 위축으로 인해 한국 수출 역시 둔화되는 경향을 보인다. 이러한 상관관계는 미국 경기의 변화가 한국 경제에 얼마나 중요한 지를 잘 보여준다.

또한 미국 경기가 회복되면 소비와 기업 투자 증가로 인해 IT 제품, 자동차, 철강 등 다양한 산업군에서 수요가 늘어나면서 한국 수출은 전반적으로 확대된다. 특히 미국의 대형 기술 기업들이 경기 호조에 따라 반도체와 전자제품 수요를 확대하면, 한국의 반도체 제조업체들은 이에 발맞춰 생산을 늘리고 매출을 확대할 수 있다. 이런 과정은 한국 경제 전반의 성장 동력으로 작용한다.

하이엠
팁스

코스피는 글로벌 경기 선행지수

한국 증시의 코스피 지수는 글로벌 경기의 흐름을 예측하는 선행지수로 자주 언급된다. 이는 한국이 반도체, 자동차, 전자제품 등 글로벌 경기에 민감한 산업을 중심으로 한 수출국이기 때문이다. 특히 미국과 중국을 포함한 주요국 경제의 변화가 한국 수출과 기업 실적에 즉각적인 영향을 미치면서 코스피 지수에도 반영된다. 이러한 구조는 코스피지수가 세계 경제의 호황과 침체를 선제적으로 보여주는 신호 역할을 할 수 있게 한다.

예를 들어 2020년 팬데믹 초기, 글로벌 경기가 급격히 위축되면서 코스피 지수는 단기간에 큰 폭으로 하락했다. 그러나 이후 반도체와 IT 산업 중심의 수요 회복 기대감이 커지자, 코스피 지수는 빠르게 반등하며 글로벌 경기 회복의 신호를 제공했다. 이는 한국 경제와 증시가 세계 경제와 얼마나 밀접하게 연관되어 있는지를 잘 보여준다. 또한 한국 수출과 경제는 글로벌 경기 변동에 매우 민감하게 반응한다. 반도체와 같은 주요 수출 품목은 전 세계 제조업과 소비자 수요에 의해 좌우되며, 이는 코스피 지수에 실시간으로 반영된다. 그래서 코스피 지수 자체가 글로벌 경기 변동의 선행 지수로 해석되는 경향이 있다.

● 반도체 수출이 증가하면 코스피는 상승한다 ●

한국 경제에서 반도체는 단순한 수출 품목 이상으로, 전체 수출과 주식시장에 지대한 영향을 미치는 핵심 산업이다. 반도체 수출이 증가하면 한국의 전체 수출이 동반 상승하고, 이는 외국인 투자자들이 한국 주식시장으로 자금을 다시 투입하게 하는 촉매제가 된다. 특히 코스피는 반도체 수출과 밀접하게 연동되어 글로벌 경기 회복과 함께 상승세를 보인다.

2017년은 이러한 상관관계를 극명히 보여주는 대표적인 사례다. 당시 글로벌 경제가 회복되면서 IT 제품에 대한 수요가 폭발적으로 증가했고, 이에 따라 한국 반도체 수출도 급등했다. 그 결과 삼성전자와 SK하이닉스 같은 주요 반도체 기업들의 실적이 크게 개선되며 코스피 상승을 견인했다. 2017년 한 해 동안 코스피는 약 20% 이상 상승하며, 이는 반도체 수출 증가가 한국 주식시장에 미치는 영향을 명확히 보여주었다.

반도체 산업은 약 2년 주기의 사이클을 가지고 있으며, 한국 수출도 이 주기에 따라 큰 변동을 보인다. 반도체 수출이 호황을 맞이할 때 한국 수출 금액 지수는 상승한다. 그래서 수출금액지수는 코스피의 선행지표 역할을 한다. 예를 들어 2017년 반도체 호황 당시, 한국 수출 금액 지수는 전년 대비 15% 이상 증가하며 코스피 상승의 주요 신호를 제공했다. 이러한 흐름은 코스피와 반도체 수출 간의 높은 상관관계로 설명된다. 실제로 한국 코스피와 반도체 수출 간의 상관계수는 0.7 이상으로, 두 지표가 밀접하게 연동되어 있음을 보여준다. 이는 반도체 산업이 한국 증시에서 차지하는 높은 비중 때문이다. 삼성전자와 SK하이닉스가 시가총액 1위와 2위를 차지하며 코스피 지수에 막대한 영향을 미치고 있고, 더 나아가, 반도체를 포함한 전기전자 업종은 한국 증시 전체 시가총액의 40%를 넘어서는 비중을 차지하고 있다. 이러한 구조적 특성으로 인해 반도체 사이클이 곧 코스피 사이클로 이어지는 경향이 강하게 나타난다.

외국인 투자자들은 특히 한국 주식시장에서 반도체와 같은 글로벌 기술 산업의 성장을 반영하는 종목들에 주목한다. 반도체 수출이 증가하면 삼성전자와 SK하이닉스 주가가 상승하고, 이는 코스피

한국 수출 금액 지수

Zoom 1Y **5Y** 10Y Max   2020-01-01 → 2025-01-01

── 수출금액지수   ── 수출금액지수

(전년동월대비, %)   (전년동월대비, %)

자료: 한국은행

전체를 끌어올리는 주요 동력이 된다. 반대로 반도체 수출이 둔화되면 외국인 투자 자금이 이탈하면서 코스피 하락으로 이어질 가능성이 크다.

이처럼 코스피의 상승을 전망하려면 한국 수출, 특히 반도체 수출의 흐름을 주의 깊게 관찰해야 한다. 이를 위해 한국 수출 금액 지수는 필수적인 분석 도구로, 반도체 수출 증가 여부를 가장 신뢰성 있게 파악할 수 있다.

중국 반도체가 몰려온다:
위기의 한국, 그리고 삼성전자

중국 반도체 기업들의 급성장은 한국 반도체 산업, 특히 삼성전자에 중대한 도전 과제를 안겨주고 있다. 대표적으로 창신메모리테크놀로지(CXMT)는 2016년 설립 이후 D램 생산능력을 4년 만에 대폭 늘리며 글로벌 탑5로 부상했다. 이러한 성장은 중국 정부의 막대한 지원과 내수 시장의 높은 수요에 힘입은 것이다. 중국의 반도체 산업은 다양한 분야에서 두각을 나타내고 있다. 화웨이 하이실리콘은 7나노 공정 기반의 스마트폰용 SoC를 설계를 넘어 5나노 기반 설계를 주장하고 있다. 또한 중신궈지(SMIC)는 파운드리 분야에서, 양쯔메모리테크놀로지(YMTC)는 낸드플래시 분야에서 성장 중이다.

현재 한국은 첨단 반도체 기술에서 우위를 점하고 있지만, 중국은 구형 제품(레거시)을 중심으로 시장 점유율을 확대하고 있다. 특히 CXMT는 DDR4 등 이전 세대 제품을 대량 생산하며 가격 경쟁력을 확보하고 있다. 일부에서는 이들이 현물 가격의 절반 이하로 판매한다는 주장도 있다. 이러한 중국 기업들의 레거시 제품 중심의 저가 공세는 삼성전자가 그동안 치킨게임을 통해 경쟁자를 압도하며 시장 지배력을 유지해온 전략에 큰 위협이 되고 있다. 중국 정부의 보조금 지원으로 인해 가격 경쟁을 통한 시장 재편이 어려워지면서, 삼성전자는 반도체 사이클을 조절하는 능력을 상실할 위험에 처해 있다. 중국 반도체의 성장과 위협으로 그간 공식처럼 여겨지던 반도체 사이클과 한국의 수출 사이클도 무너질 위기에 처해있다.

● 경제성장률이 상승하면
금리도 올라가고 환율도 강해진다 ●

환율은 국제 교역에서 가장 중요한 변수 중 하나로, 특히 미국 달러 환율은 글로벌 경제의 흐름을 결정짓는 핵심 지표로 작용한다. 달러는 세계 기축통화로서 에너지, 원자재, 주요 국제 상품의 거래에 사용되기 때문에 환율 변동은 전 세계 경제에 직접적인 영향을 미친다. 외환시장(Forex)은 이러한 환율이 결정되는 무대로, 하루 평균 거래액이 약 7조 달러에 달한다. 이처럼 환율은 글로벌 경제의 혈관 역할을 하며, 각국의 경제 정책과 기업 활동, 소비자 물가에 광범위한 영향을 미친다.

이처럼 중요한 환율을 결정하는 핵심 요인은 무엇일까? 역시 경제성장률이다. 경제성장률이 상승한다는 것이 그 나라의 경제와 국력이 강해진다는 의미이다. 당연히 나라의 화폐가치도 올라가고 환율도 강해진다. 그리고 경제성장률이 상승하면 일반적으로 금리도 상승하고 환율에도 영향을 미친다. 경기가 강해질수록 중앙은행은 금리를 인상해 인플레이션을 억제하려 하며, 이는 해당 통화의 가치를 높인다. 예를 들어 미국 경제가 성장세를 보이고 금리가 인상되면 달러는 강세를 보이게 되고, 이에 따라 다른 국가들의 환율도 조정된다. 강한 경제는 강한 통화를 의미하며, 이는 해당 국가가 글로벌 경제에서 더 많은 자본을 끌어들이는 효과를 낳는다.

그러나 한국과 같은 수출 중심 국가에서는 강한 환율이 양날의 검이 될 수 있다. 통화 가치가 높아지면 수출품 가격이 상대적으로 상승해 국제 경쟁력이 약화된다. 한국처럼 수출 중심 경제 구조를 가진 국가에서는 이러한 환율 강세가 수출기업들에게 부담으로 작용할 수 있다. 특히 반도체, 자동차, 전자제품처럼 가격 경쟁이 치열한 산업에서 환율 상승은 글로벌 시장 점유율에 직접적인 영향을 미친다. 따라서 환율 안정은 수출 경쟁력을 유지하는데 필수적인 요소로 간주된다.

반면 강한 환율은 소비자에게 긍정적인 영향을 미칠 수 있다. 통화 가치가 높아지면 수입품 가격이 내려가며, 이는 소비자 물가를 안정시키는 역할을 한다. 한국처럼 에너지 수입 의존도가 높은 국가에서는 환율 변동이 특히 중요한데 원/달러 환율이 하락하면 원유, 천연가스 등 에너지 자원의 수입비용이 줄어들어 전체 물가 안정에 기여할 수 있다. 반대로 원/달러 환율이 상승하면 수입 물가가 급등해 소비자들에게 직접적인 비용 부담으로 작용한다. 이는 일반 가계의 생활비를 증가시키고 경제 전반에 물가 상승 압력을 가중시킨다.

환율은 또한 투자와 자본 흐름에도 영향을 미친다. 강한 경제와 안정된 환율은 외국인 투자자들에게 매력적으로 작용하며 주식시장과 채권시장으로의 자본 유입을 촉진한다. 그러나 환율의 급격한 변동은 자본 유출을 야기할 수 있으며, 이는 금융시장의 변동성을 키우는 요인으로 작용한다. 특히 한국처럼 글로벌 경제와 밀접하게 연결된 국가에서는 환율 변동이 외국인 투자자들의 심리에 큰 영향을 미치며 주식시장과 환율시장이 서로 연동되는 경향이 강하다.

환율은 단순히 수출입 가격에 영향을 미치는 요소를 넘어, 국가 경제의 안정성과 경쟁력을 좌우하는 중요한 변수다. 강한 경제는 강한 환율을 가져오지만, 그로 인한 이득과 부담은 각 경제 주체에 따라 다르게 작용한다. 수출기업은 환율 안정이 필수적이며, 소비자와 일반 국민은 물가와 생활비의 안정성을 위해 적정 수준의 환율이 필요하다. 즉 어떤 경제지표와 마찬가지로 균형과 안정성이 중요하다. 그래서 안정적인 환율 관리가 필수적이며 이를 위해서는 지속적인 경제성장과 무역수지 흑자가 가장 중요한 요소이다.

하이엠
팁스

트럼프 대통령의 관세는 미국 달러를 강하게 한다

트럼프 행정부의 관세 정책은 국제 시장에서 달러 가치를 강하게 만드는 결과를 가져올 가능성이 높다. 과거에도 미국의 관세 인상으로 인해 외국산 제품의 가격이 상승하자 무역 상대국은 자국 통화를 평가절하하는 방식으로 대응했고, 이는 달러 강세를 부추겼다. 동시에 외국 기업들은 미국 시장에서의 거래를 유지

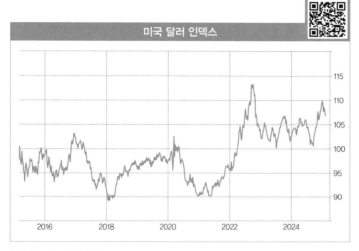

미국 달러 인덱스

자료: 트레이딩이코노믹스

하기 위해 더 많은 달러를 확보해야 했으며, 이로 인해 달러에 대한 수요가 크게 증가했다. 실제로 2018년부터 2020년까지 진행된 미중 무역전쟁 기간 동안, 미국은 중국산 제품에 대한 관세를 인상하여 중국 경제에 압박을 가했다. 이에 대응하여 중국은 수출 경쟁력을 유지하기 위해 위안화 가치를 절하하는 조치를 취했다. 이로 인해 위안화 환율은 달러당 6.3위안 수준에서 7.1위안으로 약 12.7% 절하되었다. 위안화 가치의 하락은 상대적으로 달러의 가치를 높이는 효과를 가져왔다.

이와 함께 트럼프 정부가 세금 감면과 재정 적자 축소 정책을 추진하게 되면, 이는 달러 강세를 가속화할 가능성이 크다. 세금 감면은 기업의 이익을 증가시켜 경제성장을 촉진하고 미국 내 투자 매력을 높이는 효과를 가져오기 때문이다. 또한 재정 적자 축소 정책은 정부 지출을 제한해서 국가 채무 부담을 완화하며 이를 통해 미국 국채의 신뢰도와 투자 매력도가 상승한다. 트럼프 정부가 내

세우는 법인세 15%로 인하와 GDP대비 정부 재정적자 절반으로 축소 정책의 결합은 해외 투자자에게 미국 경제를 건강하게 성장시키는 시그널로 작동한다. 그래서 달러에 대한 수요를 증가시키고, 결국 달러 가치를 높이는 결과를 초래할 가능성이 매우 높다.

또한 트럼프 대통령이 주도하는 관세전쟁, 무역 전쟁과 같은 정책적 불확실성은 글로벌 투자자들로 하여금 안전 자산으로 평가되는 달러와 미국 국채를 선호하도록 만들 것이다. 이는 시장에서 달러의 유동성을 줄이고 가치를 높이는데 기여할 것으로 보인다. 이러한 과정은 관세 정책이 단순히 무역 상대국을 압박하는 수준을 넘어, 달러의 국제적 입지를 강화시키는 효과로 이어질 전망이다. 결과적으로 트럼프 대통령의 관세 정책은 달러 강세를 유발하는 주요 요인으로 작용하게 될 것이다. 그래서 한국의 경우, 원/달러 환율도 1,400원 이상, 심지어 1,500원까지도 유지될 가능성이 높을 것으로 전망된다.

 케이스스터디

룰라 대통령의 재정적자 때문에 하늘로 치솟는 브라질 헤알화

재정 정책은 환율에 막대한 영향을 미치며, 국가 경제 안정성과 통화 가치에 직결된다. 2024년 11월, 브라질 헤알화는 달러 대비 사상 최저치를 기록하며 재정 정책과 환율 간의 관계를 극명히 보여주었다. 룰라 대통령은 사회 복지 확충과 인프라 투자를 위해 대규모 재정 지출 계획을 발표했으며, 이로 인해 재정 적자가 급격히 증가할 것이라는 우려가 확산되었다. 투자자들은 이러한 재정 확대가 장기적으로 국가 부채를 증가시키고 경제 안정성을 해칠 수 있다고 판단했다.

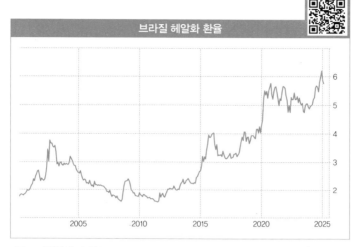

브라질 헤알화 환율

자료: 트레이딩이코노믹스

이로 인해 브라질 국채의 매력도가 감소하고, 외국인 투자자들은 자금을 회수하여 달러로 전환하는 움직임을 보인다. 이러한 외환 시장의 변화는 달러 수요를 증가시키고, 헤알화 가치를 급격히 하락시키는 결과를 낳는다. 동시에 재정 적자 확대는 인플레이션 상승 가능성을 높였으며, 이는 헤알화 약세를 더욱 부추기는 요인으로 작용한다. 이런 브라질 헤알화 사례는 재정 건전성이 통화 가치에 미치는 영향을 잘 보여주며, 정부의 재정 정책이 환율 변동에 미치는 막대한 영향을 시사한다. 정부의 재정 정책은 국내 경제에서 끝나지 않고 환율을 통해 대외 무역과 글로벌 투자에까지 영향을 미치게 된다. 정부의 정책이 신중해야 하는 이유이기도 하다.

매년 4월 한국 원화는 힘이 약해진다

매년 4월, 한국 원화는 약세를 보이는 경향이 있다. 이는 주로 계절적 요인과 글로벌 경제 흐름에 기인한다. 4월은 한국의 배당금 지급 시즌으로 외국인 투자자들이 국내 주식 시장에서 배당금을 달러로 환전해 본국으로 송금하는 시기다. 이러한 자금 유출은 외환 시장에서 달러 수요를 증가시키고, 결과적으로 원화 가치를 낮추는 효과를 낳는다. 한국 코스피 시장의 상위 종목들의 외국인 비중은 매우 크다.

삼성전자, SK하이닉스의 외국인 지분 비중은 50%를 넘는다. 현대차와 기아의 외국인 비중은 40%로 상대적으로 낮은 편이지만, 네이버는 50%에 육박하며, 금융지주들의 외국인 지분 비중은 60%를 넘어선다. 신한지주의 경우 약 60%, KB금융은 76%의 비중을 차지하고 있다. 그래서 외국인 지분에 비례하는 배당금 규모가 절대 무시할 수 있는 수준이 아니다. 다만 이러한 배당으로 인한 계절적 영향은 한국 정부의 '밸류업 프로그램'으로 인해 다소 약화될 가능성이 커졌다. 기존 연말 배당이 반기 내지 분기 배당으로 확대되고 있기 때문이다.

배당 이슈와 함께 국내적으로는 에너지 수입 의존도가 높은 한국이 4월부터 본격적으로 여름철 에너지 수요를 대비해 원유, 천연가스 등의 수입 계약을 늘리면서 달러 지출이 증가한다. 이는 외환 시장에서 원화를 추가적으로 약세로 만드는 요인 중 하나다. 정리하면, 4월의 원화 약세는 외국인 투자자들의 배당금 송금, 에너지 수입 증가라는 복합적인 요인에 의해 형성된다. 이를 고려하면 4월에 단기적으로 환율 변동성이 커질 수 있음을 예측하는 것도 필요하다.

● 글로벌라이제이션, 디글로벌라이제이션, 그리고 미중 무역전쟁 ●

1992년 중국의 WTO가입 이후 진행된 글로벌라이제이션(세계화, Globalization)은 전 세계가 하나의 시장으로 통합되며 국가 간 경제적, 사회적 상호작용이 활발해지는 과정을 뜻한다. 그러나 최근 몇 년간 이러한 흐름이 디글로벌라이제이션(반세계화, Deglobalization)으로 전환되고 있다. 특히 미중 무역전쟁은 이 전환의 중심에 있으며, 두 경제 강국의 충돌은 세계 경제 질서를 재편하는데 큰 영향을 미치고 있다.

미중 무역전쟁은 단순히 관세전쟁의 차원을 넘어선다. 2018년 트럼프 행정부는 중국의 불공정 무역 관행, 기술 절도, 그리고 첨단 산업 육성을 목표로 한 중국 제조 2025 전략에 대응하여 고율 관세를 부과했다. 이는 단순히 무역 적자를 줄이기 위한 조치가 아니라, 미국의 경제 패권을 유지하려는 전략으로 해석된다. 중국 제조 2025는 2025년까지 중국을 첨단 기술 강국으로 만들겠다는 계획으로, 미국 기술 기업의 글로벌 리더십에 도전하는 목표를 담고 있다. 이를 두고 트럼프 2기 정부 미국 무역대표부(USTR) 대표인 제이미슨 그리어는 "중국은 미국에 대한 세기적 도전"이라고 표현하며 강한 대응을 주장했다.

트럼프 행정부의 관세 정책은 기존의 중국 중심의 공급망 재편을 가속화했다. 미국은 기존의 글로벌 공급망에서 중국을 배제하고, 자국 및 동맹국 중심의 새로운 공급망을 구축하려는 노력을 강화했다. 이러한 정책은 기업들로 하여금 생산 기지를 중국 외 지역으로 이전하게 만들었고, 이는 동남아시아, 멕시코와 같은 국가들이 대체 공급망 거점으로 부상하는 계기가 되었다. 동시에, 미국은 자국 내 제조업 회복을 목표로 기술 산업에 대한 투자와 세금 감면 정책을 병행하여, "메이드 인 아메리카"를 강조했다.

이 과정에서 글로벌라이제이션의 상징이었던 자유무역은 점차 쇠퇴하고, 세계 경제는 블록화되고 있다. 미국, 유럽, 일본 등 민주주의 진영은 새로운 경제 블록을 형성하며 중국을 견제하고 있으며, 중국은 글로벌 사우스(Global South), 러시아, 중동, 아프리카와의 경제 협력을 강화하고 있다. 이러한 블록화는 세계 경제를 하나로 연결했던 글로벌라이제이션의 속도를 늦추고, 국가 간 상호의존도를 감소시키는 디글로벌라이제이션을 촉진하고 있다.

디글로벌라이제이션은 공급망 재편에서도 뚜렷이 드러난다. 팬데믹과 미중 무역전쟁은 글로벌 공급망의 취약성을 드러냈으며, 각국은 자국 중심의 공급망 안정화를 목표로 재편을 추진하고 있다. 특히 미국은 반도체와 같은 첨단 산업의 공급망에서 중국 의존도를 줄이기 위해 자국 내 생산 및 동맹국 간 협력을 강화하고 있다. 이에 따라, 전 세계 기업들은 생산 효율성을 추구했던 기존의 글로벌 공급망 모델에서 벗어나, 안정성과 자국 우선주의를 고려한 새로운 공급망 전략을 모색하고 있다. 이러한 현상으로 중국을 대체하는 인도, 동남아 국가들이 성장의 수혜를 입고 있다.

미중 무역전쟁과 디글로벌라이제이션의 결과는 단순히 경제적 차원에 그치지 않는다. 이는 세계 경제 질서를 변화시키고, 각국의 산업 정책과 무역 전략에 장기적인 영향을 미칠 것이다. 미국과 중국의 충돌은 단순한 두 국가 간의 경쟁이 아니라, 글로벌 경제가 새로운 방향으로 전환되는 과정의 중심에 있다. 이러한 변화는 기업들로 하여금 공급망 전략을 재검토하게 하고, 각국 정부로 하여금 자국 중심의 산업 육성 정책을 강화하도록 만든다.

결국 미중 무역전쟁은 글로벌라이제이션에서 디글로벌라이제이션으로의 전환을 촉진하며, 세계 경제의 새로운 패러다임을 형성하고 있다. 이는 국가 간 경쟁이 단순한 경제적 이익을 넘어 기술, 안보, 지정학적 패권을 둘러싼 전방위적인 대결로 확대되고 있음을 의미한다.

미국의 대중 관세는 미국에 일자리를 만들 수 있을까?

관세는 수입품에 부과되는 세금이다. 수출국보다는 수입국의 기업과 소비자가 직접 부담하게 된다. 트럼프 대통령의 대중 관세는 미국 내 제조업을 보호하고 일자리를 창출하겠다는 목표로 시행되었지만, 그 효과와 부작용에 대한 논란은 여전히 뜨겁다.

관세는 외국 제품의 가격을 높여 국내 제품과의 경쟁력을 조정하는데 활용된다. 트럼프 행정부는 이를 통해 해외에서 수입되는 제품의 가격을 상승시켜, 미국 내 제조업체가 더 유리한 환경에서 경쟁하도록 유도했다. 대표적인 사례로 2018년 삼성전자와 LG전자의 세탁기에 대해 부과된 관세를 들 수 있다. 트럼프 정부는 한국산 세탁기 수입을 억제하기 위해 최대 50%의 높은 관세를 부과했으며 이로 인해 미국 내 세탁기 가격이 급등했다.

이러한 정책은 미국 내 가전업체들에게는 반가운 소식이었지만, 소비자들에게는 다른 결과를 초래했다. 세탁기 가격 상승은 소비자들의 부담을 증가시켰고 이는 생활비 상승으로 이어졌다. 연구 결과에 따르면 세탁기 관세로 인해 미국 소비자들이 추가로 부담한 비용은 약 10억 달러 이상이었으며, 반대로 미국 내 세탁기 산업에서는 약 1,800개의 일자리를 창출하는 데 기여한 것으로 평가된다. 이를 계산해보면 일자리 하나당 약 80만 달러의 비용이 들어간 셈으로 이는 "비싼 일자리"라는 비판을 불러왔다.

또한 관세는 소비자 물가를 전반적으로 상승시키는 효과를 낳는다. 대중 관세로 인해 중국산 부품과 완제품을 사용하는 미국 기업들의 원가가 상승하고, 이는 결국 소비자 가격에 전가된다. 트럼프 행정부의 대중 관세는 초기에는 미국 내 제조업체들에게 긍정적인 효과를 가져왔지만, 장기적으로는 소비자 부담 증가와 미국 기업의 비용 상승을 초래하며 경제 전반에 부정적인 영향을 미쳤다.

미국 내 일자리를 보호하거나 창출하려는 관세 정책은 단기적으로는 효과를 보일 수 있지만, 그 비용이 지나치게 크다는 점에서 논란의 여지가 크다. 관세는 사실상 모든 소비자들에게 추가적인 세금으로 작용하며, 저소득층에게 더 큰 경제적 부담을 안겨준다. 따라서 관세 정책을 통해 창출되는 일자리는 미국 경제의 장기적 성장을 위한 효과적인 수단인지에 대해 깊은 고민이 필요하다.

결론적으로 트럼프 대통령의 대중 관세는 미국 내 제조업을 보호하고 일부 일자리를 창출했으나 그 과정에서 소비자와 수입업자들이 지불해야 할 비용이 매우 컸다. 이는 미국 경제에 긍정적인 영향을 준 동시에 소비자 물가 상승과 높은 일자리 창출 비용이라는 부작용을 함께 낳았다. 따라서 관세 정책은 단순히 일자리 창출이라는 단기적, 정치적 목표를 넘어 경제 전반의 효율성과 공정성을 고려한 정책 설계가 필요하다. '관세는 세금이다'는 사실은 변함이 없다.

9장

소프트지표

우리는 지금까지 GDP 성장률, 실업률, 물가상승률과 같은 하드지표를 중심으로 경제를 이해해 왔다. 이러한 지표들은 명확한 수치로 경제의 구조적 흐름을 보여주기 때문이다. 그래서 하드지표는 경제를 이해하는 데 매우 중요한 지표들이다. 하지만 하드지표만으로 모든 것을 설명하거나 이해할 수는 없다. 하드지표와 함께 소프트지표를 알아야 하는 이유이다.

경제는 결국 사람에 의해 움직인다. 그래서 기업의 투자, 소비자의 결정, 투자자의 판단은 모두 사람의 심리와 연결된다. 이러한 사람이 가지고 있는 심리는 하드지표로 온전히 드러나지 않는다. 그래서 필요한 것이 바로 소프트지표다. **소비자심리지수, 기업신뢰지수, 구매관리자지수**(PMI) 등과 같은 경제 주체들의 심리와 기대를 반영하는 지표들을 소프트지표라 한다. 그리고 **온라인 조회수, 좋아요 숫자, 트렌드** 같은 심리를 반영하는 소프트지표는 사람들이 현재 경제 상황을 어떻게 인식하고 무엇을 좋아하며 어떻게 미래를 전망하는지를 반영하며, 시장의 숨겨진 흐름을 읽는데 도움을 준다.

경제지표는 크게 하드지표와 소프트지표로 나뉘며, 이 둘은 경제의 다른 측면을 반영한다. 하드지표는 실질적인 데이터를 기반으로 하여 경제 활동의 결과를 명확히 보여준다. 예를 들어 국내총생산(GDP), 산업생산지수, 고용지표, 수출입 통계 등이 대표적인 하드지표이다. 이러한 지표는 객관적이고 측정 가능한 통계를 통해 표현되며, 경제의 현재 상태를 분석하는데 유용하다. 다만 과거 데이터를 기반으로 하기 때문에 대체로 후행적인 성격을 지닌다.

반면 소프트지표는 경제 주체들의 심리와 기대를 반영한다. 이는 설문조사나 인터뷰와 같은 방법을 통해 수집되며, 소비자나 기업의 감정과 전망을 나타낸다. 소프트지표는 다시 정형적 소프트지표와 비정형적 소프트지표(일명 생활지표)로 나눌 수 있다. 대표적인 정형적 소프트지표 예로는 소비자신뢰지수, 기업경기실사지수, 구매관리자지수(PMI), 소비심리지수 등이 있다. 소프트지표는 미래를 예측하는데 유용하며, 경제 활동의 방향성을 파악하는데 도움을 준다. 주관적인 데이터를 기반으로 하지만 경제 주체들의 의사결정에 큰 영향을 미치는 심리적 요인을 포착한다는 점에서 중요한 의미를 가진다. 또한 비정형적 소프트지표인 구글 검색량, 유튜브 조회수, 공항 승객수 등과 같은 주변에서 볼 수 있는 무정형적, 생활 데이터 등도 현실을 잘 반영하는 중요한 소프트지표들이다.

하드지표와 소프트지표		
구분	하드지표	소프트지표
특성	객관적, 측정 가능	주관적, 심리적
데이터	통계 및 결과 기반	설문조사 및 기대감 반영
성격	후행적	선행적
활용	현재 상태 분석	미래 전망 예측

이 두 가지 하드지표와 소프트지표는 반영의 대상이 다르기 때문에 상호 보완적인 역할을 한다. 하드지표는 경제의 현재 상태를 객관적으로 보여주는 반면 소프트지표는 미래에 대한 기대를 통해 경기 방향성도 예측하게 해준다. 따라서 경제를 종합적으로 이해하기 위해서는 하드지표와 소프트지표를 함께 분석하는 것이 필요하다. 하드 데이터를 통해 현재 상황을 진단하고, 소프트 데이터를 통해 미래를 전망함으로써 보다 균형 잡힌 경제적 판단이 가능해진다.

우리가 이번 챕터에서 다룰 소프트지표는 경제를 구성하는 사람들의 심리를 들여다보는 창과 같다. 우리가 하드지표를 통해 경제의 기본적인 뼈대를 이해했다면, 이제 소프트지표를 통해 현재 경제가 어떻게 움직이고, 앞으로 어떤 방향으로 나아갈지 인사이트를 얻어보자.

● 소프트지표는 흔하지만 강력하다 ●

경제와 금융시장을 분석할 때 지표는 필수적인 도구로 활용된다. 전통적으로 많이 사용되는 하드지표는 GDP 성장률, 물가상승률, 실업률과 같이 명확한 숫자와 데이터를 제공하며, 경제의 구조적 흐름을 이해하는데 유용하다. 반면 소프트지표는 소비자나 기업의 심리, 기대, 감정 등 주관적인 요소를 반영한 지표로, 하드지표가 놓치는 시장 심리와 변화의 방향성을 파악하는 데 강력한 역할을 한다.

정형적 소프트지표의 대표적인 예로 소비자심리지수, 기업신뢰지수, 구매관리자지수(PMI) 등이 있다. 소비자심리지수는 소비자들이 현재 경제 상황과 미래 전망을 어떻게 바라보고 있는지를 보여주는 지표로, 소비 지출과 경제 활동을 예측하는데 유용하다. 지수가 높다면 소비자들이 경제에 대해 낙관적이며 소비를 늘릴 가능성이 크다는 것을 의미한다. 반면 지수가 낮으면 소비자들이 지출을 줄이고 경제 활동이 위축될 가능성이 있음을 나타낸다.

기업신뢰지수는 기업들이 경제를 어떻게 바라보고 있는지 보여주는 지표로, 지수가 높을수록 기업들은 미래에 대해 낙관적이고, 투자와 생산 확대를 계획할 가능성이 높다. 이는 산업 전반의 성장 가능성을 나타내며, 기업의 주가와 시장 흐름에 중요한 영향을 미친다. 구매관리자지수(PMI)는 기업의 생산 활동과 주문 상황을 반영하는 지표로, 기준선인 50을 넘으면 경제 활동이 확장 국면에 들어섰음을 의미한다. 반대로 기준선인 50 이하로 하향한다면 경기가 수축 국면에 있음을 의미한다. 구매자관리지수는 투자자들이 경기 회복과 기업 활동 확대를 판단하는데 중요한 단서를 제공한다.

소프트지표는 공식 데이터 외에도 일상 속에서 활용 가능한 힌트들을 제공한다. 이를 비정형적 소프트지표라 부른다. 정형적 소프트지표와 달리, 정기적인 조사나 설문에 기반하지 않고 우리 생활 주변에서 관찰을 통해 무정형적으로 얻어지는 데이터이기 때문이다. 최근에는 디지털 시대의 흐름에 맞춰 구글 트렌드와 같은 검색 데이터, 그리고 틱톡 조회수나 언급량 같은 소셜 미디어 활동이 강력한 소프트지표로 주목받고 있다. 예를 들어 특정 키워드가 구글 트렌드에서 급상승하면 대중의 관심이 어디에 집중되고 있는지를 빠르게 파악할 수 있다. 최근 "김밥" 또는 "김" 같은 검색량이 급증하며 관련 기업들의 주가 상승을 예고한 바 있다. 마찬가지로 틱톡과 같은 소셜 미디어에서 특정 상품이나 브랜드가 폭발적인 조회수와 언급량을 기록할 경우, 이는 해당 제품이나 관련 시장의 성장 가능성을 시사하는 중요한 신호가 된다.

특히 틱톡은 특히 젊은 소비자층의 트렌드를 읽는데 효과적이다. "tiktok made me buy it"(틱톡 보고 구매 함)같은 키워드가 이커머스의 주요 키워드로 떠오를 정도이다. 예를 들어 한 한국 화장품 브랜드의 특정 제품이 틱톡에서 확산되면서 수천만 조회수를 기록했을 때, 해당 제품의 판매량이 단기간에 급증한 사례가 있다. 이는 소비자 행동이 소셜미디어에서 어떻게 반영되고, 그 영향이 시장에서 어떻게 나타나는지를 보여주는 좋은 예다. 또한 언급량이 높은 주제는 단순히 소비 트렌드뿐만 아니라 기업의 브랜딩 효과와 대중적 인식 변화를 파악하는데도 활용될 수 있다. 특정 브랜드의 해시태그가 폭발적으로 증가한다면, 이는 단순한 관심을 넘어 소비자들이 구매 의사결정을 내릴 가능성을 높이는 요인으로 작용한다.

우리는 이러한 소프트지표를 활용해 시장 심리와 경제 활동의 변화를 파악할 수 있다. 대형 마트의 주차장 혼잡도, 공항의 유동 인구, 특정 브랜드의 판매량 변화와 같은 일상적인 관찰은 물론, 온라인 검색 트렌드와 소셜미디어 활동 데이터까지 활용해 시장 흐름을 읽어낼 수 있다. 모두 주변에서 관찰을 통해 얻을 수 있는 비정형적 소프트지표들이라 할 수 있다. 예를 들어 2023년 중국 베이징 공항을 방문했을 때 문닫은 가게가 많고 공항이 텅 빈 것처럼 여객이 없는 것을 목격하면서 중국 내수 경기가 얼마나 안 좋은지 직관적으로 이해할 수 있다. 굳이 하드지표인 GDP 성장률이나 소매판매 추이를 보지 않아도 말이다.

소프트지표는 단순히 숫자에 머무르지 않는다. 그것은 시장 심리와 대중 행동의 방향성을 이해하는데 강력한 힌트를 제공하며, 하드지표가 미처 포착하지 못하는 초기 신호를 포착할 수 있는 강력한 도구다. 특히 소셜미디어와 검색 트렌드가 결합된 디지털 시대의 소프트지표는 투자자들에게 점점 더 중요한 지표로 자리 잡고 있다. 소프트지표는 우리 생활 주변에서, 또는 온라인에서 흔하게 접할 수 있는 지표이다. 그래서 흔하지만 오히려 더욱 정확한 시그널을 주는 지표이기 때문에 강력하다.

● 투자 그루도 소트프지표를 본다 ●

피터 린치는 그의 책 『월가의 영웅들』에서 투자 아이디어를 찾는 비결 중 하나로 소프트지표의 중요성을 강조했다. 그는 던킨도너츠의 예를 들어 일상에서 관찰한 작은 단서들이 얼마나 강력한 투자 힌트를 제공할 수 있는지 설명했다. 던킨도너츠 매장이 붐비는 광경을 목격하고, 주변 소비자들의 행동과 반응을 통해 해당 브랜드의 성장 가능성을 평가한 것이다. 자주 방문하는 던킨도너츠 가게를 잘 관찰한 덕분에 그는 던킨도너츠 투자로 10배 수익을 올렸음을 책에서 소개하고 있다. 이런 소프트지표를 이용한 투자는 단순히 재무제표나 주가 차트를 보는 것을 넘어선 투자 방식이다.

소프트지표는 숫자로 딱 떨어지지 않는 감정, 심리, 기대 등을 반영하며 경제와 시장을 해석하는데 독특한 통찰을 제공한다. 투자자는 이를 통해 대중 심리를 파악하고 시장 흐름의 선행 신호를 감지할 수 있다. 피터 린치의 사례는 단순하면서도 강력한 소프트지표의 효용을 보여준다. 일상의 작은 단서를 놓치지 않는다면 훌륭한 투자 기회를 포착할 수 있다. 피터 린치 같은 투자 그루들도 소프트지표를 활용한다. 그만큼 소프트지표는 흔하지만 강력하기 때문이다.

기업 관리자들은 산업의 현재와 미래를 알고 있다: 제조업 구매자관리지수 PMI

소프트지표는 경제와 시장의 심리를 반영하는 주요 데이터라고 했다. 대표적인 예로는 구매관리자지수(PMI), 소비자심리지수, 기대 인플레이션 그리고 공포탐욕지수 등을 꼽을 수 있다. 이 지표들은 숫자로 표시되지만, 단순히 숫자가 아닌 시장 참여자들의 기대와 감정을 나타낸다. 이를 활용하려면 지표의 의미를 이해하고, 상황에 따라 적절히 해석할 필요가 있다. 하나씩 살펴보자.

제조업 구매관리자지수(PMI)

PMI는 제조업의 경기 동향을 빠르게 파악할 수 있는 소프트지표이다. 50을 기준으로, 50 이상이면 경기가 확장 국면에 있다는 신호이고, 50 미만이면 수축 국면을 나타낸다. PMI는 단순히 현재 경기를 평가하는 것을 넘어 미래 경기 방향성을 예측할 수 있는 중요한 힌트를 제공한다. 제조업 구매자들을 대상으로 진행된 설문 결과를 바탕으로 작성된 수치이기 때문에 제조업 현장의 실제 상황과 기대를 가장 잘 반영하기 때문이다.

PMI의 핵심은 기업의 구매 담당자들이 향후 3~6개월 동안의 경영 환경에 대해 얼마나 긍정적으로 보고 있는지에 따라 작성된다는 점이다. 이는 산업과 경기의 미래를 이해하는데 매우 유용하다. 특히 미국 PMI는 한국 경제와 수출 사이클에 선행하는 역할을 한다. 미국 제조업 경기가 살아날 조짐을 보인다면, 이는 곧 한국의 수출 증가로 이어질 가능성이 크다. 반대로 미국 PMI가 하락세를 보일 경우, 한국의 제조업과 수출에 부정적인 영향을 미칠 수 있다. PMI를 활용한 투자 전략은 간단하다. PMI가 상승세를 유지하고 있다면 미국 경기의 확장국면이므로 한국 수출도 증가하고 한국 경기도 상승 사이클을 보일 가능성이 높다. 또한 섹터에 대한 투자도 가능하다. PMI 상승 초기와 진행기에는 경기 민감주, 예를 들어 자동차, 반도체, 같은 업종에 관심을 두는 것이 좋다. 반대로 PMI가 50 미만으로 떨어지면서 하락세를 보인다면 방어적인 업종인 필수소비재에 초점을 맞출 필요가 있다.

소비자심리지수: 심리는 경기를 앞선다

소비자심리지수는 가계의 경제 전망과 소비 의향을 보여주는 중요한 소프트지표이다. 소비자의 심리는 경제의 현재 상태와 미래에 대한 기대를 반영하며, 이는 소비와 투자에 직접적인 영향을 미친다. 이 지표는 소비자들의 자신감과 경제 활동 의지를 숫자로 나타낸다. 소비자심리지수는 일반적으로 100을 기준으로 한다. 100 이상이면 경제 상황에 대한 낙관적인 시각을, 100 미만이면 비관적인 시각을 나타낸다. 심리지수가 상승하면 소비가 증가하고, 유통업이나 소비재 업종의 매출 증가로 이어질 가능성이 크다. 반대로 하락하면 소비 위축과 함께 경기 하강을 의미할 가능성이 높다.

미시간 소비자신뢰지수는 미국에서 가장 널리 사용되는 소비 심리 지표 중 하나로, 매달 소비자 최소 500명을 대상으로 핵심 50여 가지 경제 전망과 가계 재정 상황 등을 조사하여 산출된다. 이 지수는 미국 내 소비 성향을 파악할 뿐만 아니라 글로벌 경제 흐름의 선행 신호로도 작용한다. 미국 소비자신뢰지수가 높다는 것은 소비자들이 경제 전반에 대해 긍정적인 전망을 가지고 있음을 의미한다. 이는 소비자들이 자신의 재정 상황을 안정적으로 느끼고 있으며, 향후 소득 증가와 고용 상황 개선에 대한 기대가 크다는 것을 시사한다. 소비자신뢰지수가 높을 경우, 소비자들은 지출을 늘릴 가능성이 커지며, 이는 경기 확장 국면을 의미한다. 동시에 인플레이션 가능성과

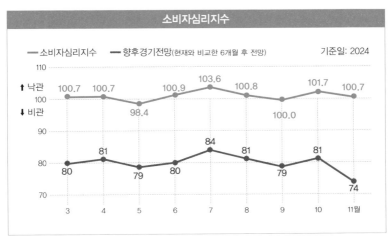

소비자심리지수

— 소비자심리지수　— 향후경기전망(현재와 비교한 6개월 후 전망)　　기준일: 2024

↑ 낙관 100.7　100.7　　　100.9　103.6　100.8　　101.7　100.7
100
↓ 비관　　　　　98.4　　　　　　　　　　100.0

84
81　　　　　　　80　　81　　　　81
80　　　　79　　　　　　　　79
74

3　4　5　6　7　8　9　10　11월

자료: 한국은행
그래픽: 연합뉴스

경제성장을 가리키는 신호이기도 하다. 동시에 미국 소비 심리가 강하면 한국의 수출과 제조업에 긍정적인 영향을 미칠 가능성이 크다. 미국 고용이 강하고, 소비자심리지수가 상승하며, 소비가 증가하는 것은 모두 글로벌 경기 확장을 가리키는 신호이기 때문이다.

투자자의 관점에서 소비자심리지수는 경기 전환점에서 유용한 판단 지표가 된다. 소비자 심리가 급격히 개선될 때는 여행, 레저, 외식과 같은 선택 소비재 업종에 기회가 생길 수 있다. 2021년 코로나 이후가 이와 같은 상황이다. 반대로 심리지수가 악화될 경우 방어적인 필수 소비재나 안정적인 배당주에 초점을 맞추는 것이 안전하다. 그리고 소비자심리지수와 기대 인플레이션을 함께 분석하면 물가 변동성을 예측할 수 있다. 심리는 경기를 선반영하기 때문이다. 그래서 소비자 심리가 개선되면 인플레이션에 대한 기대도 높아지고, 기대가 실제 인플레이션의 상승으로 이어지는 경우가 많기 때문이다. 경제는 사람이 하는 것이고, 심리가 지배한다는 점은 이래서 중요하다. 인플레이션 기대가 증가함으로써 실제 인플레이션이 증가하는 것이 대표적인 현상이라 하겠다. 이어서 또 다른 소프트지표 중 하나인 기대 인플레이션으로 이어가 보자.

경기와 금리의 미래를 보여주는 기대 인플레이션

기대 인플레이션은 사람들이 향후 물가가 얼마나 오를지에 대한 예상치로, 경제와 금융시장의 중요한 선행지표이다. 기대 인플레이션은 소비자와 기업의 행동에 영향을 미치며, 중앙은행의 통화정책, 금리 변동, 자산 가격 등 다양한 경제 활동에 파급 효과를 불러온다. 기대 인플레이션이 상승한다는 것은 사람들이 경제에 대해서 긍정적으로 전망한다는 의미이다. 즉 현재의 고용과 소비 그리고 재정상황이 양호하다는 의미이다. 그리고 기대 인플레이션 높아지면 사람들은 물가가 오를 것을 우려해 소비를 앞당기고, 이는 경제에 단기적으로 긍정적인 자극을 줄 수 있다. 반면 장기적으로는 금리 인상과 비용 증가로 이어질 가능성이 크다.

반대로 기대 인플레이션이 낮아지면 소비와 투자가 줄어들며 경기 둔화의 신호가 될 수 있다. 이러한 현상이 지속되면 디플레이션으로 빠져들게 된다. 소비는 점차 위축되고 경제성장은 낮아진다. 2000년대, 잃어버린 20년을 겪은 일본이 대표적인 케이스이다. 인플레이션이 낮아져서 소비와 투자가 감소해 디플레이션이 되고, 기대 인플레이션은 실제로 더 낮아지고, 그래서 실제 디플레이션이 더 심화되는 악순환에 빠져들면 경기 회복이 어려워진다. 사람들의 기대와 심리가 실제로 인플레이션이나 디플레이션을 가져오는 경우이다.

우리는 기대 인플레이션을 통해 금리에 대해서 방향성을 예측할 수 있다. 금리와 기대 인플레이션은 밀접한 연관성을 가지기 때문이다. 기대 인플레이션이 높아지면 중앙은행은 금리를 인상해 물가 상

자료: FRED

승을 억제하려 한다. 특히 미국의 브레이크이븐(Breakeven) 인플레이션(10년 만기 국채 수익률과 물가연동채권의 차이)은 글로벌 시장에서 기대 인플레이션을 나타내는 대표적인 지표로, 물가 상승 압력과 금리 변동 가능성을 예측하는데 유용하다. 그래서 미국의 브레이크이븐 인플레이션이 낮을 때 연준의 통화 완화 정책을, 반대로 높을 때는 연준의 통화 긴축 정책을 예상하는 신호로 활용할 수 있다.

시장 공포에 사서 탐욕에 판다: 공포 탐욕 지수

공포 탐욕 지수(Fear & Greed Index)는 주식시장 참여자들의 투자 심리를 한눈에 보여주는 지표로, 시장이 과매도 상태인지 과열 상태인지 판단하는데 유용하다. 0에서 100까지의 값으로 표현되며, 20 이하의 값은 극단적 공포, 80 이상의 값은 극단적 탐욕을 나타낸다. 일반적으로 공포 상태는 저평가된 매수 기회를 제공할 가능성이 크고, 탐욕 상태는 차익 실현이나 리스크 관리를 고려해야 할 시점이 될 수 있다.

이 지수는 주식 가격 모멘텀, 옵션 시장의 풋/콜 비율, VIX(변동성 지수), 안전 자산에 대한 수요 등 다양한 데이터를 기반으로 산출된다. 예를 들어 VIX가 높아지면 공포가 커지고, 풋옵션의 비율이 증가하면 투자자들이 하락에 대비하고 있음을 나타낸다. 반대로, 주식시장의 거래량이 급증하거나 52주 최고가를 기록한 주식 수가 많아질 경우 시장이 탐욕 상태에 가까워졌음을 의미한다.

공포 탐욕 지수는 트레이딩 전략을 수립할 때 꽤나 유용한 심리 지표이다. 극단적 공포 구간에서는 시장이 과매도 된 경우가 많아 시장 지수나 가치주 또는 안정적인 배당주를 중심으로 저가 매수의 기회를 탐색할 수 있다. 과거 2020년 초 팬데믹 상황에서 지수가 극단적인 공포를 기록했을 때, 과감히 저가 매수에 나섰던 투자자들은 이후 큰 수익을 얻을 수 있었던 경우가 이 예에 해당한다. 반대로 탐욕이 극대화된 상황에서는 리스크를 줄이고 방어적인 포트폴리오로 전환하는 것이 안전하다.

● 소프트지표를 이용한 투자 전략 ●

미국 ISM PMI는 한국 증시 진입 시기를 알려준다

PMI(구매관리자지수)는 미국과 글로벌 경기의 선행 지표로, 특히 미국 PMI는 한국 경제와 증시에 중요한 신호를 제공한다. 미국 PMI가 상승 반전한다는 것은 미국 내 기업들의 재고가 감소하고 신규 주문이 증가한다는 의미이다. 즉 미국 경기가 회복세로 돌아설 가능성을 시사하며, 이는 한국의 수출 증가와 경기 회복으로 이어질 수 있다. 한국 경제는 수출 의존도가 높기 때문에 미국 제조업 경기가 개선되면 한국의 제조업과 수출 업체들에게 긍정적인 영향을 미칠 가능성이 크기 때문이다.

투자자는 미국 PMI의 반등 신호를 포착했을 때 한국 증시에서 매수 기회를 탐색할 수 있다. 즉 미국 PMI가 50 이하의 구간에서 반등할 때 한국 증시에 진입하는 사이클 투자를 실행할 수 있다. 특히 PMI 반등 시점에서는 경기 민감 업종, 즉 시클리컬 주식에 대한 비중을 늘리는 것이 효과적이다. 반도체, 자동차, 철강, 화학 같은 업종이 대표적이다. 또한 원자재 관련주와 에너지 업종도 이 시기에 높은 수익률을 기록할 가능성이 크다.

PMI를 이용한 사이클 투자 전략은 PMI 지표가 상승 반전한 후 초기에 진입하는 것이 유리하다. 예를 들어 PMI가 50 이하 영역에서 50 이상으로 올라설 경우 경기가 확장 국면에 진입했다는 신호로 볼 수 있기 때문에 이러한 시기에는 기존의 방어적인 투자에서 벗어나 성장 가능성이 높은 업종으로 자산을 배분하는 것이 필요하다. PMI지표만 잘 관찰해도 한국 증시에 진입할 시기를 합리적으로 판단할 수 있고, 투자 업종도 선택할 수 있다.

한국 수출 전망을 알려주는 수출경기전망지수 EBSI

한국은 수출 중심 국가로서 수출은 경제 전반에 매우 중요한 역할을 한다. 따라서 수출 동향을 미리 예측할 수 있다면 한국 경기 사

수출경기전망지수

수출산업경기전망지수(EBSI) 추이

101.4 · 93.6 · 116.6 · 120.8 · 79.0 · 81.8 · 90.2 · 97.2 · 116.0 · 108.4 · 103.4 · 96.1

| 1Q 2Q 3Q 4Q | 1Q 2Q 3Q 4Q | 1Q 2Q 3Q 4Q | 1Q 2Q 3Q 4Q | 1Q 2Q 3Q 4Q | 1Q 2Q 3Q 4Q | 1Q 2Q 3Q 4Q | 1Q 2Q 3Q 4Q | 1Q 2Q 3Q 4Q | 1Q |
| 2016 | 2017 | 2018 | 2019 | 2020 | 2021 | 2022 | 2023 | 2024 | 2025 |

2025년 1/4분기 품목별 EBSI 기상도

기상	해당 품목
☀️	없음
⛅	선박(146.4), 생활용품(137.9), 자동차·자동차부품(130.7), 화학공업(121.5)
🌥️	플라스틱·고무·가죽제품(100.5), 석유제품(98.9), 무선통신기기·부품(94.0), 기계류(91.9)
☁️	섬유·의복제품(87.9), 전기·전자제품(85.3), 농수산물(77.7), 의료·정밀·광학기기(74.8), 철강·비철금속제품(64.1), 반도체(64.4), 가전(52.7)
☂️	없음

☀️ 150이상   ⛅ 110~150미만   🌥️ 90~110미만   ☁️ 50~90미만   ☂️ 50미만

자료: 한국무역협회

이클을 예측할 수 있게 된다. 우리는 한국무역협회에서 매 분기 발표하는 수출경기전망지수인 EBSI를 이용해서 수출 전망을 할 수 있다. 수출경기전망지수는 전년도 수출실적이 50만 달러 이상인 약

2,000개 기업을 대상으로 15개 주요 품목에 대해 온라인 설문을 통해 작성되는 소프트지표이다. 지수는 다음과 같은 기준으로 해석된다. 매우 호조는 150 이상, 호조는 110 이상에서 150 미만, 보합은 90 이상에서 110 미만, 부진은 50 이상에서 90 미만, 매우 부진은 50 미만으로 나타난다.

수출경기전망지수를 활용하는 방법은 크게 두 가지로 나뉜다. 첫째는 EBSI 전체 지수의 흐름을 파악하는 것이다. 지수가 바닥에서 반등할 때 위험 자산, 예를 들어 주식이나 수출 관련 산업에 대한 투자를 늘리는 방식이 유효하다. 반대로 지수가 정점을 찍고 하락세로 접어들 때는 투자 비중을 줄이는 전략을 취할 수 있다. 둘째는 15개 주요 산업 동향에 따라 투자 방향을 설정하는 것이다. 예를 들어 조선업종의 EBSI가 100을 넘어서 130으로 향하고 이후 분기에서도 상승세를 보인다면 해당 업종을 우선적으로 투자 대상으로 삼을 수 있다. EBSI는 수출 관련 기업들의 현장 기대감을 반영한 소프트지표로서 수출 전망과 관련된 좋은 힌트를 제공하는 자료로 쓰인다.

구글신은 모든 것을 알고있다

과거에는 투자자들이 매월 또는 10일 단위로 발표되는 수출 데이터를 통해 국내 주식 투자 아이디어를 발굴하곤 했다. 수출 증가는 기업 성장을 의미하고, 기업 성장은 주가 상승을 의미하기 때문이다.

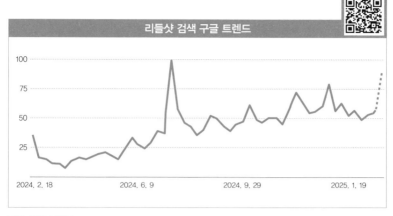

리들샷 검색 구글 트렌드

100

75

50

25

2024. 2. 18   2024. 6. 9   2024. 9. 29   2025. 1. 19

자료: 구글 트렌드

그러나 이러한 방법은 많은 투자자들에게 알려져서 경쟁 우위를 확보하기 어렵다. 요즘에는 구글 트렌드를 활용하여 실시간으로 대중의 관심사를 파악하고, 이를 통해 투자 기회를 발견하는 경우도 많아졌다. 구글 트렌드는 특정 제품이나 산업에 대한 대중의 관심도를 실시간으로 확인할 수 있는 강력한 도구이기 때문이다. 최근 한국 화장품 회사 브이티(VT)의 '리들샷' 화장품을 예로 들어보자.

구글 트렌드 데이터를 통해 K뷰티로 통칭되는 한국 화장품 특히 브이티의 리들샷에 대한 관심도가 지속적으로 상승하는 것을 확인할 수 있다. 2023년 말부터 검색량이 증가하기 시작했으며, 2024년에는 미국을 포함한 해외 시장에서 관심이 꾸준히 우상향하는 추세를 보이고 있다. 특히 미국과 일본에서 검색량이 눈에 띄게 증가했는데, 이는 해당 시장에서 리들샷의 소비가 확대될 가능성을 시사한다.

이와 같은 데이터는 단순히 소비 트렌드를 보여주는데 그치지 않고, 브이티 코스메틱의 주가 상승 가능성을 분석하는데 활용될 수 있다. 리들샷이 아마존 세럼 카테고리에서 상위에 랭크되며 점차 순위가 상승하고 있는 점은 이 제품의 시장 잠재력을 나타낸다. 구글 트렌드와 아마존 순위 데이터가 결합되어 리들샷의 인기를 보여주며, 브이티 코스메틱이 해당 제품을 통해 글로벌 시장에서 매출을 확대할 가능성을 시사한다. 이러한 데이터를 기반으로 브이티 코스메틱 주식을 매수하는 전략을 취할 수 있다. 리들샷은 단순히 반짝 인기에 그치는 것이 아니라, 글로벌 화장품 시장에서 지속적이며 장기적인 성장을 이끌어낼 가능성이 보이기 때문이다.

유튜브 챌린지가 알려주는 불닭볶음면의 인기

유튜브와 틱톡 같은 디지털 플랫폼은 소비자와 브랜드를 연결하는 새로운 채널로 자리 잡고 있다. 이러한 플랫폼에서 인기를 얻고 있는 제품이나 회사를 찾아내는 것은 투자 기회를 발견하는데 큰 도움을 줄 수 있다. 삼양식품의 불닭볶음면은 이와 같은 디지털 플랫폼의 힘을 잘 보여주는 대표적인 사례다.

불닭볶음면은 유튜브와 틱톡에서 펼쳐진 다양한 챌린지를 통해 글로벌 인기를 얻으며 삼양식품의 매출과 주가 상승에 큰 영향을 미쳤다. 2014년, 유튜브 채널 '영국남자'의 조쉬가 불닭볶음면 먹기에 도전하는 영상을 올리며 '파이어 누들 챌린지'가 시작되었다. 이후 전 세계 유튜버들이 이 챌린지에 동참하며 불닭볶음면의 인지도가 급격히 상승했다. 특히 미국의 유명 유튜버 맷 스토니(Matt Stonie)가 불닭볶음면 먹기 도전 영상을 게시해 1억회 이상의 조회 수를 기록하며 큰 화제를 불러일으켰다.

이러한 온라인 열풍은 실제 판매로 이어졌다. 불닭볶음면은 2012년 출시 이후 2019년까지 누적 매출 1조 원 이상을, 누적 판매량 20억 개를 기록하며 글로벌 스테디셀러로 자리 잡았다. 2023년, 2024년에는 불닭볶음면의 인기 덕에 삼양식품의 수출액이 급격하게 증가했다. 불닭볶음면의 글로벌 성공은 주가에도 고스란히 반영됐다. 2012년 출시 당시 약 1만 원 수준이던 삼양식품의 주가는 2024년 12월 75만원까지 상승하며 약 75배의 성장을 기록했다. 이 사례는 소셜 미디어의 챌린지가 특정 제품의 글로벌 인기와 기업의 성장에 얼마나 큰 영향을 미칠 수 있는지를 보여준다. 디지털 플랫폼을 통해 수집된 데이터와 트렌드는 단순한 소프트지표를 넘어 투자 아이디어를 발굴하는 데 있어 강력한 인사이트를 제공한다.

걷기 모임에서 찾은 투자 기회: 호카

일상에서 발견되는 소프트지표는 투자 기회를 포착하는데 매우 유용하다. 2023년 가을, 일요 걷기 모임에 참석했을 때 여러 참가자들이 호카(HOKA) 신발을 신고 있었다. 이들은 공통적으로 신발의 편안함을 칭찬하며 이제는 나이키 대신 호카를 선택한다고 말했다. 이들의 이야기가 흥미로워 구글 트렌드에서 '호카'라는 키워드를 검색해 보니, 검색량이 꾸준히 증가하고 있음을 확인할 수 있었다.

호카는 2009년 프랑스에서 설립된 러닝화 전문 브랜드로 2013년 미국의 데커스 아웃도어 코퍼레이션(Deckers Outdoor Corporation)에 인수되었다. 이후 독특한 디자인과 우수한 착용감으로 러닝화 시장에서 주목받으며 빠르게 성장했다. 이러한 관찰과 데이터에 기반해 데커스 아웃도어의 주식을 매수하고, 반대로 나이키의 주식을 매도하는 전략을 선택했다.

자료: 인베스팅닷컴

결과적으로 데커스 아웃도어의 주가는 1년 동안 100달러에서 200달러로 두 배 상승하며 눈에 띄는 성과를 기록했다. 반면 나이키의 주가는 하락세를 보였다. 이 사례는 주변에서 쉽게 접할 수 있는 소프트지표가 투자 기회를 제공할 수 있음을 잘 보여준다. 주변에서 일어나는 작은 변화를 주목하고, 구글 트렌드와 같은 도구를 활용한다면 새로운 투자 아이디어를 발견할 가능성이 훨씬 높아진다.

경복궁 관광객이 알려주는 한국 화장품의 인기

소프트지표는 우리 주변에서 쉽게 발견할 수 있으며, 때로는 강력한 투자 기회를 제공하기도 한다. 경복궁 같은 관광지에서도 투자 아이디어의 단서를 찾아낼 수 있다. 2023년 일이다. 주말에 경복궁을 방문했을 때, 근정전 앞이 동남아시아 관광객들로 가득 차 있는 모습을 볼 수 있었다. 특히 눈길을 끈 것은 많은 관광객들이 올리브영 쇼핑백을 들고 있었다는 점이다. 이들의 모습을 보고 궁금해져 올리브영과 관련된 정보를 찾아본 결과, 올리브영이 동남아 관광객들 사이에서 특히 인기 있는 K-뷰티 제품의 주요 판매 채널로 자리 잡았다는 사실을 알게 되었다. 실제로 올리브영은 특정 화장품 브랜드의 매출에서 상당한 비중을 차지하며, 관광객들이 한국 화장품을 대량으로 구매하는 중요한 창구 역할을 하고 있었다.

올리브영은 상장사가 아니었지만, 모회사인 CJ는 이러한 관광객 수요를 통해 직접적인 수익을 얻고 있었다. 이를 바탕으로 CJ 주식을 매수했으며, 이후 K-뷰티의 글로벌 인기와 동남아 관광객의 지속적인 증가로 인해 CJ의 주가는 상당히 상승했다. 이 사례는 소프트지표가 단순한 관찰에서 끝나지 않고 실제 투자로 연결될 수 있음을 보여준다. 경복궁에서 발견한 작은 관찰이 CJ 투자 수익이라는 결과로 이어졌다.

 케이스스터디

홈쇼핑에서 찾는 소프트지표

집에서 시청하는 홈쇼핑은 소프트지표를 찾는 훌륭한 창구 중 하나다. 홈쇼핑은 소비자들이 현재 무엇에 열광하고 있는지 빠르게 파악할 수 있는 실시간 데이터를 제공하기 때문이다. 주말에 홈쇼핑 채널을 시청하던 중, 얼굴에 빛을 쏘는 생소한 피부미용 기기가 판매되고 있는 모습을 보게 되었다. "메디큐브 에이지알(Age-R)"이라는 이름의 이 제품은 30만 원이 넘는 고가임에도 불구하고 매진 사례를 기록하고 있었다. 방송에서는 "홈케어 뷰티 트렌드"를 강조하며, 이 기기가 소비자들 사이에서 새로운 필수품으로 자리 잡고 있다고 설명했다.

검색해보니 이 제품은 에이피알(APR)이라는 회사가 제조하고 있었다. 메디큐브는 에이피알의 대표 브랜드로 홈케어 뷰티 기기의 성공 덕분에 회사의 매출이 빠르게 성장하고 있었다. 더욱이 에이피알은 2024년 기업공개(IPO)를 준비 중이었다. 에이피알의 공모에 투자하기로 결정했다. IPO 후 에이피알은 초기에는 큰 폭으로 하락했지만, 이후 주가는 강력한 반등을 보여주며 회사의 성장 가능성을 보여주었다. 누구나 쉽게 접근할 수 있는 홈쇼핑 채널에서도 투자 아이디어를 얻을 수 있다는 점은 소프트지표가 얼마나 흔하면서도 유용한지 잘 보여준다.

3부

나에게
돈을 벌어다 주는
지표 활용

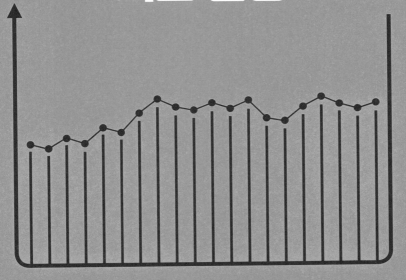

10장

돈이 되는 산업,
기업지표

우리는 앞 장까지 경제를 이해하기 위해 필요한 매크로지표들을 살펴보았다. 성장률, 금리, 물가, 정부 예산, 재정 적자, 환율, 수출 등은 경제의 큰 흐름과 사이클을 파악하는데 유용한 정보를 제공한다. 경제 전반의 사이클과 트렌드 그리고 구조적인 변화를 읽는 힌트를 얻을 수 있다. 또한 다음 챕터에서 다룰 매크로 트레이딩의 기초로 사용할 수 있다. 하지만 더 폭넓은 투자를 위해서는 보다 구체적이고 실질적인 지표와 데이터를 이해하는 것이 필요하다. 즉 특정 산업과 기업의 지표를 추가로 분석함으로써 매크로에 대한 이해를 기반으로 산업과 기업에 대한 투자의 폭을 넓힐 수 있다.

매크로 중심의 '탑다운(top-down)' 접근법은 경제의 큰 그림을 이해하는데 효과적이다. 그러나 여기에 특정 산업과 기업의 실적, 시장 점유율, 성장 가능성을 분석하는 '바텀업(bottom-up)' 접근법을 결합한다면, 투자 전략은 더욱 강력해진다. 이 두 가지 접근법을 균형 있게 활용하면 시장 변화에 민첩하게 대응하면서도 장기적인 투자 기회를 포착할 수 있다.

이 장에서는 한국 경제에서 핵심적인 역할을 하는 주요 산업과 기업지표들을 구체적으로 다룬다. 특히 한국의 주요 수출 산업인 반도체, 조선, 자동차, 건설 분야의 지표들을 집중적으로 살펴본다. 반도체와 자동차는 한국 경제의 성장 동력을 대표하는 산업이며, 조선은 글로벌 경쟁력을 갖춘 핵심 수출 산업이다. 그리고 건설은 많은 사람들의 관심인 부동산, 아파트 가격과 연관된 분야이다.

예를 들어 반도체 산업에서는 반도체 사이클을 결정짓는 주요 지표인 디램(DRAM) 가격과 디램 재고를 분석한다. 조선 산업에서는 신조선가지수(Newbuilding Price Index)와 선박 수주 물량을 통해 시장 흐름을 이해한다. 자동차 산업의 핵심 변수인 전동화와 전기차의 핵심 부품인 배터리 가격을 좌우하는 리튬(Lithium) 가격을 주요 지표로 삼아 전기차 산업의 경쟁력을 파악한다. 건설 산업에서는 서울 아파트 수요 공급과 가격을 다룬다. 특히 서울 부동산 가격을 전망하는데 필요한 아파트 입주 물량, 착공물량, 그리고 주택구입부담지수 등을 살펴본다.

● 대한민국의 심장 반도체 산업 ●

전형적인 시클리컬, 사이클 산업인 메모리 반도체

메모리 반도체는 전형적인 시클리컬(Cyclical, 경기변동) 산업으로, 수요와 공급의 균형에 따라 주기적인 변화를 보인다. 이는 반도체의 특성상 생산에 장기간이 소요되며, 초기 설비 투자 비용이 높기 때문이다. 생산 확대와 축소는 단기적으로 유연하게 이루어지기 어렵기 때문에 시장의 수요와 공급 불균형은 자연스럽게 가격 변동으로 이어진다. 특히 디램(DRAM)과 낸드(NAND)와 같은 메모리 반도체는 대량 생산 체제를 기반으로 하기에, 글로벌 수요 변화에 민감하게 반응한다. IT 기기 수요 증가와 같은 호황기에는 가격이 급등하며, 기업들의 투자 확대가 이루어진다. 그러나 설비 증설 이후에는 공급 과잉이 발생하기 쉬워 가격이 하락하며, 산업은 일정기간 불황기를 겪는다. 이러한 패턴은 메모리 반도체 산업의 본질적인 사이클로, 우리가 반드시 이해해야 하는 중요한 특징이다.

또한 반도체 사이클은 글로벌 경기 흐름과도 밀접한 관계를 가진다. 경기 호황기에는 데이터 센터, 스마트폰, PC 등 전방 산업에서의 수요가 증가하며 메모리 반도체 가격이 상승한다. 반대로 경기 침체기에는 기업들의 IT 투자와 소비자 구매력이 줄어들어 수요가 감소하고, 이는 메모리 반도체 가격 하락으로 이어진다.

감산과 증산으로 조절하는 반도체 사이클

대한민국의 반도체 산업은 글로벌 시장에서 독보적인 위치를 차지하고 있으며, 특히 메모리 반도체인 디램(DRAM)과 낸드(NAND)는 한국 경제의 핵심적인 성장 동력이다. 이 두 제품의 가격 변동은 반도체 기업의 실적뿐만 아니라 주가에도 직결된다. 디램과 낸드 가격이 상승하면 삼성전자와 SK하이닉스와 같은 기업의 매출과 영업이익이 개선되며, 자연스럽게 두 기업의 주가가 상승세를 보인다.

디램 가격은 재고 수준과 직결된다. 글로벌 경기 둔화가 시작되면 반도체 재고가 증가하고, 공급이 수요를 초과하여 디램과 낸드 가격은 하락하기 시작한다. 반대로 글로벌 경기가 좋아지면 메모리 반도체 수요가 증가하고, 디램 가격이 반등하기 시작한다. 이는 반도체 산업에서 자주 반복되는 사이클적 특징 중 하나로 수요와 공급의 균형은 기업 실적과 시장 평가에 큰 영향을 미친다.

특히 메모리 반도체는 삼성전자, SK하이닉스, 마이크론(Micron)이라는 글로벌 3대 기업의 과점 체제로 운영되고 있다. 이들 기업은 시장 점유율과 수익성을 유지하기 위해 재고 수준을 조정하며, 이를 통해 디램 가격을 관리한다. 예를 들어 수요가 줄어들 때는 생산량을 감축해 재고 과잉을 방지하고, 가격 하락을 억제한다. 반대로 수요가 증가하면 생산량을 늘리며 수익성을 극대화한다. 이러한 움직임은 반도체 사이클을 만들어가는 핵심 전략으로 작용한다. 2022

반도체 디램 DDR4 가격

2,000(2024/12/24)

1,235(2024/12/27)

1,361

2024/02/16　'03/01　'04/01　'05/02　'06/03　'07/01　'08/01　'09/02　'10/01　'11/01　'12/02　2025　2025/01/27

자료: 디램익스체인지

년까지는 대략 2년을 주기로 반도체 호황과 불황이 반복되는 사이 클을 그려왔다. 그래서 반도체 재고가 감소하고, 디램과 낸드 가격이 상승하는 2017년, 2021년에는 삼성전자, SK하이닉스, 미국의 마이 크론 등의 주가가 저점대비 2배 이상 급등하는 추이를 보이고, 이후 에는 하락하는 추세를 반복했다.

　메모리 반도체 가격을 확인하기 위해서는 반도체 디램, 낸드 등의 현물 가격을 직접 확인할 수도 있고, DXI지수를 활용할 수도 있다. DXI는 대만의 반도체 시장조사 회사인 D램 익스체인지(DRAMeXch ange)사에서 발표하는 가격 변동지수로서 DDR, Nand Flash등 주 요 칩들의 가격을 평균 낸 지수이다.

사이클 산업이면서 절대 성장산업인 반도체

반도체는 대표적인 시클리컬(Cyclical) 산업으로, 글로벌 경기의 사이클에 맞춰 수요와 공급의 균형에 따라 가격과 생산량이 주기적으로 변동한다. 하지만 이러한 사이클에도 불구하고, 메모리 반도체의 장기적인 수요는 꾸준히 증가하고 있다. 이는 디지털 트랜스포메이션의 가속화와 맞물려 있다. 짧은 역사를 뒤돌아보자.

1990년대의 인터넷 혁명은 컴퓨터와 네트워크의 보급을 통해 디지털 데이터의 시대를 열었다. 이어서 2000년대의 모바일 혁명은 스마트폰, 태블릿 같은 개인 디바이스를 대중화하며 메모리 반도체 수요를 폭발적으로 증가시켰다. 최근에는 인공지능(AI) 혁명과 데이터 중심의 기술 발전이 새로운 반도체 수요를 창출하고 있다. 예를 들어 AI 알고리즘을 처리하기 위해 아마존, 마이크로소프트, 구글 같은 하이퍼스케일러는 고성능 메모리 반도체와 비메모리 반도체를 대량으로 필요로 한다.

현재 클라우드 컴퓨팅은 이러한 디지털 전환을 가장 상징적으로 보여주는 사례다. 글로벌 기업들은 데이터를 저장하고 처리하기 위해 클라우드 인프라를 확대하고 있다. 아마존(AWS), 마이크로소프트(Azure), 구글(GCP) 등 클라우드 제공업체들은 매년 데이터센터 투자를 늘리며 메모리 반도체의 주요 고객이 되고 있다. 실제로 데이터센터의 서버에 사용되는 디램(DRAM) 수요는 지난 몇 년간 지속적으로 증가하고 있다.

AI와 머신러닝 기술의 발전은 반도체 성능의 고도화를 요구한다. AI 모델은 방대한 양의 데이터를 학습하고 분석하기 때문에 고성능 반도체 칩, 특히 HBM(고대역폭 메모리)과 같은 최신 기술을 활용한 메모리 반도체에 대한 수요를 급격히 늘리고 있다.

자율주행차도 반도체 수요 증가의 핵심 기술 중 하나다. 자동차는 더 이상 단순한 이동 수단이 아니라, 고성능 컴퓨팅 장치를 요구하는 플랫폼으로 진화하고 있다. 이와 더불어 자율주행 기능을 구현하기 위해 차량 내에는 센서, 카메라, 레이더 등 방대한 데이터를 실시간으로 처리할 수 있는 반도체가 필요하다. 특히 GPU와 메모리 반도체는 이러한 기능을 지원하는 필수 요소다. 디지털 혁명이 진행될수록 새로운 반도체 수요가 창출되고, 그때마다 반도체의 절대 수요는 증가하며, 사이클의 저점이 높아지는 장기 우상향의 그래프를 그리고 있다. 디지털 혁명의 중심에서 클라우드컴퓨팅, AI, 로봇, 자율주행차과 같은 기술은 반도체 산업의 기반을 더욱 견고히 하며, 이러한 성장 추세는 앞으로도 지속될 가능성이 높다.

MAMAT에 잠기투자 하자

현대 사회는 디지털 혁명이 지속적으로 진행되는 시대이다. 데이터는 오늘날의 핵심 자산으로, 이를 저장하고 처리하는 데이터센터는 전 세계 경제와 기술의 중심에 서 있다. 이러한 데이터센터를 운영하며 막대한 데이터 흐름을 관리하는 기업들은 하이퍼스케일러(Hyperscaler)라 불리며 디지털 경제의 핵심 주역으로 자리 잡았다. 하이퍼스케일러는 대규모 데이터센터를 통해 클라우드 서비스를 제공하며 디지털 혁신을 주도하는 역할을 한다. 이들은 방대한 데이터를 저장하고 처리하며, 클라우드 컴퓨팅과 관련된 인프라를 제공하는 글로벌 리더들이다. 데이터가 계속해서 생성되고 활용 범위가 확장됨에 따라, 하이퍼스케일러의 역할은 더욱 중요해지고 있다.

또한 하이퍼스케일러는 단순히 데이터 관리에 그치지 않고, 인공지능(AI) 슈퍼사이클을 이끄는 중심축 역할을 하고 있다. AI 모델의 개발과 실행에는 고성능 컴퓨팅과 방대한 데이터 처리가 필수적이다. 이 과정에서 하이퍼스케일러는 AI 플랫폼과 솔루션을 제공하며, AI 기술을 산업 전반에 확산시키는데 기여하고 있다. 이들은 데이터를 기반으로 AI 생태계를 확장하며, 차세대 기술 혁신을 주도하는 중요한 역할을 수행한다.

디지털 경제와 AI 혁명 시대를 주도하는 글로벌 기업들 중에서도, 특히 미국의 주요 기술 대기업들은 독보적인 위치를 점하고 있다. 마이크로소프트(Microsoft), 아마존(Amazon), 메타(Meta), 알파벳(Alphabet), 테슬라(Tesla)는 각각 클라우드, 소셜 미디어, 검색, 광고, 전기차 등 다양한 분야에서 세계적인 영향력을 보유하고 있다. 이들의 앞 글자를 딴 MAMAT은 디지털 경제와 AI 혁명을 이끄는 상징적인 그룹으로, 미래를 위한 투자처로 주목받고 있다. 중국 기업들의 도전이 거세지만, MAMAT 기업들은 각각의 분야에서 강력한 경쟁력을 보유하고 있을 뿐 아니라, 서로의 기술과 생태계를 보완하며 디지털 시대의 새로운 표준을 만들어가고 있다. 클라우드 컴퓨팅과 데이터 처리, 자율주행 기술, AI 연구, 메타버스 구축 등 다양한 혁신적인 기술을 통해 이들은 장기적인 성장을 지속하고 있다.

따라서 MAMAT에 집중 투자하는 것은 단순히 개별 기업에 대한 기대감 이상의 의미를 가진다. 이는 디지털 혁명과 AI 슈퍼사이클의 핵심에 있는 기업들에 투자하는 동시에, 데이터와 AI가 중심이 되는 미래 경제의 성장에 동참하는 것이다. 성장의 시대 3.0을 이끌 MAMAT에 투자하는 전략은 가장 단순하면서도 가장 강력한 투자였고 미래에도 그렇게 될 가능성이 매우 크다.

 케이스 스터디

삼성전자의 약해지는 사이클 조절 능력

삼성전자는 오랜 시간 메모리 반도체 시장에서 최강자의 자리를 지켜왔다. 디램(DRAM)과 낸드(NAND) 분야에서 초격차 기술과 막대한 자본을 기반으로 경쟁자를 압도하며 가격 경쟁을 활용한 "치킨 게임" 전략으로 후발주자들을 고사시켰다. 일본, 대만 반도체 업체들은 이러한 전략에 밀려 시장에서 점차 퇴출되었고, 삼성전자는 독보적인 점유율을 유지하며 시장을 주도해 왔다. 그러나 2024년, 삼성전자는 새로운 도전에 직면하고 있다. 중국의 반도체 업체들, 특히 창신반도체(CXMT)와 양쯔메모리(YMTC)가 정부의 보조금을 등에 업고 빠르게 성장하고 있기 때문이다. 중국 정부는 막대한 지원과 세제 혜택을 통해 자국 반도체 산업을 적극 육성하고 있으며, 창신반도체는 디램 시장에서, YMTC는 낸드 시장에서 점유율을 확대하고 있다.

중국 업체들은 정부 지원 덕분에 가격 경쟁에서의 손실을 감내할 수 있어, 삼성전자의 치킨 게임 전략이 효과를 발휘하기 어렵다. 이미 일부 시장에서는 중국 업체들이 가격 경쟁력을 앞세워 삼성전자와 SK하이닉스의 점유율을 10%이상 잠식하고 있다. 중국 업체들의 부상은 삼성전자의 반도체 사이클 조절 능력을 약화시키고 있다. 사이클 조절은 메모리 가격 안정화와 수익성 유지의 핵심인데, 중국 업체들의 성장으로 삼성전자가 가진 기존의 사이클 조절 능력이 줄고 있다. 만일 삼성전자의 메모리 사이클 조절 능력이 현저하게 줄어든다면, 삼성전자 나아가 한국경제에 부정적인 영향이 커질 수밖에 없다. 반도체가 한국경제에서 차지하는 위상이 그만큼 높기 때문이다.

● 한국 수출 효자 조선업 그리고 해운업 ●

조선업과 해운업은 글로벌 경제의 핵심 인프라로서, 산업 전반에 걸쳐 중요한 역할을 한다. 조선업은 원유운반선, 가스운반선, 컨테이너선, 벌크선과 같은 상업용 선박은 물론, 해군 군함과 잠수함 같은 방위 산업용 특수 선박까지 건조하는 대형 제조업이다. 해운업은 이러한 선박을 통해 화물을 운반하는 산업으로, 컨테이너선은 공산품과 같은 화물을, 벌크선은 철광석이나 곡물과 같은 원자재를, 여객선은 사람을 운송하는데 특화되어 있다. 한국에는 한국조선해양, 현대중공업, 현대미포 등의 조선사가 있고 HMM, 대한해운, 팬오션 등의 해운사가 있다.

선박 사이즈에 따른 구분		
선박 종류	사이즈	설명
수에즈맥스 (Suezmax)	약 120,000~ 200,000DWT	수에즈 운하를 통과할 수 있는 최대 크기의 선박으로 주로 원유운반선에 사용됨
파나막스 (Panamax)	약 50,000~ 80,000 DWT	파나마 운하를 통과할 수 있는 최대 크기의 선박으로 벌크선과 컨테이너선에 사용됨
MR (Medium Range)	약 25,000~ 55,000 DWT	주로 정제유와 화학제품 운송에 사용되는 중형 유조선
LR (Long Range)	LR1: 약 55,000~ 80,000 DWT LR2: 약 80,000~ 160,000 DWT	LR1은 중형 유조선, LR2는 대형 유조선으로 정제유와 화학제품 운송에 적합
VLCC (Very Large Crude Carrier)	약 200,000~ 320,000 DWT	초대형 원유운반선으로, 대규모 원유 운송에 사용됨
VLAC (Very Large Ammonia Carrier)	약 50,000~ 100,000 DWT	초대형 암모니아 운반선으로, 암모니아 기반 연료 수요 증가에 따라 주목받는 선박

자료: 삼성중공업

　조선산업은 대규모 자본과 기술이 필요한 대표적인 수주산업이다. 이 산업의 주요 지표로는 신조선가와 중고선가가 있다. 신조선가는 새로 건조되는 선박의 가격을 의미하며, 시장 수요와 공급의 균형을 나타내는 중요한 척도이다. 중고선가는 기존 선박의 거래 가격으로 조선산업과 해운업의 업황을 함께 반영하는 지표로 활용된다. 이 두 지표는 선박 발주량 및 거래 활동의 활기를 보여주는 동시에, 조선업체와 선박 투자자들에게 중요한 의사결정 기준이 된다.

해운업의 경우, 산업 현황을 파악하기 위해 BDI(Baltic Dry Index)
와 SCFI(Shanghai Containerized Freight Index) 같은 지표가 주로 사
용된다. BDI는 원자재와 곡물 등 벌크 화물의 해상 운송비를 측정
하는 지표로 글로벌 원자재 시장과 해운업의 수요·공급 상황을 파
악할 수 있게 한다. 한편, SCFI는 컨테이너 화물의 운임을 나타내며,
공산품과 기타 상품의 해상 물류 흐름을 반영한다. 글로벌 무역이
증가하고, 글로벌 물동량 수요가 증가하거나, 팬데믹·전쟁 등으로 물
류에 차질이 생기면 이 두 지수는 급등한다. 이 두 지표는 해운업의
경기를 평가하는데 핵심적인 역할을 하며, 화주와 선사 간의 계약
조건 설정에도 영향을 미친다.

조선업과 해운업은 서로 긴밀히 연결되어 있으며, 두 산업의 흐름
은 세계 경제의 동향과 직결되어 있다. 신조선가와 중고선가가 상승
한다는 것은 조선업의 활황을 의미하고, 이는 곧 해운업의 선박 수
요 증가와도 관련된다. 반대로 BDI와 SCFI가 하락하면 해운업의
물동량 감소로 인해 조선업의 발주량도 줄어드는 경향을 보인다. 이
러한 상호작용은 두 산업이 단순히 독립적인 것이 아니라, 거대한 글
로벌 물류와 제조 네트워크의 일부로서 움직이고 있음을 보여준다.
조선업과 해운업의 지표를 이해하는 것은 글로벌 물동량을 이해하
는 길이고, 물동량은 글로벌 경제 활기를 측정하는 지표이다. 그래서
조선과 해운업 이 두 산업은 높은 변동성을 가지고 있으며, 세계 경

제의 사이클을 반영하기도 한다.

케이스스터디

글로벌 조선 수주를 싹쓸이하는 중국

중국 조선업은 세계 시장에서 확고한 우위를 점하고 있다. 2024년 1~3분기 동안 중국은 조선업의 주요 지표인 건조량, 신규 수주량, 수주 잔량에서 모두 두 자릿수 성장률을 기록하며 14년 연속 세계 1위를 차지했다. 이 기간 동안 건조량은 전년 대비 약 20% 증가했으며, 신규 수주량과 수주 잔량은 각각 약 50%, 44%의 성장을 보였다. 특히 친환경 선박 수주에서 전 세계 70% 이상의 점유율을 기록하며 독보적인 성과를 내고 있다.

중국의 주요 조선사들은 장기적으로 안정된 생산 일정을 확보하고 있다. 국영 기업인 중국선박공업그룹(CSSC)의 경우 LNG 운반선을 포함해 수주 물량이 2030년까지 생산 라인을 가동할 수 있을 정도로 많다. 또한 민간 기업 중 수익성이 높은 양즈장조선은 친환경 선박위주로 수주량을 늘리고 있다. ING싱크 보고서에 따르면 2024년도 기준 세계 신규 발주 선박 중 중국은 69%, 한국은 18%를 차지하고 있다.

중국 조선업의 이러한 성공은 몇 가지 요인에 기반한다. 첫째, 국제해사기구(IMO)의 환경 규제 강화와 유럽연합(EU)의 탄소 배출 비용 부과 정책은 친환경 기술 도입을 가속화했다. 중국 조선사들은 암모니아 연료, 수소 연료, 이중 연료 선박 등 첨단 기술을 신속히 적용하며 글로벌 수요에 발 빠르게 대응하고 있다. 둘째, 20년 이상 된 노후 선박이 늘어나며 교체 수요가 크게 증가했다. 2030년까지 노후 선박 비율은 24%에 이를 것으로 예상되며, 이는 중국 조선업체들에게 안정적인 수주 기반이 되고 있다.

반면 한국 조선업은 기술력과 품질 면에서는 여전히 세계적인 평가를 받고 있지만, 수주량에서는 중국에 밀리고 있다. 중국은 기본적인 자국 수주물량이 상당하다. 여기에 정부 지원도 뒷받침되고 있다. 또한 인력, 원자재 등 가격면에서 절대적인 경쟁 우위를 보이고 있다. 전체 생산 비용의 약 20%를 차지하는 것으로 알려진 인건비가 한국의 절반 수준인 것으로 알려져 있다. 중국의 저비용 구조와 빠른 대응력을 극복하기 위해 국내 조선업체는 디지털화와 자동화를 통해 생산성을 높이고, 친환경 선박 분야에서 차별화된 기술력을 확보해야 한다. 특히 고부가가치 시장에서의 경쟁력을 유지하기 위해서는 미국 해군 함선 수주와 같은 신규 프로젝트에 집중하고, 암모니아 및 수소 연료 기술 개발에 더욱 적극적으로 나서야 한다.

자료: 중국전문가포럼

신조선가가 오르면 조선사 주가도 상승한다

조선업은 대표적인 수주산업으로, 세계 경제의 흐름에 민감하게 반응하는 특성을 가진다. 한국 조선업은 글로벌 시장에서 높은 기술력과 생산성을 바탕으로 품질과 효율성에서 세계 최상위권의 위상을 유지하고 있다. LNG 운반선, 컨테이너선, 초대형 원유운반선(VLCC) 등 고부가가치 선박 분야에서 특히 강세를 보이며, 친환경 선박 개발에서도 선도적인 역할을 하고 있다. 2024년 기준 한국 조선업체들은 전 세계 선박 발주의 약 20% 내외를 수주하며, 1위 중국에 이어 2위를 차지하고 있다. 중국과 치열한 경쟁 속에서 물량에서는 밀리지만, LNG운반선 등 기술력과 품질로 차별화된 경쟁력을 유지하고 있다. 이러한 성과는 글로벌 친환경 규제와 에너지 전환 흐름 속에서 한국 조선업의 기술적 우위를 보여준다.

신조선가는 조선업에서 가장 중요한 지표 중 하나로 새로 건조되는 선박의 가격을 의미한다. 이는 조선업의 수요와 공급을 직접적으로 반영하는 지표로 업황의 흐름을 판단하는데 핵심적인 역할을 한다. 신조선가는 일반적으로 글로벌 해운업의 활황 여부, 경제성장률, 원자재 가격, 선박 연비 및 친환경 규제 강화 등 다양한 요인에 의해 영향을 받는다. 특히 선박의 친환경 기술 도입이 요구되거나 물동량이 증가하면 신조선가가 상승하는 경향이 나타난다.

신조선가가 오르면 조선업체의 매출과 이익은 긍정적인 영향을 받는다. 신조선가 상승은 선박 한 척당 계약 금액이 높아진다는 것을 의미하며, 이는 곧 HD한국조선해양 같은 조선사들의 매출액 증가로 이어진다. 또한 신조선가가 상승할 때 조선업체들은 추가적인 가격 협상력을 가지게 되어, 비용 상승에도 불구하고 높은 수익성을 유지할 가능성이 크다. 특히 고부가가치 선박을 건조하는 한국의 대형 조선업체들은 LNG 운반선이나 초대형 원유운반선(VLCC) 같은 고가 선박의 비중이 높아 신조선가 상승의 혜택을 크게 받을 수 있다.

조선업체의 주가도 신조선가와 밀접한 관계를 가진다. 신조선가가 상승하면 시장에서는 조선업체들의 수익성 개선 가능성을 높게 평가하며 주가에 긍정적인 영향을 준다. 이는 투자자들이 조선업체의 미래 매출과 이익 성장에 대한 기대를 반영한 결과이다. 특히 조선업은 대규모 자본 투자가 이루어지는 산업으로, 신조선가 상승은 신규 계약 및 수주량 증가와 연계되기 때문에 주식시장에서 주목받는 신호가 된다.

한편 신조선가는 조선업체의 장기적인 전망에도 영향을 미친다. 신조선가 상승은 새로운 선박 발주가 활발해진다는 것을 의미하며, 이는 조선업체들의 작업 일정이 가득 차는 상태, 즉 높은 수주 잔고를 보장한다. 수주 잔고는 조선업체의 미래 매출을 의미하기 때문에 신조선가 상승은 기업가치 증가로도 이어진다. 조선업체들은 이를 바탕으로 지속적인 기술 투자와 생산성 향상을 통해 시장 경쟁력을 강화할 수 있다. 그러나 신조선가가 오른다고 해서 조선업체의 이익이나 주가가 무조건 개선되는 것은 아니다.

원자재 가격 상승과 같은 비용 증가가 신조선가 상승분을 상쇄한다면 조선업체의 이익 개선 폭은 제한적일 수 있다. 일부 조선업체는 계약 후 건조 기간 동안 비용 증가로 인해 오히려 손실을 볼 가능성도 있다. 신조선가 상승이 발주 기업인 해운사의 비용 부담을 가중시켜 신규 발주가 감소할 가능성도 있다. 이는 조선업체들의 수주 잔고와 가동률에 부정적인 영향을 미칠 수 있다. 따라서 신조선가 상승은 분명 조선업에 긍정적이지만, 시장 환경과 원가 관리 능력이 뒷받침되어야 실질적인 성과로 이어질 수 있다. 즉 신조선가 상승은 조선업 이익 개선에 필요충분조건은 되지 못하지만 필요조건으로 해석된다.

중고선가가 오르면 신조선가도 오른다

중고선가는 조선업과 해운업에서 실질적인 시장 수요를 보여주는 중요한 지표로, 신조선가와 함께 업황을 판단하는데 핵심적인 역할을 한다. 중고선가는 이미 건조된 선박이 시장에서 거래되는 가격을 의미하며, 이는 현재 시점의 실질적인 운송 수요와 공급 상황을 직접적으로 반영한다. 신조선가는 미래의 선박 수요를 예측하여 반영하는 특성이 있는 반면 중고선가는 시장의 현재적, 즉각적인 반응을 보여주기 때문에 더 민감한 시장 지표로 평가된다. 중고선가가 높다는 것은 해운업에서 선박의 운송 수요가 공급을 초과하고 있음을 나타낸다. 이는 해운업체들이 새로운 선박을 발주하기 전에 기존에 운항 중인 선박을 높은 가격에 매입하려는 움직임으로 나타난다. 예를 들어 글로벌 경제성장과 원자재 물동량 증가로 벌크선 수요가 급증하면, 즉시 사용할 수 있는 벌크선에 대한 수요가 증가해 중고 벌크선의 가격이 상승한다.

선박의 운항 가능 연한이 보통 30년으로 정해져 있다는 점도 중고선가에 중요한 영향을 미친다. 선령이 30년에 가까워질수록 선박의 운항 효율과 경제성이 떨어지기 때문에 중고선가가 하락하는 경향이 있다. 그러나 시장 수요가 매우 높을 경우, 20년 이상 된 선박도 높은 가격에 거래되는 경우가 있다. 이는 해운업체들이 당장의 운송 수요를 충족하기 위해 효율이 다소 떨어지는 선박도 적극적으로 매입하는 상황을 보여준다.

2021년 이후 글로벌 해운업 호황은 중고선가의 중요성을 잘 보여주는 사례다. 코로나19 팬데믹 이후 물류 대란과 경제 회복이 맞물리며 컨테이너선 수요가 급증했고, 중고 컨테이너선의 가격은 팬데믹 이전 대비 두 배 이상 상승했다. 당시 선령이 15년 이상 된 선박조차 높은 가격에 거래되었으며, 일부 중고선은 신조선가와 비슷한 수준으로 팔리기도 했다. 이러한 현상은 해운업체들이 새로운 선박을 기다릴 여유 없이 즉시 운항 가능한 선박을 확보하려는 강한 수요를 반영한다.

중고선가가 높다는 것은 조선업에도 긍정적인 신호를 보낸다. 중고선가 상승은 기존 선박의 가치가 높아지고 있다는 뜻으로, 이는 해운업체들에게 신조선 발주를 고려하게 하는 동기를 제공한다. 특히 중고선가가 신조선가에 근접하거나 초과할 경우, 해운업체들은 장기적인 운송 효율과 경쟁력을 확보하기 위해 새 선박 발주를 결정하는 경향이 있다. 이는 조선업체들에게 새로운 수주 기회를 제공하며, 결과적으로 신조선가 상승으로도 이어질 가능성이 크다.

반대로 중고선가가 하락할 경우 해운업체들은 비용 절감을 위해 중고선 구매를 꺼리거나, 시장이 침체되었다는 신호로 해석될 수 있다. 이는 조선업체들에게 신조선 발주 감소로 연결되어 수익성에 부정적인 영향을 미칠 수 있다. 특히 30년이라는 선박 운항 가능 연한이 가까워지는 선박의 경우, 중고선가 하락 폭이 더욱 커질 가능성이 있다. 또한 중고선가는 단순히 시장 수급 상황뿐만 아니라 해운업의 수익성과 운임 시장의 흐름을 평가하는 척도로도 활용된다. 중고선가가 높아지면 이는 해운업체들이 선박 운항으로 얻는 운임 수익이 높다는 것을 의미하며, 이러한 상황에서 해운업체들은 선박 확보를 위해 적극적으로 시장에 참여하게 된다. 선령이 오래된 선박도 높은 가격에 거래되는 경우, 이는 시장이 얼마나 활황인지를 보여주는 단적인 사례로 볼 수 있다.

달러원 환율의 방어막 조선업

환율 상승은 조선업체들의 가격 경쟁력을 높이는 요인이 되기도 한다. 한국은 세계적인 조선 강국으로, 특히 LNG 운반선, 초대형 원유 운반선(VLCC), 컨테이너선 등 고부가가치 선박 시장에서 두각을 나타내고 있다. 환율이 상승하면 동일한 선박이라도 한국 조선업체들이 제공하는 가격이 외국 조선업체들에 비해 상대적으로 낮아지며, 글로벌 수주 경쟁에서 유리한 위치를 차지할 수 있다. 이는 한국 조선업체들이 더 많은 수주를 확보하고, 조선업 전체의 수익성을 높이는데 기여한다.

환율 상승이 조선업에 긍정적인 영향을 미치는 또 다른 이유는 대규모 원자재 비용 절감 효과 때문이다. 조선업은 철강판, 엔진, 기자재 등 원자재 비용이 전체 제조 원가의 상당 부분을 차지한다. 대부분의 원자재는 국내에서 조달되므로, 원화 약세 상황에서도 원자재 가격은 상대적으로 안정적이다. 그러나 조선업체가 수주 후 매출을 달러로 수령하기 때문에 환율 상승으로 매출 대비 원가 비율이 낮아져 수익성이 더욱 개선된다.

조선업이 호황을 맞이하면, 이는 다시 환율 안정화로 이어질 가능성이 있다. 조선업 호황은 대규모 수출 증가를 의미하며, 이는 외화 수익을 늘리는 요인이 된다. 특히 조선업은 단위 수주 금액이 크기 때문에 한 척의 선박 계약만으로도 수억 달러의 외화를 벌어들일 수 있다. 이런 외화 유입은 환율 안정화에 기여하며, 원화의 가치를 높이는데 도움을 준다. 따라서 조선업 호황은 환율을 진정시키는 긍정적인 순환 구조를 만들어낸다.

수에즈운하에 가뭄이 들면 해운사는 웃고 제조업체는 울고

조선업에 이어 해운업과 관련된 지표들을 추가로 살펴보자. 중동 전쟁으로 홍해에 문제가 발생하거나 파나마와 수에즈 운하에 가뭄이 들면 해운사와 제조업체는 극명히 상반된 결과를 맞이한다. 이러한 상황은 글로벌 물류와 공급망의 핵심 축인 운하와 해상 경로에 큰 혼란을 초래하며, 특히 해운사에는 기회로, 제조업체에는 도전으로 작용한다.

홍해와 이를 잇는 수에즈 운하는 유럽과 아시아를 연결하는 최단 해상 경로로, 전 세계 물동량의 약 10% 이상이 이곳을 통해 이동한다. 그런데 중동 지역에서 전쟁이 발생하면 홍해를 통과하는 선박들이 위험에 노출되거나 항로 변경을 강요받게 된다. 이로 인해 해운 운임이 급격히 상승하며, 대체 항로를 이용해야 하는 선박들은 더 긴 항로를 따라가야 하므로 시간과 비용 부담이 커진다. 동시에 파나마 운하는 남북 아메리카를 잇는 물류 중심지로, 전 세계 컨테이너선과 벌크선이 대량의 화물을 수송하는데 필수적이다. 여기에 가뭄이 발생하면 운하의 수위가 낮아져 선박 통과량이 감소하고 대기 시간이 늘어난다.

이 같은 혼란 속에서 해운사는 오히려 웃는다. 중동 전쟁이나 운하 가뭄으로 인해 물류 경로가 제한되면, 화물 운임은 수요와 공급 법칙에 따라 급등한다. 예를 들어 2021년 수에즈 운하에서 에버기븐호가 좌초했을 때 운송 지연으로 인해 해상 운임이 단기간에 큰 폭으로 올랐다. 유사한 상황에서 운하 사용이 제한되면, 대체 항로를 이용하거나 운송 수요가 몰리는 해운사들은 단기적으로 높은 운임 수익을 올릴 수 있다. 특히 벌크선이나 유조선을 운영하는 해운사들은 이러한 운송 혼란 상황에서 대체 불가능한 운송 수단으로서의 가치를 극대화할 수 있다.

　반면 제조업체는 전혀 다른 상황에 직면한다. 운임 상승은 물류비 증가로 이어져 생산 비용을 높이고, 이는 최종 제품 가격에도 영향을 미친다. 예를 들어 자동차 제조업체는 원자재와 부품 조달 비용이 상승하면 차량 생산을 줄이거나 가격을 인상할 수밖에 없다. 특히 글로벌 공급망에 의존하는 전자, 기계, 석유화학 산업은 물류 혼란이 장기화되면 심각한 공급 차질과 매출 감소를 겪을 가능성이 크다. 추가로 파나마 운하와 수에즈 운하를 통과하지 못하는 화물은 대체 항로를 이용해야 하지만, 이 과정에서의 시간 지연은 제품의 공급 일정을 뒤흔들 수 있다. 소비재 제조업체들은 중요한 판매 시즌에 제때 제품을 공급하지 못할 위험이 있으며, 이는 브랜드 신뢰도 하락으로 이어질 수 있다.

　이러한 혼란은 단순히 전쟁이나 가뭄에서 끝나지 않는다. 국제해사기구(IMO)의 환경 규제 강화는 선박 연료와 운항 방식을 크게 변화시키고 있으며, 이는 장기적으로 해운사와 제조업체 모두에게 영향을 미친다. 예를 들어 이중 연료 시스템이나 탄소 중립 기술을 탑재한 선박은 장기적인 경쟁력을 가질 수 있지만, 초기 투자 비용이 높아 이를 도입하기 어려운 업체들은 더 큰 부담을 안을 수 있다.

글로벌 항공 물동량을 보여주는 발틱항공운임지수(BAI)

발틱항공운임지수(BAI, Baltic Air Freight Index)는 글로벌 항공 화물 시장의 동향을 파악하는 핵심 지표다. 이 지수는 발틱거래소(Baltic Exchange)와 TAC 인덱스(TAC Index)가 주요 항공 화물 노선의 실제 거래 데이터를 기반으로 산출하는데, 항공화물 운임의 변동을 주간 단위로 측정하며, 시장의 수요와 공급 상태를 반영한다. BAI는 전세계 항공 화물 노선의 평균 운임을 나타내는 BAI00 종합 지수와 상하이(PVG), 홍콩(HKG), 프랑크푸르트(FRA) 등 주요 공항을 출발지로 하는 개별 노선 지수로 구성된다. BAI00은 항공화물 시장의 전반적인 흐름을 파악하는데 유용하며, 개별 노선 지수는 특정 항로의 운임 변화와 수요 상태를 보다 세밀히 이해할 수 있다.

발틱항공운임지수는 항공화물 시장에서 다양한 목적으로 활용된다. 첫째, 항공화물 운임의 변동 추이를 분석함으로써 글로벌 물류 시장의 수요와 공급 상태를 평가할 수 있다. 둘째, 화주와 물류 업체 간 운임 협상 시에도 이 지표는 객관적인 기준으로 사용된다. 또한 항공화물 관련 산업에 투자할 때 시장의 흐름을 판단하는데 필요한 정보를 제공한다. 2024년 하반기 기준 BAI는 전년 동기 대비 상승세를 보이고 있다. 특히 아시아 지역의 태평양 노선에서 수요가 증가하면서 상하이(PVG)발 운임은 전년 대비 20% 이상 상승했다. 이는 글로벌 경기 회복과 함께 물류 수요가 증가하고 있음을 나타낸다.

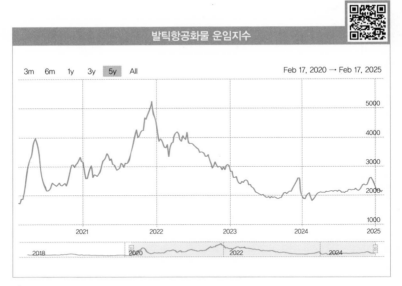

발틱항공화물 운임지수

3m 6m 1y 3y **5y** All   Feb 17, 2020 → Feb 17, 2025

5000
4000
3000
2000
1000

2021   2022   2023   2024   2025

2018   2020   2022   2024

자료: TAC

항공화물 운임의 상승은 전자제품, 의약품, 고급 소비재 등 고부가가
치 상품에 대한 수요 증가와 연결된다. 최근에는 해외 직구가 늘어
나 BAI지수가 상승하는 추세를 보이고 있으며 BAI가 높아지면 항
공 화물을 주로 운영하는 대한항공 같은 항공사의 이익과 주가도
상승하는 경향이 있다.

반면 이 지수가 하락할 경우 소비 둔화나 글로벌 경기 침체의 신
호로 해석될 가능성이 크다. BAI는 단순히 운임 변동을 보여주는
지표를 넘어 글로벌 경기의 흐름을 반영한다. 항공화물은 주로 긴급
배송이나 고가 상품에 사용되므로 운임 상승은 시장의 활기를 의미

한다. 반대로 운임이 낮아지면 물류 수요 감소와 함께 경기 둔화 가능성을 시사할 수 있다.

하이엠
팁스

한국 조선사에 SOS치는 미국 정부

중국은 전 세계 선박 건조 능력에서 독보적인 1위를 유지하고 있다. 상업 선박은 물론 군사 선박까지 빠르게 건조하며, 해양 패권을 강화하고 있다. 반면 미국은 상업 선박 건조 능력을 거의 상실했으며, 군사 선박에서도 중국에 뒤처지고 있다. 현재 미국 해군은 노후화된 군함과 잠수함의 비중이 증가하고 있지만 이를 대체할 건조 능력이 부족한 실정이다.

중국은 구축함, 항공모함, 잠수함 등에서 빠르게 전력을 확충하며 미국을 위협하고 있다. 반면 미국은 해군 함선의 교체 주기가 늦어지고 있으며, 부족한 건조 능력이 이를 뒷받침하지 못하고 있다. 이러한 상황에서 트럼프 대통령은 재선 직후 한국 조선업체와의 협력을 요청하며 직접 전화로 지원을 요청한 바 있다. 이는 미국이 자국 내 조선소만으로는 해양 전력의 유지와 증강이 어렵다는 점을 시사한다.

한국 조선업은 고부가가치 선박 건조와 최첨단 기술력으로 글로벌 조선업계를 선도하고 있다. LNG 운반선뿐만 아니라 잠수함, 구축함, 군수지원함 등 군사 선박 건조 경험이 풍부한 한국은 미국이 부족한 건조 능력을 보완할 이상적인 파트너로 주목받고 있다. 트럼프 대통령의 직접 요청은 이러한 한국 조선업의 위상을 반영한 사례다.

중국과의 해양 패권 경쟁에서 미국은 한국 조선업계를 파트너로 삼아 부족한 건조 능력을 보완할 가능성이 크다. 미국의 부족한 군사 선박 생산 문제를 해결하면서도 동맹 강화를 통해 국제 군사 전략의 균형을 맞출 수 있는 실질적인 해법이 될 것이다. 이는 한국 조선업계에도 새로운 성장 기회를 제공할 것이다. 방산 선박 분야에서 이미 인정받은 한국의 경쟁력은 글로벌 군사 시장에서의 영향력 확대를 기대하게 만든다.

미국이 조선업과 미 해군의 경쟁력을 회복하고자 한다면, 한국과의 협력은 필수적이다. 중국의 압도적인 건조 능력과 비교해 약화된 미국 조선 역량은 글로벌 해양 패권에서 심각한 도전 과제이다. 한국 조선업은 군사 선박 건조뿐만 아니라 친환경 기술, 디지털화 등 고부가가치 영역에서도 강점을 발휘하고 있다. 이러한 강점은 미국 해군이 직면한 문제를 해결하는 중요한 자원이 될 것이다.

● 자동차, 2차전지 그리고 전기차 타이어 ●

한국 자동차 산업은 국가 경제의 핵심적인 축으로 자리 잡고 있는 중요한 산업이다. 현대자동차와 기아자동차를 중심으로 한 현대차그룹은 글로벌 시장에서 도요타와 폭스바겐에 이어 3위를 기록하며 세계적인 경쟁력을 보이고 있다. 특히 미국 전기차 시장에서도 두각을 나타내며, 2024년 기준으로 시장 점유율 10% 이상을 기록하며 테슬라에 이어 두 번째로 높은 점유율을 차지했다.

전 세계 자동차 산업은 현재 전동화와 소프트웨어 중심 차량(SDV,

Software-Driven Vehicle)의 부상을 중심으로 중요한 전환기를 맞이하고 있다. 현대차그룹은 도요타, 제너럴 모터스(GM), 테슬라, 비야디(BYD)와 함께 향후 글로벌 자동차 산업의 5대 주요 업체로 재편될 것이라는 전망도 나오고 있다.

자동차 산업은 현재 전기차로 전환 중이다. 그래서 배터리 산업의 중요성이 크게 높아지고 있다. 현재 글로벌 배터리 시장에서 중국 CATL과 BYD가 약 50%의 점유율로 선두를 차지하고 있으며, 한국의 배터리 기업들인 LG에너지솔루션, SK온, 삼성SDI는 약 20%의 점유율로 2위권을 형성하며 중요한 역할을 하고 있다. 이 과정에서 자동차와 2차전지 산업이 함께 주목해야 할 핵심적인 변화는 전기차로의 전환 속도, 자율주행 기술의 상용화 여부, 그리고 소프트

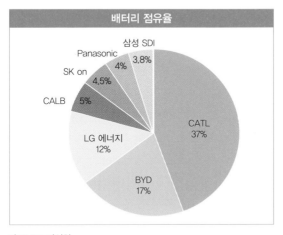

자료: SNE리서치

웨어 중심 산업으로의 전환이다. 이는 단순히 자동차 제조에 그치지 않고 하드웨어 중심에서 소프트웨어 중심으로 산업의 패러다임이 변화하고 있음을 의미한다.

전기차 전환 과도기에 있는 자동차 산업에서는 특히 몇 가지 주요 변수에 주목 한다. 첫째, 2차전지의 핵심 원자재인 리튬의 가격 변동은 배터리 제조와 전기차 가격 경쟁력에 큰 영향을 미친다. 둘째, 완전 자율주행(FSD, Full Self-Driving) 기술의 승인 여부와 상용화는 전기차 시장의 침투율을 결정하는 핵심 변수이다. 마지막으로 전기차로 전환될수록 수요가 확대되는 전기차 타이어 산업과의 연결성이다.

 케이스스터디

반도체와 자동차가 한국 증시를 결정한다

한국 증시는 반도체, 자동차, 2차전지 산업에 크게 의존하고 있다. 이 세 산업은 한국 경제를 지탱하는 핵심 축이며, 증시의 방향성과 투자 심리를 좌우하는 주요 변수로 작용하고 있다. 특히 삼성전자, 현대자동차·기아, LG에너지솔루션과 같은 대표 기업들이 각 산업을 주도하며, 그들의 성과가 증시에 막대한 영향을 미친다. 다른 산업이 부진하더라도 이 세 산업이 성장하면 한국 증시는 상승한다. 반대로 화장품이나 음식료 산업은 성장하더라도 이 세 주축 산업이 주춤하면 한국 증시는 상승하기 어렵다.

반도체 산업은 한국 증시의 중심에 있다. 삼성전자는 단일 기업으로 코스피 시가총액의 약 20%를 차지하며, SK하이닉스 역시 반도체 시장의 주요 기업으로 자리 잡고 있다. 반도체는 데이터센터, 인공지능, 전기차 등 다양한 첨단 산업의 핵심 부품으로 세계 경제와도 직결된 중요한 산업이다. 글로벌 반도체 수급 상황이나 가격 변동은 삼성전자와 SK하이닉스의 실적에 직접적인 영향을 미치며, 이는 곧바로 코스피 지수의 방향성을 결정짓는 요인으로 작용한다.

자동차 산업 역시 한국 증시에서 빼놓을 수 없는 중요한 축이다. 현대자동차와 기아를 중심으로 한 현대차그룹은 글로벌 시장에서 도요타, 폭스바겐과 함께 상위권에 자리하고 있으며, 전기차 시장에서도 빠르게 점유율을 확대하고 있다. 특히 현대차그룹은 2024년 기준 미국 전기차 시장에서 테슬라에 이어 두 번째로 높은 점유율을 기록하며, 글로벌 경쟁력을 입증했다.

현대차그룹의 전기차 모델인 아이오닉 5와 EV6는 전 세계적으로 좋은 평가를 받고 있으며, 이러한 성과는 단순히 자동차 주가뿐만 아니라 부품업체, 배터리 관련 기업들의 주가에도 긍정적인 영향을 미치고 있다. 또한 자동차 산업의 전동화 과정에서 자율주행 소프트웨어(SDV, Software-Driven Vehicle)의 도입은 자동차 제조업을 하드웨어 중심에서 소프트웨어 중심 산업으로 변화시키며 증시 전반에 새로운 투자 기회를 창출하고 있다.

2차전지 산업은 한국 증시에서 가장 빠르게 성장하고 있는 산업 중 하나였다. LG에너지솔루션, 삼성SDI, SK온은 글로벌 전기차 배터리 시장에서 주요한 위치를 차지하며, 전 세계 전기차 수요 증가와 함께 지속적으로 성장하고 있다. 특히 LG에너지솔루션은 2021년 상장 이후 단기간에 대형주로 자리 잡으며, 투자자들의 높은 관심을 받고 있다. 2차전지 산업은 전기차 시장의 확대와 맞물려 더욱 중요해지고 있으며, 배터리 원자재 가격 변동이나 글로벌 공급망 이슈는 이 산업의 변화를 주도하는 주요 요인으로 작용한다. 또한 미국과 유럽 시장에서의 대규모 투자와 생산 설비 확장은 한국 배터리 기업들의 성장을 더욱 가속화하고 있다. 비록 2023년 이후 이어지고 있는 전기차 케즘으로 인해 2차전지 산업은 어려운 시기를 보내고 있지만, 전동화의 큰 물줄기는 장기적 관점에서 변함없는 방향이다.

반도체, 자동차, 2차전지 산업은 독립적으로도 중요한 비중을 차지하지만, 전기차와 자율주행차라는 기술 트렌드에서 서로 긴밀히 연결되어 있다. 예를 들어 전기차와 자율주행차의 발전은 반도체 수요를 확대시키며, 동시에 배터리 산업의 성장을 촉진한다. 이러한 상호작용은 한국 증시에 긍정적인 상승 효과를 가져오기도 한다.

리튬 가격이 오르면 2차전지 주가는 오른다

리튬은 리튬이온 배터리에서 절대적인 역할을 하는 원자재이다. 일반적으로 사용되는 리튬이온 배터리의 양극재는 니켈, 코발트, 망간 등의 금속과 리튬이 결합된 화합물로 구성되며, 이중 리튬의 함량은 약 7%에서 10%로 알려져 있다. 리튬인산철(LFP) 배터리의 경우, 양극재로 리튬인산철을 사용하며 리튬의 함량은 약 4%에서 5% 정도로 추정된다.

리튬 가격이 하락하면 배터리 제조 원가가 낮아져 2차전지 기업의 이익이 증가하고 주가도 상승할 것이라는 일반적인 추정이 있다. 하지만 실제로는 반대의 결과가 나타나는 경우가 많다. 리튬 가격이 급락하면, 이전에 높은 가격으로 확보한 리튬 재고의 가치가 하락하면서 재고자산 평가손실이 발생한다. 이는 기업의 회계상 손실로 반영되어 단기적인 수익성 악화로 이어질 수 있다. 예를 들어 에코프

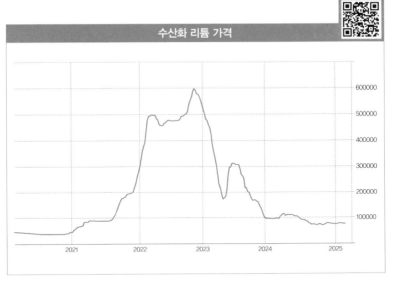

로와 엘앤에프 같은 배터리 소재 기업들은 과거 리튬 가격 급락 시 수천억 원대의 재고자산 손실을 기록한 사례가 있다. 이로 인해 재무 건전성과 투자자 신뢰도에 부정적인 영향을 미칠 수 있다.

　리튬 가격이 하락하면 배터리 제조업체들은 원가 절감을 기대할 수 있지만, 동시에 제품 판매 가격이 하락할 가능성도 크다. 2차전지 기업들은 보통 리튬 가격에 연동하여 제품 가격을 책정하기 때문에 리튬 가격 하락은 배터리와 관련 소재의 판매 단가를 낮추는 압력으로 작용한다. 그 결과, 매출이 감소하고 수익성도 함께 악화될 수 있다. 특히 고가의 리튬 원재료로 생산된 제품을 낮은 가격에 판매

해야 하는 상황은 기업의 손익 구조를 악화시킬 수 있다.

리튬 가격 하락은 전기차 수요 둔화와도 연결된다. 전기차 판매 성장률이 둔화되면 배터리 수요가 감소하고, 이는 리튬 수요 감소로 이어져 가격 하락을 초래한다. 이처럼 전기차와 배터리 시장의 동반 둔화는 2차전지 기업의 매출 감소와 이익률 악화를 가져올 수 있다. 전기차 시장에서 수요 변화는 배터리 산업 전반에 중요한 변수로 작용한다. 따라서 2차전지 업체나 전기차에 투자하려는 경우 리튬 가격의 변동성을 주의 깊게 살필 필요가 있다. 특히 리튬 가격이 상승할 때는 전기차 전환율의 증가 가능성을 고려하는 것이 중요하다.

 케이스스터디

테슬라를 넘어선 중국의 비야디, 독일 경제를 위협하다

중국의 전기차 제조업체 비야디(BYD)는 2024년 9월 기준 테슬라를 제치고 글로벌 최대 전기차 1위 판매업체로 등극했다. 비야디는 이러한 성과를 바탕으로 해외 시장 진출에도 박차를 가하고 있다. 2024년 10월, 비야디는 독일 시장에 본격 진출을 선언하며 현지 판매 조직을 강화하고, 소비자 신뢰를 구축하기 위한 다양한 전략을 내놓았다. 또한 헝가리와 같은 유럽 국가에서 생산 공장을 설립할 계획을 밝히며 유럽 시장 점유율 확대를 위한 행보를 보이고 있다. 이는 비야디가 글로벌 전기차 시장에서 주요 플레이어로 자리 잡기 위한 전략이다.

그러나 비야디의 확장은 각국의 경계심을 불러일으키고 있다. 미국과 유럽연합(EU)은 중국 전기차 업체들의 급속한 성장에 대응하기 위해 관세 부과와 같은 보호무역 조치를 검토하고 있다. 특히 EU는 중국 전기차에 대한 반덤핑 조사를 시작하며 시장을 방어하려는 움직임을 보이고 있다. 이는 비야디의 유럽 시장 진출에 중요한 도전 과제가 될 가능성이 크다. 한국 시장에서도 비야디의 행보는 주목받고 있다. 비야디는 2024년 말 한국 시장에 전기차를 출시하며 본격적인 시장 공략을 예고했다. 이는 한국 전기차 시장에서 현대자동차와 기아자동차를 비롯한 기존 강자들과의 치열한 경쟁을 예고하는 움직임이다.

중국 전기차의 글로벌 확장은 독일 자동차 산업에도 큰 위협이 되고 있다. 독일은 자동차 산업이 GDP의 약 30%를 차지하는 핵심 산업이기 때문에 전동화 전환 과정에서 중국 전기차 업체의 약진은 심각한 도전 과제가 되고 있다. 예를 들어 폭스바겐은 중국 전기차와의 경쟁 심화로 인해 독일 내 일부 공장을 폐쇄하거나 생산 축소를 검토하고 있다. 이는 독일 경제 전반에 부정적인 영향을 미칠 가능성이 크다. 중국 전기차와 배터리 업계의 발전, 특히 비야디의 급성장은 글로벌 전기차 시장의 판도를 바꾸고 있으며, 각국 자동차 산업에 큰 영향을 미치고 있다

자율주행이 전기차 전환율을 결정한다

현재 전 세계 전기차 판매 비중은 약 10~15%로, 국제에너지기구(IEA)는 2030~50년까지 이 비중이 40~60%로 확대될 것으로 전망하고 있다. 이와 같은 전기차 보급 확대에는 자율주행 기술이 결정적인 변곡점으로 작용할 것으로 보인다. 웨이모와 테슬라 등 글로벌 업체들이 완전자율주행 분야에서 경쟁하고 있다. 특히 테슬라는 로보택시 개발과 상용화를 목표로 자율주행 기술 경쟁을 벌이고 있으며, 테슬라의 완전 자율주행(FSD) 시스템은 2025년 상반기 유럽

과 중국에서 출시될 가능성이 높다. 테슬라의 FSD가 트럼프 정부에서 2025년에 승인된다면 이는 로보택시 서비스를 통해 전기차 시장의 대중화에 중요한 촉매 역할을 할 것이다. 자율주행은 단순히 운전 편의성을 넘어, 전기차의 핵심 경쟁력으로 자리 잡으며 모빌리티 산업 전반에 혁신을 가져올 것으로 기대된다. 본격적인 소프트웨어 중심 자동차로 전환을 의미하기 때문이다.

전기차의 전환을 결정하는 요소로 자율주행이와 배터리 가격이 중요하다. 그러나 이미 중국 전기차 업체의 성장은 배터리 가격을 크게 낮추며 전기차의 가격 경쟁력을 내연기관차와 동등한 수준으로 끌어올렸다. 이는 전기차가 시장에서 대중적인 선택지로 자리 잡는 데 기여했으며, 배터리 비용이 전기차 보급 확대의 주요 장벽 중 하나였던 시기를 지나 새로운 국면으로 전환되고 있음을 보여준다. 그래서 중국에서는 신차중에 전기차 비중이 50% 내외로 올라섰다. 따라서 이제 관건은 자율주행 기술이다. 완전 자율주행의 상용화 여부가 전기차 시장의 다음 성장 단계로 나아가는 핵심이 될 것이다.

그래서 테슬라의 FSD 승인은 전기차 전환 속도를 좌우하는 핵심 변수로 작용할 것이다. FSD가 상용화되면 전기차는 단순히 내연기관차와 경쟁하는 수준을 넘어 자율주행 중심의 새로운 모빌리티 생태계를 형성되기 때문이다. 이는 소비자들에게 이동의 편의성과 경제적 효율성을 동시에 제공하며, 전기차를 기존 자동차 시장의 대안에서 필수품으로 자리 잡게 만들 가능성이 크다. 예를 들어 로보택시 서비스가 상용화되면 차량 소유에 따른 경제적 부담이 줄어들어 전기차 수요가 크게 증가할 수 있다. 현재 전기차 보급은 초기 단계에 머물러 있지만, 자율주행 기술은 이러한 시장의 방향성을 결정짓는 핵심 요인으로 부상하고 있다. 이미 배터리 가격이 내연기관차와 경쟁 가능한 수준으로 낮아진 상황에서 자율주행 기술이 상용화된다면, 전기차는 단순한 이동 수단을 넘어 모빌리티 혁신의 중심으로 자리 잡을 것이다. 테슬라의 로보택시 승인과 양산은 전기차와 내연기관차의 비중이 2050년까지 균등해질 것이라는 다니엘 예긴의 예측을 현실화하는 중요한 전환점이 될 것으로 보인다.

전기차가 많이 팔릴수록 타이어사는 신이 난다

전기차의 보급이 확대됨에 따라 타이어 산업에도 새로운 변화의 바람이 불고 있다. 전기차는 내연기관차에 비해 배터리 무게로 인해 차량 중량이 100kg에서 500kg까지 더 무겁다. 또한 전기모터의 즉각적인 토크 전달로 인해 가속력이 뛰어나지만, 이는 타이어에 더 큰 부담을 준다. 이러한 특성으로 인해 전기차의 타이어 교체 주기는 일반 차량보다 짧아질 수밖에 없다. 현실적으로 타이어 교체 주기가 2배 빨라진다는 주장들이 나오고 있다.

전기차의 이러한 특성은 타이어 제조사들에게 새로운 기회를 제공하고 있다. 전기차의 무거운 중량과 높은 토크를 견딜 수 있는 고급 타이어에 대한 수요가 증가하고 있기 때문이다. 특히 전기차 타이어 시장은 이미 글로벌 타이어 제조사들의 주요 전략적 시장으로 자리 잡고 있다. 예를 들어 미쉐린, 콘티넨탈, 브리지스톤과 같은 글로벌 기업들은 전기차에 최적화된 타이어를 개발하고 있으며, 이를 통해 전기차 제조사들과의 협력을 강화하고 있다. 이러한 현상은 한국에서도 마찬가지다. 한국의 대표적인 타이어 제조사인 한국타이어, 금호타이어, 넥센타이어 등은 전기차 전용 타이어 개발에 박차를 가하고 있다. 이들 기업은 전기차의 특성에 맞는 내구성과 성능을 갖춘 타이어를 출시하며 시장 점유율 확대를 노리고 있다.

전기차의 보급률이 높아질수록 타이어 교체 수요도 증가할 것으로 예상된다. 이는 타이어 제조사들에게 안정적인 수익 창출의 기회를 제공한다. 또한 전기차 전용 타이어는 일반 타이어보다 고급 소재와 기술이 적용되어 가격이 높기 때문에 제조사들의 수익성 향상에도 긍정적인 영향을 미칠 것으로 보인다. 전기차 보급이 확대될 것으로 예상된다면, 타이어 업계를 주목하는 것도 좋은 전략이다. 전기차의 특성상 타이어의 소모가 빠르고 고급 타이어에 대한 수요가 증가하기 때문이다.

● 건설, 부동산, 서울 아파트 ●

의식주 가운데 '주(住)'는 경제 활동의 근간을 이루며, 그중에서도 부동산, 특히 아파트는 개인 자산에서 가장 큰 비중을 차지하기 때문에 중요한 경제적 요소로 간주된다. 하지만 서울 부동산, 구체적으로 아파트에 대해 별도의 장에서 다루지 않았기 때문에 이 챕터에서는 건설과 연결해 서울 아파트 가격과 관련된 주요 지표를 분석하고자 한다.

서울 아파트 시장을 이해하기 위해 두 가지 핵심 지표를 살펴본다. 첫 번째는 수요와 공급을 반영하는 아파트 착공 실적으로, 이는 신규 공급량이 시장에 미치는 영향을 보여준다. 두 번째는 가격의 적정성을 평가하는 주택구입부담지수로, 이는 아파트 가격이 소득 대비 얼마나 부담스러운지를 나타내는 지표다.

서울 아파트 가격은 다른 상품들과 마찬가지로 공급과 수요의 원칙을 따른다. 공급이 늘어나면 가격이 하락하고, 공급이 줄어들면 가격이 상승한다. 동시에 가격의 적정성은 수요가 지속 가능하냐에 달려 있다. 이와 관련해 주택구입부담지수는 주택 구매에 필요한 대출 비용 수준을 측정한다. 이 지수가 높다는 것은 대출 이자 부담이 크다는 의미로, 아파트 가격이 소득 대비 과도하게 높음을 나타낸다. 이러한 지표를 통해 서울 아파트 가격의 흐름과 전망을 차례로 알아보도록 하자.

아파트 착공 물량은 3년후 아파트 공급량을 알려준다

서울 아파트 가격 전망에 흔히 활용되는 지표 중 하나는 주택가격
전망지수다. 이 지수는 소비자들이 1년 후 주택 가격을 어떻게 예상
하는지를 보여주는 지표로, 한국은행이 매달 발표하고 있다. 하지만
주택가격전망지수만으로는 향후 주택시장, 특히 서울 아파트 가격을
정확히 예측하는데 한계가 있다. 따라서 서울 아파트 가격을 결정짓
는 핵심 요소인 수요와 공급, 특히 공급 측면을 자세히 살펴보는 것
이 예측의 정확성을 높이는데 중요하다.

　먼저 아파트 공급 과정을 이해해야 한다. 서울, 그중에서도 많은

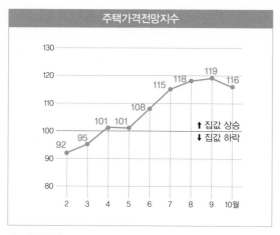

자료: 한국은행

사람들이 관심을 가지는 아파트에 한정해보자. 아파트 공급은 건축 허가를 받고, 착공을 시작한 뒤 분양, 준공, 그리고 입주까지 수년의 시간이 걸린다. 특히 재건축·재개발의 경우에는 인허가부터 입주까지 8단계를 거치며, 아무리 빨라도 5년 이상, 늦으면 은마아파트처럼 수십 년이 소요되기도 한다. 이는 아파트 공급이 핸드폰처럼 단기간에 완성할 수 없는 구조임을 보여준다.

이 중 가장 명확히 측정할 수 있는 구간은 착공에서 준공까지다. 일반적으로 건축 공사가 시작된 뒤 준공까지는 약 3년이 걸린다. 건물 외관을 세우는데 2년, 내부 정리와 인테리어 작업에 1년이 소요된다. 착공 이후에는 예상치 못한 변수로 인해 일정이 지연될 수 있지만, 대부분의 경우 3년 내외로 준공이 완료된다. 따라서 3년 후 입주 가능한 아파트 물량을 예측하려면 3년 전 착공 물량을 확인하는 것이 가장 확실한 방법 중 하나다.

서울 아파트 입주 물량에 대한 자료는 여러 곳에서 제공된다. 예를 들어 서울시는 공식 누리집을 통해 올해와 내년의 아파트 공급 물량 예측 자료를 공개한다. 국토교통부 역시 입주 물량을 예측한 자료를 발표하며, 부동산114 같은 민간 기관에서도 조사 자료를 제공한다. 하지만 각 기관이 사용하는 기준이 다르고, 공사 지연 등 변수로 인해 자료의 신뢰도와 해석 방식에 차이가 있다.

이러한 상황에서 서울 아파트 공급 지표로 가장 유용한 것은 아파트 착공 물량이다. 착공 물량은 약간의 오차는 있을지언정 큰 흐름에서는 비교적 정확한 예측을 가능하게 한다. 따라서 서울 아파트 가격을 전망할 때는 착공 물량을 기준으로 공급 상황을 분석하는 것이 합리적이다.

서울 아파트 평균 수요 공급은 4만 채

아래는 2011년 이후 서울 아파트 착공 물량을 연도별로 보여주고 있다. 먼저 공급의 평균 공급량을 보면 3만 8천 채 수준으로 약 4만 채다. 대략 수요공급이 4만 채를 기준으로 이뤄지고 있음을 알 수 있다. 따라서 4만 채 공급이 안 되면 공급 부족, 넘어서면 공급 초과로 해석한다.

다음 그래프에서도 보이는 몇 군데 특이한 년도가 있다. 첫 번째 2014년에는 착공 물량이 2만 5천 채로 평균 4만에 비해 매우 부족하다. 2014년에서 3년 후인 2017년에는 서울 아파트 공급이 매우 부족해질 것을 예측할 수 있다. 이런 공급 부족 흐름은 2016년까지 이어진다. 결과적으로 3년 후인 2017년부터 2019년까지 서울 아파트는 공급이 부족했고, 가격은 급등했다. 두 번째로는 2019년에서 2021년까지로 서울 아파트 가격이 급등하자 대대적인 공급 조치로 아파트 착공이 평균 4만채를 넘어서 초과 착공이 일어났다. 이로부터 3년 후인 2022년부터 서울 아파트 가격은 하향 추세를 이어갔

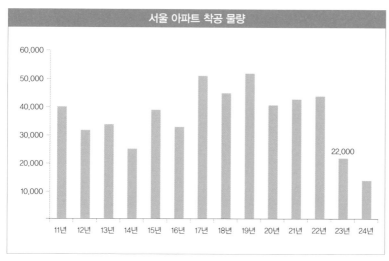

서울 아파트 착공 물량

자료: 국가통계시스템 KOSIS

다. 세 번째는 2021년부터 2024년으로 두 해 모두 4만 채 이상 착
공이 시작됐다. 따라서 3년 후인 2024년 특히 2025년은 서울 아파
트 공급이 상대적으로 많을 것을 예상할 수 있다. 그러나 그 이후인
2026년은 아파트 공급이 절반 이하로 급감하고, 이 추세는 2027년
까지도 이어짐을 예상할 수 있다. 따라서 2025년 서울 아파트 가격
이 초과 공급으로 진정되고 2026년 이후에는 서울 아파트 가격이
상당히 상승할 수 있는 구간에 접어드는 것도 예상이 가능하다.

　서울 아파트 가격을 결정하는 요인은 여럿이다. ① 아파트의 공급
량 ② 수요자인 서울 시민의 소득수준 ③ 한국 경기 ④ 대출 부담인
이자율을 결정하는 글로벌 매크로 등이 있지만 가장 압도적인 영향

은 역시 공급과 수요이다. 그리고 서울 아파트 수요는 크게 줄어드는 시장이 아니기 때문에 공급이 가장 중요한 변수다. 그래서 공급 앞에 장사 없다는 말도 나온 것이다. 그러므로 서울 아파트 시장을 이해하고 전망할 때 가장 중요한 지표는 서울 아파트 착공 실적이다. 지표는 국가통계포털 kosis에서 검색하면 주택유형별로, 월별로, 지역별로 검색이 가능하다.

국가통계포털
kosis

잠재수요를 알기 위해서는 주택구입부담지수를 보자

서울 아파트의 착공 물량으로 공급을 살펴보았다. 이제 수요의 주요 지표를 살펴볼 차례이다. 바로 주택구입부담지수이다. 우리는 아파트를 분양 받거나 매수할 때 주택담보대출 등 대출을 많이 받는다. 아파트 가격이 수억 원에서 수십억 원에 이르기 때문이다. 이때 받는 대출 비용, 즉 이자율이 소득대비 차지하는 율을 주택 구입으로 인한 금융 부담으로 계산하고 이를 지표화 한 것이 주택구입부담지수 K-HAI(housing affordability index)이다. 이를 구하는 산식은 아래와 같다.

주택구입 부담지수＝대출상환 가능소득 / 중간소득×100

여기서 분자인 대출 상황 가능소득은 중간소득가구가 중간가격주택을 구입할 때 받은 대출 상환을 위해 벌어야 하는 소득이다. 따라서 수치가 높을 수록 주택구입을 위해 더 많은 소득이 필요하고, 더 많은 부담이 된다는 의미이다. 주택 구입 부담지수가 커지는 데는 두 가지 주요 요인이 있다. 첫째, 주택 가격이 높아지면 수치가 올라간다. 둘째, 이자율이 높아져도 수치가 올라간다. 금융대출 부담이기 때문이다. 실제로 아래 두 개의 그래프를 보면서 해석 방법을 확인해보자.

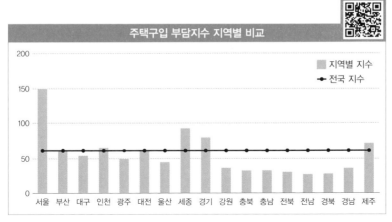

자료: 주택금융통계시스템

지역별로 살펴보면 전국 평균은 약 70 수준이다. 서울이 가장 높아서 150, 다음 세종, 경기 순이다. 이 지역은 전국 평균 이상이다. 즉 집값이 비싸다는 의미다. 반대로 충남 전북, 충북, 강원은 전국 평균 이하로 주택 구입 부담이 상대적으로 낮다는 것이고, 상대적으로 주택 가격이 낮다는 의미다.

아래 그래프는 2010년부터 2024년까지 분기별로 서울시의 주택 구입 부담지수를 보여주고 있다. 그래프의 낮은 구간인 2014년부터 2016년은 상대적으로 주택 가격이 낮은 시점이다. 상대적으로 그래프가 높아지는 2017년부터는 주택 가격이 높아지는 시기이다. 또한 그래프가 가장 높은 2022년은 글로벌 금리 인상으로 인해서 이자율이 높아서 부담지수가 올라간 구간이다. 2024년 2분기 서울시 주택구입부담지수는 150 수준이다. 두 가지 해석이 가능하다. 첫째, 극단적인 최고점 구간이 아니다. 만일 공급이 부족해지면 수요가 생길 여지가 있다. 둘째, 만일 금리가 추가로 하향한다면 부담지수도 내려

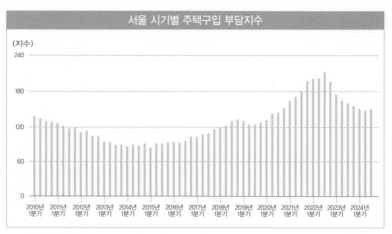

자료: 주택금융통계시스템

간다. 이때 공급이 증가하면 주택 가격은 안정적으로 유지되겠지만, 만일 주택 공급이 부족해진다면 잠재 수요는 커질 수 있다.

앞서 살펴본 서울 아파트 공급과 이번에 살펴본 주택부담지수 지표를 종합하면 2025년 이후의 서울 아파트 가격에 대해서 이런 예상이 가능하다. 2025년은 주택공급이 초과이기 때문에 아파트 가격은 하향 횡보 가능성이 높다. 그러나 이자율이 하락해서 부담지수가 내려가면 내려간 가격에 대한 수요가 발생할 수 있다. 그리고 2026년 2027년은 아파트 공급이 부족해지고, 이자율은 내려가서 부담지수는 낮아지는 구간이다. 즉 공급은 부족하고, 수요는 증가하는 시기다. 따라서 두 해에는 정부의 대규모 공급대책이나 외부의 경제적 충격이 없다면, 서울 아파트 가격은 수요 공급에 의해 상승할 가능성이 높다.

아파트 전세가격이 오르면 매매가도 오른다

아파트 수요를 볼 수 있는 또 다른 지표가 전세가격이다. 거주와 차익 추구를 동시에 추구하는 매매와 달리 전세는 실제 거주 이외에는 다른 목적이 없다. 그래서 실제 아파트에 대한 실수요를 가장 정확히 보여주는 지표가 전세이다. 그리고 전세 수요가 늘어나면 전세가격이 높아진다. 따라서 서울 아파트에 대한 실제 수요를 확인하는 가장 좋은 방법 중 하나가 전세가격의 추이를 보는 것이다.

만일 전세 가격이 높아지고 있다면 서울 아파트에 대한 실제 수요가 높아지고 있다고 해석이 가능하다. 수요가 높아지면 가격은 올라간다. 그래서 전세가격이 높아지면 시차를 두고 아파트 매매 가격도 연동해서 높아지는 추세가 나올 가능성이 높다. 그래서 지금 서울 아파트 가격의 추이를 보거나, 미래 가격 추이를 전망할 때 가장 먼저 확인하면 좋은 지표가 전세가의 추세이다. 그래서 만일 전세가격이 강한 상승 추세라면, 머지않아 매매가격도 오르겠구나 전망할 수 있다.

11장

경제지표로 투자하기: 매크로 트레이딩

과거 몇 개의 투자 케이스를 소개하는 것으로 시작해보자. 2019년, 테슬라 전기차 판매가 전년대비 50% 가까이 증가했다. 그리고 현대차도 G80 전기차를 21년에 선보이겠다는 발표를 했다. 내연차 중심의 현대차도 주력차종의 전기차를 만든다면 전기차 수요 증가는 분명하다. 전기차가 증가하면 배터리 수요도 증가한다. 배터리 수요가 증가하면 니켈 코발트 망간 NCM의 주 원자재인 니켈의 수요도 폭발적으로 증가할 수밖에 없다. 그런데 고순도 니켈 공급 증가는 광산개발 허가 이슈로 단기간에 가능한 일이 아니다. 원자재 니켈 매수를 시작한다. 니켈 가격은 2019년 톤당 15,000달러에서 2022년 5만달러까지 3배 이상 상승했다.

또 다른 원자재인 원유 WTI이다. 2022년 유가는 WTI기준 100달러 내외였다. 러시아–우크라이나 전쟁이 상승의 원인이었다. 그러나 미국의 원유 생산이 코비드 이후 다시 증가하기 시작해서 1천3백만 배럴로 증가하고 있었고, 프래킹(Fracking, 고압으로 원유 추출) 기

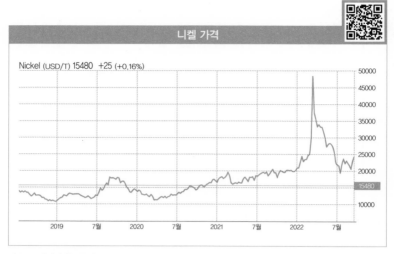

니켈 가격

Nickel (USD/T) 15480 +25 (+0.16%)

50000
45000
40000
35000
30000
25000
20000
15480
10000

2019   7월   2020   7월   2021   7월   2022   7월

자료: 트레이딩이코노믹스

술의 발전으로 역대 최고 생산을 넘어설 것이라는 전망이 우세했다. 전쟁이라는 일시적 이벤트는 언젠가는 종료되고, 결국 수요공급에 의해 가격은 결정된다. 미국이 1천3백만 배럴 이상 생산한다면 오펙 (OPEC)과 러시아의 원유가격 주도력은 상실된다. 그렇다면 원유가격 100달러는 지속가능(Sustainable)하지 않다. 원유를 매도한다(인버스 나 숏포지션을 구축한다: 숏 포지션은 보통 매도를 의미한다). 이후 유가는 균형 가로 하락해서 2024년에는 68$수준까지 내려갔다.

이번에는 주식시장의 사례다. 2024년 8월 한국은행은 경제 전망 을 발표했다. 2024년 하반기 성장률 하락, 2025년 상반기 추가 하 락. 한국 경기 사이클의 정점을 알리는 보고서이다. 보고서가 발표

될 때 한국 코스피가 2800-2900수준이었다. 한국 코스피 지수를 매도한다(지수 선물 숏, 또는 인버스 ETF매수). 이후 한국 코스피는 2400 수준까지 급락을 나타냈다. 이런 성장률에 기초한 투자는 주식시장 투자뿐만 아니라, 채권 투자도 가능하다. 성장이 없다면 금리도 상 승하기 어렵다. 반대로 금리가 하락한다면 채권 가격은 상승 가능성 이 높다. 한국 국고채10년을 매수한다. ETF를 활용해서 'Ace 국고 채10년 ETF'를 매수, 이후 트럼프 당선으로 한국 수출 불확실성까 지 더해지며 증시는 하락하고 금리 전망은 내려가면서 채권은 추가 상승한다. 한국 잠재성장률이 하향하고, 저성장이 구조적으로 이어

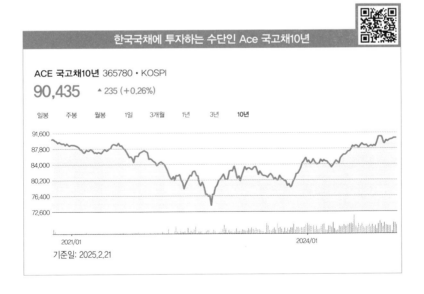

진다고 가정하면 한국 국고채 투자는 상당히 오랜 기간 투자가 가능하다.

다음으로는 글로벌 주식시장에 대한 케이스다. 2024년 중국의 실물 경기 침체가 심각했다. 특히 여름에는 청년 실업률이 다시 18%까지 치솟았다. 청년 실업은 중국 공산당 체제를 위협하는 일자리 문제다. 최소한 GDP 성장률 5%를 유지해야 청년 일자리가 최소한 유지된다. 그래서 만일 5% 성장을 달성할 수 없다면 공산당에게는 정치적으로 치명적이다. 즉 5% 이하의 성장률은 지속 가능한 숫자가 아니다. 중국 정부는 어떤 수단이든 부양책을 내놓을 수밖에 없다. 이어서 9월에 중국 정부의 부양책이 나오고 중국 증시는 급등한다. 중국 상하이 종합지수를 매수한다. 이후 중국 증시는 몇 주 만에 약30% 상승한다.

마지막으로 현재와 미래 케이스이다. 2024년 미국에서 인공지능 슈퍼사이클이 시작되고 있다. 인공지능의 인프라를 위한 데이터센터, 그리고 데이터센터를 위한 전기수요가 폭증하고 있다. 여기에 기후변화에 대한 대응으로 전동화에 대한 수요도 증가하고 있다. 모두가 전기의 시대를 예고하는 징후들이다. 전기는 구리다. 그런데 구리 수요가 증가해도 구리 공급은 쉽게 증가하기 어렵다. 재활용으로 사용률을 높이는 수준에 그친다. 2030년까지는 재활용과 기술 발전으로 공급부족을 버틸 수 있다 해도 2030년 이후 전동화 시대에 구리의 공급부족은 명확해 보인다. 전기의 시대이고 구리의 시대라면 구리를 장기 분할 매수한다.

● 원자재, 증시, 채권, 환율 등의 방향성에 투자하는 매크로 트레이딩 ●

지금까지 나열한 케이스들은 모두 매크로 트레이딩의 사례들이다. 매크로 트레이딩(Macro Trading)은 거시경제지표와 글로벌 경제 흐름을 기반으로 투자 전략을 세우는 방식으로 금리, 환율, 원자재 가격, 물가 상승률, 국내총생산(GDP) 같은 대규모 경제 변수와 글로벌 이벤트를 분석하여 시장 움직임을 예측하는데 초점을 맞춘다. 이는 개별 기업의 실적 분석보다는 국가 간 경제 구조와 정책 변화, 지정학적 리스크를 포괄적으로 고려하는 전략이다.

매크로 트레이딩은 주로 외환시장(환율), 채권시장(국채), 원자재시장(원유, 구리, 금 등), 주식시장(지수, 산업 등) 등 다양한 자산군에서 기회를 탐색하여 현물, 선물, 파생상품 등의 투자 포지션을 설정한다. 주로 글로벌 투자 전략 하우스에서 사용하는 투자 방법이다. 그러나 개인투자자들도 우리가 지금까지 공부한 지표들을 이용해서 매크로 트레이딩과 유사한 방향성 투자를 할 수 있다. 이번 장은 10장까지 살펴본 지표들을 활용해서 전략적 투자를 할 수 있는 방법을 찾아보는 실전편이 되겠다. 매크로 트레이딩에 대해서 알아보고, 개인의 매크로 트레이딩 템플릿을 만들어 보도록 하자.

영국을 이긴 조지 소로스의 파운드화 공매도

대표적인 매크로 트레이딩 사례로는 조지 소로스의 영국 파운드화 공매도이다. 그는 1992년 영국이 유럽환율조정제도(ERM)에서 파운드화를 방어하지 못할 것이라고 예측하고 대규모 공매도를 실행해 하루 만에 약 10억 달러의 수익을 올렸다. 이는 매크로 트레이딩이 글로벌 경제 변화를 읽고 이를 바탕으로 막대한 수익을 창출할 수 있음을 보여주는 대표적인 사례다. 2008년 금융위기 당시, 존 폴슨은 미국 서브프라임 모기지 시장의 붕괴를 예측하고 채권 공매도를 실행해 역사적인 수익을 기록했다.

2020년 이후에도 매크로 트레이딩은 글로벌 경제 변화 속에서 그 효용성을 잘 보여주었다. 팬데믹 초기, 글로벌 공급망 붕괴와 경제 봉쇄 조치로 인해 금 가격은 온스당 2,000달러를 돌파하며 사상 최고치를 기록했다. 많은 매크로 트레이더들은 안전자산으로 이동하는 흐름을 예상하며 금과 같은 자산에 투자하여 큰 수익을 낼 수 있었다. 2022년 러시아-우크라이나 전쟁 당시에는 에너지와 원자재 시장에 대한 매크로 전략이 돋보였다. 많은 투자자들이 원유와 천연가스 가격 상승을 예측하며 관련 자산에서 높은 수익을 냈다.

매크로 트레이딩을 위해서는 기본적으로 거시경제지표 분석과 글로벌 이벤트 예측이 요구된다. 금리 변화, 환율 변동, 지정학적 리스크, 중앙은행의 정책 변화를 모니터링하고, 이를 기반으로 포지션을 설정해야 한다.

개인투자자의 매크로 트레이딩 활용

개인투자자들이 헤지펀드나 기관투자자들처럼 대규모의 전략적 매크로 트레이딩 거래를 실행하기는 어렵다. 그러나 매크로 트레이딩의 개념은 개인투자자들도 활용할 수 있다. 거시경제의 흐름을 이해하고 이를 바탕으로 투자 결정을 내리는 것은 시장에서 효과적으로 수익을 창출하는데 중요한 도구가 되기 때문이다. 우리가 지금까지 학습한 경제지표들을 활용하면 매크로 트레이딩의 원리를 개인 투자에도 적용할 수 있다.

예를 들어 2022년 같이 금리 인상이 진행되는 상황에서는 주식시장 노출을 줄이는 트레이딩을 할 수 있다. 그리고 고금리 환경에서 유리한 금융주에 투자하거나, 반대로 금리 인상이 부정적 영향을 미칠 수 있는 기술주에 대한 비중을 조정할 수 있다. 또한 특정 통화의 강세가 예상된다면 해당 통화로 표시된 자산에 투자하거나, 글로벌 무역 데이터가 개선될 것으로 보인다면 원자재나 관련 산업에 투자하는 전략을 세울 수 있다. 이처럼 개인투자자들은 거시경제와 관련된 주요 지표들을 분석하고, 이를 바탕으로 투자 결정을 내림으로써 매크로 트레이딩의 효과를 낼 수 있다.

이때 유용한 도구가 ETF 상품이다. 증시, 채권, 원자재, 환율 등 다양한 국내외 ETF상품이 상장되어 있다. 주요한 ETF를 정리하면 다음의 표와 같다.

국내 해외 ETF		
자산군	국내 ETF	해외 ETF
환율	• KODEX 미국달러선물 ETF • TIGER 미국달러선물 레버리지 ETF • TIGER 일본엔선물 ETF	• Invesco DB US Dollar Index Bullish Fund (UUP) • Wisdom Tree Bloomberg U.S. Dollar Bullish Fund (USDU) • KraneShares Chinese Yuan Strategy ETF (CYB)
증시	• KODEX 200 ETF • TIGER +150 ETF • KBSTAR 중국본토CSI300 ETF	• SPDR S&P 500 ETF Trust (SPY) • iShares MSCI Japan ETF (EWJ) • Xtrackers Harvest CSI 300 China A-Shares ETF (ASHR)
채권	• KODEX 국고채 3년 ETF • TIGER 미국채 10년선물 ETF • KBSTAR 국채선물 10년 ETF	• iShares 20+ Year Treasury Bond ETF (TLT) • Vanguard Total Bond Market ETF (BND) • SPDR Bloomberg Barclays High Yield Bond ETF (JNK)
원자재	• KODEX 골드선물(H) ETF • TIGER 구리선물Enhanced(H) ETF • 삼성 레버리지 구리선물 ETN(H)	• Invesco DB Commodity Index Tracking Fund (DBC) • iPath Series B Bloomberg Copper Subindex Total Return ETN (JJC) • SPDR Gold Shares (GLD)
산업 섹터	• TIGER 2차전지 테마 ETF • KODEX 반도체 ETF • KBSTAR E170 ETF	• Technology Select Sector SPDR Fund (XLK) • Vanguard Health Care ETF (VHT) • SPDR Energy Select Sector ETF (XLE)

자료: 네이버

퇴직연금, 개인연금 투자에 유리한 매크로 트레이딩

퇴직연금과 개인연금 투자에서 매크로 트레이딩은 매우 효과적인 전략이다. 연금 계좌에서는 개별 주식 거래가 제한되기 때문에 주가지수, 원자재, 채권, 산업 섹터 등을 포함한 ETF를 활용한 투자가 가능하다. 이러한 제한은 연금 계좌의 특성상 장기 투자와 분할 및 분산 투자에 적합한 환경을 제공한다. 안정적인 장기, 분할 투자를 위해서는 미국 지수 ETF인 SPY, QQQ등의 투자가 가능하다. 그리고 미국의 대표적인 고배당 ETF인 SCHD와 한국의 고배당주 ETF는 안정적인 배당수익을 통해 연금 계좌의 장기 수익성을 강화할 수 있다. 또한 산업 트렌드에 투자한다면 미국 인공지능 산업을 주도하는 매그니피센트7에 집중투자하는 MAGS ETF투자가 가능하다. 인공지능, 전기차 등 전동화에 필요한 원자재 구리도 투자대상이 될 수 있다.

특히 인공지능(AI)과 미국 전력 섹터는 장기적인 성장 가능성이 높은 분야로 평가된다. AI는 산업 전반에서 혁신을 이끌고 있으며, 미국 전력 부문은 친환경 에너지 전환과 전력망 확장으로 지속적인 성장이 예상된다. 이러한 섹터에 ETF를 통해 장기 투자하는 것은 연금 계좌의 수익성을 높이는데 효과적이다. 한국 주식 시장에 상장된 ETF로는 SOL 미국 Ai 빅테크10 또는 SOL미국 AI전력인프라 ETF등이 있다. 매크로 트레이딩은 단기적 시장 변동성을 넘어 장기적인 경제 흐름을 파악하고 이를 기반으로 투자 결정을 내리는데 초점이 맞춰져 있다. 그래서 연금 계좌의 장기적 성격에 부합하는 투자 방식이며, 안정성과 성장 가능성을 동시에 추구할 수 있다는 점에서 매우 유용한 전략이다.

● 역사는 반복된다: 돈의 심리학과 사이클의 반복 ●

미국 재무장관이자 헤지펀드 키스퀘어(Key-Square)의 창업자인 스캇 베센트는 유명한 매크로 투자자 중 한 명이다. 그는 매크로 트레이딩을 다음과 같이 정의했다. '매크로 투자는 세계와 시장을 관찰하며 정책적 오류, 정치적 변화, 혹은 시장의 미스프라이싱(mis-pricing)을 찾아내는 과정이다.' 지속 가능하지 않은 추세나 정책적 에러, 그리고 일반적인 원리에서 벗어난 현상 속에서 투자 기회를 발굴하는 것이다. 대상은 환율, 채권, 주식, 원자재 시장 등으로 다양하다. 이와 같은 오류와 미스프라이싱을 발견하려면 변하지 않는 시장 원리와 반복되는 사이클을 이해하고 있어야 가능하다. 경제와 금융시장에서 변하지 않는 원칙, 반복되는 사이클과 이벤트를 알고 정상적인 흐름에서 벗어난 오류를 통해 투자 기회를 찾아가는 것이 매크로 트레이딩의 기본 접근법이다.

모건 하우절 '역사는 반복된다'

"역사는 반복된다." 이 명제는 경제와 금융시장에서도 변함없이 적용된다. 시장은 인간의 심리와 행동에 의해 움직이며, 이는 경제적 이벤트와 사이클이 반복되는 주요 이유 중 하나다. 모건 하우절의 저서 『돈의 심리학(The Psychology of Money)』은 투자에서 인간 심리가 미치는 영향을 소개하며, 매크로 트레이딩에도 중요한 통찰을 제공한다. 인간의 감정과 심리가 금융시장을 움직이기 때문에 과거에 발생한 경제 이벤트와 시장 사이클은 다양한 형태로 반복된다. 투자자들은 이를 분석하고 활용함으로써 매크로 트레이딩 전략을 세울 수 있다.

모건 하우절의 주장은 이렇다. 사람들이 투자 결정을 내릴 때 합리적이기보다는 감정적으로 행동하는 경우가 많다. 경제 이벤트는 이러한 인간의 심리에 의해 강화되거나 과장되며, 결과적으로 비슷한 패턴과 사이클이 시장에서 주기적으로 반복된다. 예를 들어 경제 확장기에는 투자자들이 과도한 낙관론에 빠져 자산 가격이 거품 수준까지 상승하는 경향이 있다. 반대로 경제 위기 시에는 극도의 비관론이 퍼지며 자산 가격이 과도하게 하락한다. 이러한 반복적인 감정의 흐름은 매크로 트레이딩에 있어 중요한 기회를 제공한다.

최근의 사례로 2022년 러시아-우크라이나 전쟁은 매크로 트레이딩에서 반복적인 심리 패턴이 적용된 대표적인 예다. 전쟁 초기, 글로벌 에너지 시장은 공급망 붕괴와 유럽의 에너지 위기로 인해 큰 혼란을 겪었다. 투자자들은 석유와 천연가스, 그리고 석탄과 같은 에너지 자산에 대규모로 투자하며 가격 급등을 예측했다. 결과적으로 국제 유가는 배럴당 100달러를 넘어섰고, 천연가스 가격도 유럽에서 사상 최고치를 기록했다. 이와 함께 전쟁 리스크를 반영하여 금과 같은 안전자산도 큰 수요로 이어졌다. 이는 지정학적 리스크가 심화될 때 반복적으로 나타나는 투자 패턴을 보여준다. 반대로 전쟁 이벤트로 변동한 가격은 장기적으로는 수요공급의 펀더멘털에 의한 균형가로 수렴한다는 원칙이다. 그리고 어떤 자산이든 단기 버블은 터진다는 원리에 기초하여 단기간에 급등한 원유, 천연가스에 숏포지션을 구축한 매크로 트레이더들도 높은 수익으로 보상을 받았다.

또한 2020년 팬데믹 이후의 부동산 시장 변화를 살펴볼 수 있다. 글로벌 중앙은행들의 대규모 유동성 공급과 초저금리는 부동산 가격의 폭등을 불러왔다. 특히 한국에서는 수도권 아파트 가격이 다시 급등했고, 미국 역시 주요 도시를 중심으로 부동산 시장이 과열되었다. 이는 과거 2010년대 초반 양적 완화 정책 이후 부동산 시장 회

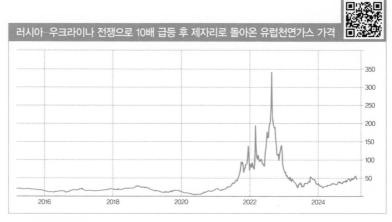

러시아 우크라이나 전쟁으로 10배 급등 후 제자리로 돌아온 유럽천연가스 가격

자료: 트레이딩이코노믹스

복 과정과 매우 유사한 흐름을 보여준다. 투자자들은 이 같은 반복되는 유동성 효과를 예상하고 부동산 및 관련 자산에 적극적으로 투자했다.

반복되는 경제 사이클을 활용하려면 투자자는 거시경제 데이터를 분석하고, 과거와 현재의 유사성을 발견하는 능력을 길러야 한다. 금리, 환율, 유동성 흐름, 지정학적 리스크를 분석해 시장의 반복적인 패턴을 파악하면 투자 기회를 효과적으로 활용할 수 있다. 매크로 트레이딩은 글로벌 시장만을 대상으로 하는 것이 아니다. 한국과 같은 특정 국가의 경제 이벤트와 글로벌 이벤트를 동시에 분석함으로써 양쪽 시장에서 모두 투자 기회를 찾을 수 있다. 예를 들어 한국의 수출 중심 산업은 글로벌 무역 흐름과 긴밀히 연관되어 있어, 글로벌 경기 회복기에는 IT, 자동차, 화학 업종에서 상승 기회를 찾을 수 있다. 반대로 글로벌 불확실성이 커질 경우 국내 안전자산인 채권, 코스피 인버스, 배당주에 투자하는 전략을 활용할 수도 있다.

하우절의 표현대로 역사는 반복되며 금융시장은 인간 심리의 반영이다. 돈의 심리학에서 강조된 바와 같이, 반복되는 사이클과 패턴을 이해하고 이를 활용하는 것은 성공적인 매크로 트레이딩의 핵심이다. 한국과 글로벌 시장 모두에서 이 원칙을 적용해 투자 기회를 포착한다면, 개인투자자도 글로벌 경제와 국내 경제의 연결고리를 활용해 안정적이고 효율적인 수익을 창출할 수 있다.

● 변하지 않는 것과 반복되는 것에 기회가 있다 ●

변하지 않는 원칙: EVER의 법칙

경제와 금융시장에는 시간이 지나도 변하지 않는 몇 가지 기본 원리가 있다. 이러한 원리는 매크로 트레이딩의 기초로, 투자 전략 수립에 있어 강력한 도구가 된다. 매크로 트레이딩에서 핵심적으로 고려해야 할 EVER(항상 존재하는) 원칙 첫째, '가격은 변동하고 사이클은 반복되지만, 기술은 진보하고 경제는 성장한다'는 것이다. 이는 경제를 이해하고 매크로 트레이딩 전략을 세우는데 매우 중요한 원칙이다. 시장 가격은 항상 변동한다. 자산 가격은 공급과 수요, 심리적 요인, 경제적 이벤트에 따라 끊임없이 오르내린다. 또한 경제는 경기 확장과 수축의 사이클을 반복한다. 예를 들어 글로벌 금융위기와 같은 큰 충격이 있은 후에는 경제가 회복되고, 새로운 성장 국면에 진입하는 과정이 반복적으로 나타난다. 반면 가격과 사이클이 반복된다 해도 기술은 꾸준히 발전하며 이는 경제성장의 근본적인 원동력이 된다. 기술 발전은 생산성을 높이고 새로운 산업을 창출하며 기존 산업의 효율성을 극대화한다. 반도체, 인공지능, 전기차, 로봇, 재생에너지와 같은 첨단 기술은 현대 경제를 이끄는 핵심 동력이다. 이는 장기적으로 경제성장을 뒷받침하며, 매크로 트레이딩에서도 미래 성장성을 고려한 투자 전략의 기초가 된다.

이 원리를 활용한 매크로 트레이딩 전략으로는 다음과 같은 접근이 가능하다. ① 기술 진보에 따른 장기 투자: 필라델피아 반도체 지수(SOX)나 인공지능, 테크기업 ETF에 장기 투자하는 방식은 기술 진보와 경제성장을 활용하는 대표적인 전략이다. 그리고 미국 나스닥 지수, 매그니피센트7 같은 미국 빅테크 기업 또는 빅테크 ETF 등에 투자하는 것도 가능한 전략이다. 이런 자산은 단기적인 가격 변동성에도 불구하고, 장기적으로는 경제성장을 뒷받침하는 핵심 분야에 투자한다는 점에서 매크로 트레이딩에 적합하다. ② 경제성장국에서의 기회 탐색: 기술 발전이 활발히 진행되고 있는 신흥 시장이나 특정 산업에 집중 투자하는 것도 전략이 될 수 있다. 예를 들어 중국의 테크 산업, 인도의 IT 서비스 산업, 미국의 테크 산업 등은 경제성장과 기술 진보의 수혜를 받는 대표적인 분야다. ③ 경기 사이클의 반복과 기술 발전의 조화 활용: 경기 사이클이 수축기에 접어들 때는 방어적인 자산(채권, 금 등)에 투자하고, 기술 진보와 함께 경제가 회복 국면에 접어들면 성장 산업(기술주, 반도체 등)에 투자하는 방식으로 전략을 최적화할 수 있다. 이러한 장기적으로 변하지 않는 원리들은 하나에 그치지 않는다. 이어가 보자.

둘째, 인플레이션은 (거의)항상 존재한다. 인플레이션은 민주주의 정치구조와 경제성장의 부산물로 없앨 수 없는 현상이다. 역사적으로 인플레이션이 심화될 때 금과 같은 실물자산은 안전한 투자처로 인식되며 강세를 보였다. 금은 통화 가치 하락을 헤지하는 역할을 지속적으로 해왔으며, 이는 매크로 트레이딩 전략에서 변하지 않는 원칙으로 활용된다. 그래서 올웨더포트폴리오 전략에도 금이 10% 비중을 차지한다.

셋째, 반도체 산업의 성장은 지속적이다. 반도체는 디지털 시대에 전 세계 기술 발전의 기반으로, 빗그로스(Bit Growth: 메모리 반도체의 생산량 증가율)가 이어질 수밖에 없는 구조를 가지고 있다. 글로벌 기술 산업의 확장과 전기차, 데이터센터, 인공지능 등 새로운 기술의 등장으로 반도체 수요는 지속적으로 증가하고 있다. 이를 기반으로 한 투자 전략으로는 필라델피아 반도체 지수(SOX)나 관련 ETF에 장기적으로 투자하는 방법이 있다.

넷째, 반복적인 정치적 이벤트도 존재한다. 미국 대선과 변동성은 예측 가능한 패턴을 보여준다. 미국 대선 직전에는 불확실성이 커지며 변동성 지수(VIX)가 상승하지만, 대선이 끝나면 안정세를 보이며 VIX는 하락한다. 이는 정치적 불확실성이 해소된 후 시장이 안정감을 되찾는 경향을 반영한다. 따라서 대선전 VIX가 상승할 때 이를 활용한 VIX(Vixy etf)를 매수하거나, 대선 후 안정세를 기대하며 주식시장에 변동이 큰 선거전 9월 10월에 선투자하는 전략이 유효하다.

다섯째, 미국 증시는 장기적으로 상승해 왔다. 공화당이든 민주당이든 상관없이 미국 경제는 역사적으로 끊임없이 성장했고, 이는 미국 증시의 상승으로 이어졌다. 따라서 미국 증시는 장기 투자 관점에서 안정적인 수익을 제공하는 자산으로 평가되기 때문에 워런 버핏의 주장대로 미국 주식시장 지수(SCHD같은 인덱스 ETF)를 지속적으로 분할 매수하는 것도 확률이 매우 높은 투자 전략이다.

반복되는 사이클은 반복되는 투자기회를 가져다 준다

앞서 우리는 역사는 반복된다는 개념을 보았다. 자세하게 살펴보자. 매크로 트레이딩에서는 반복적으로 발생하는 경제적 이벤트와 사이클을 활용하는 것이 중요하다. 이러한 패턴은 과거의 데이터를 기반으로 미래를 예측하는데 강력한 도구로 작용한다. ① 글로벌 시장의 반복적 사이클: 글로벌 시장에서는 유동성과 금리 사이클이 반복적으로 나타난다. 중앙은행은 경제가 과열되면 금리를 인상하고, 경제가 둔화되면 금리를 인하하며 유동성을 공급한다. 이러한 사이클은 자산 가격에 큰 영향을 미친다. 예를 들어 금리가 인하되면 부동산과 주식 같은 위험 자산의 가격이 상승하며, 금리가 인상되면 채권과 고배당주 같은 방어적인 자산이 주목받는다. 2020년 팬데믹 이후, 전 세계 중앙은행들의 대규모 유동성 공급은 주식시장과 부동산 시장의 급등으로 이어졌으며, 2022년 금리 인상이 시작되자 기술주와 성장주의 큰 조정이 나타났다. ② 한국 수출 사이클: 한국 경제는 수출 중심 구조를 가지고 있어, 글로벌 경기 사이클에 민감하게 반응한다. 특히 한국의 주요 수출품인 반도체, 자동차, 화학제품 등은 글로벌 수요와 밀접하게 연관되어 있다. 글로벌 경기가 확장 국면에 접어들면 한국의 수출은 증가하고, 이는 코스피 지수 상승으로 이어진다. 반대로 글로벌 경기가 둔화되면 수출이 감소하며 증시가 약세를 보인다. ③ 반복되는 패턴으로는 메모리 반도체 사이클을 들 수 있다: 반도체 산업은 약 2~3년 주기로 수요와 공급의 균형이 변화하며 가격 변동이 나타난다. 이 사이클은 한국 경제와 주식시장에 직접적인 영향을 미친다. 글로벌 반도체 수요가 증가할 때 한국 수출금액지수는 상승하며, 이는 코스피 지수의 선행지표로 활용될 수 있다.

매크로 트레이딩 전략수립

이러한 EVER 원칙과 반복적인 사이클을 활용하면 효과적인 매크로 트레이딩 전략을 수립할 수 있다. 예를 들어 미국과 같이 장기 성장하는 시장은 지속적인 분할 매수 전략을 적용한다. 중국 테크, 반도체산업 등 기술진보와 함께 성장하는 산업은 사이클에 관계없이 분할 접근한다. 그리고 사이클을 이용해서 글로벌 경기 확장기에 반도체, 화학, 자동차와 같은 수출주를 비중 있게 편입한다. 또한 반도체 사이클이 호황 국면에 접어들 때 관련 ETF나 한국의 반도체 대표 종목에 투자할 수 있다. 한국과 글로벌 시장 모두에서 이러한 지속적 원칙과 반복적 사이클을 활용한 매크로 트레이딩은 투자자들에게 반복적인 수익 기회를 제공한다.

● 매크로 트레이딩 템플릿 만들기 ●

아래 인용문은 글로벌 투자 전략가의 가상적 인터뷰 내용이다. 본문 중에 다양한 지표들이 등장하며 어떻게 매크로 트레이딩 전략을 수립하는지 알 수 있다. 먼저 인터뷰를 확인하자. 그리고 인터뷰에 등장한 거시경제지표와 시장 신호를 기반으로 투자 기회를 포착하는 전략이 어떻게 수립되는지 살펴보자. 먼저 1) 어떤 지표를 분석하고, 2) 이를 통해 어떻게 시장 흐름을 예측하며, 3) 궁극적으로 어떤 투자 전략을 수립할 수 있는지를 살펴보고, 자신만의 매크로 트레이딩 템플릿을 만들어 보도록 하자.

인터뷰 하이타워 (2024.11.26)

자료: cnbc https://youtu.be/20zGMaFfEDQ?si=_hbb4LL0XpyJq-KL

연말 강세장, 시장은 준비되어 있다

지금은 연중 매우 강한 시기다. 특히 올해는 연말까지 강세장이 지속될 가능성이 높다. 최근 몇 주 동안 시장은 많은 중요한 사건들을 겪었다. 선거가 그 예다. 많은 사람들이 명확한 결론이 나지 않을 것이라 예상했지만, 결과가 나왔고 이는 시장의 불확실성을 줄이는데 기여했다. 또한 연준(Fed)이 금리를 인하했고, 중국의 경기 부양책이 발표되었으며, 인플레이션도 다소 완화된 모습을 보였다. 물론 지정학적 긴장이 증가하는 상황도 있었지만, 애틀랜타 연방준비은행의 GDP 추적 데이터에 따르면 최근 수치는 2.6%에 도달했다. 이런 모든 요소들이 긍정적으로 작용하며, 시장은 좋은 위치에 있다.

채권 시장은 조금 다른 이야기를 하고 있다. 채권 시장은 성장세가 유지될 것임을 보여주고 있다. GDP 성장률이 2.6%로 예상보다 높은 수준을 보이고 있으며, 이는 추세를 상회하는 수치다. 또한 물가지표를 보면, 핵심 소비자물가지수(CPI)와 생산자물가지수(PPI) 모두 3% 이상 상승한 데이터를 보여준다. 하지만 이러한 물가 상승은 통제되지 않는 "폭주하는 인플레이션"이라고 볼 수는 없다. 오히려 이는 경제가 강하게 돌아가고 있다는 신호로 해석될 수 있다. 반면 원유 시장은 중국의 경기 부양책과 큰 관련이 있다. 중국의 정책이 원유 수요를 안정화시킬 가능성이 있다. 그러나 원유 시장은 트럼프 행정부의 정책이 어떻게 전개되느냐에 따라서도 영향을 받을 수 있다.

S&P500 지수는 이미 올해 들어 7% 상승했고, 채권 시장도 3% 이상의 수익률을 기록하고 있다. 이는 평균 이상의 성과다. 단기적으로 조정이 올 가능성은 언제나 있지만, 연말까지는 이러한 조정 가능성이 낮다고 본다. 현재 머니마켓에

는 약 6.4조 달러의 현금이 쌓여 있다. 이 모든 자금이 한꺼번에 주식 시장으로 흘러 들어가지는 않겠지만, "놓칠 수 없는 기회에 대한 두려움(FOMO)"은 투자자들을 매수로 유도할 수 있다. 경제가 2% 성장한다면 기업 이익은 더 크게 증가할 가능성이 높다. 이는 기업들이 비용 구조를 개선하고, 마진을 증가시키는 과정에서 자연스럽게 나타날 수 있는 결과다.

소비자 부문은 여전히 강력한 수요를 보여주고 있다. 최근 월마트(Walmart), 아마존(Amazon), 코스트코(Costco) 등의 실적은 소비자들이 여전히 활발히 지출하고 있음을 보여준다. 이는 경제의 긍정적인 신호다. 또한 오프프라이스 소매업체들의 강력한 실적도 소비자 지출이 탄탄함을 뒷받침하고 있다. 제조와 산업 분야에서도 기회가 있다. AI, 데이터 센터, 전력망 확충과 같은 핵심 테마는 향후 몇 년간 시장을 이끄는 중요한 축이 될 것이다. 예를 들어 전력망 확장을 위해서는 구리가 필수적이며 Freeport-McMoRan 같은 구리 관련 기업들은 유망하다. 또한 Rockwell Automation과 같은 산업 자동화 회사들은 미래 산업 변화의 핵심에 있다.

현재의 경제와 시장 상황은 연말까지 강세를 이어갈 가능성을 보여준다. 불확실성이 줄어들었고, 시장은 이를 긍정적으로 받아들이고 있다. 또한 높은 현금 유동성과 견조한 경제성장률, 기업 실적 상승 모두가 긍정적인 신호다. 단기적인 조정 가능성을 완전히 배제할 수는 없지만, 장기적으로는 강세장이 지속될 가능성이 크다. 소비자, AI, 데이터 센터, 전력망 관련 주식은 투자자들에게 매력적인 선택지가 될 것이다.

매크로 트레이딩에서 활용하는 주요 지표

매크로 트레이딩의 핵심은 매크로지표를 종합적으로 분석하고, 이를 기반으로 시장의 흐름을 예측하는데 있다고 했다. 중요한 지표로는 다음과 같은 것들이 있다.

① GDP 성장률과 경제 방향성

GDP는 경제성장의 강도와 속도를 보여주는 핵심 지표다. 예를 들어 인터뷰에서 언급된 애틀랜타 연방준비은행의 GDPNow 데이터는 2.6%의 성장률을 보여주며, 이는 경제가 확장 국면에 있다는 신호를 제공한다. 이러한 성장세는 주식 시장에서 강세장을 기대할 수 있는 중요한 단서이다.

② 물가지표(CPI, PPI)와 인플레이션

소비자물가지수(CPI)와 생산자물가지수(PPI)는 인플레이션의 흐름을 보여준다. 최근 데이터에서 두 지표 모두 3% 이상의 상승을 기록했지만, 이는 통제 가능한 수준으로 평가되었다. 이처럼 안정적인 물가 상승은 경제의 견조함을 나타내며 위험 자산에 대한 투자를 고려할 수 있는 근거가 된다.

③ 금리와 연준 정책

연준(Fed)의 금리 정책은 시장 유동성을 결정짓는 중요한 요소다. 인터뷰에서는 최근 금리 인하가 언급되었는데, 이는 시장 유동성을 높이고 주식 시장의 상승을 지원하는 요인으로 작용한다. 일명 연준

풋(FED Put)으로 불리는 현상이다.

④ 자산 시장 신호: 채권과 원유

채권 시장은 경제성장의 지속 가능성을 보여주는 신호를 제공하며,
원유 시장은 글로벌 수요와 공급 상황을 반영한다. 중국의 경기 부
양책 발표와 원유 수요 안정화는 에너지 관련 자산의 매력을 높이는
데 기여한다.

⑤ 투자 심리와 현금 유동성

머니마켓에 약 6.4조 달러의 현금이 쌓여 있다는 점은 잠재적인 투
자 자금의 흐름을 시사한다. 이 자금이 시장으로 유입될 경우 강세
장이 강화될 가능성이 높다.

매크로 트레이딩 전략 수립 예시

사례 1: 경제 확장 국면에서 주식 투자 전략

GDP 성장률이 2.6%로 강세를 보이고, 연준의 금리 인하로 유동성
이 증가하는 상황에서는 주식 시장이 긍정적인 흐름을 이어갈 가능
성이 크다. 주식 시장에서 현물을 매수하거나, 선물 롱포지션을 구
축할 수 있다. 당연히 미국 주식 비중 확대 전략 또는 지수 편입 확
대를 노린다. 섹터별 투자는 소비재 부문에서는 월마트, 아마존과
같은 대형 리테일 기업이 주목받을 수 있다. 이 기업들은 소비자 지
출 증가와 견조한 경제 환경에서 강력한 실적을 기록하고 있다. 따라

서 이러한 섹터에 비중을 두는 전략이 유효하다.

사례 2: 원유 시장과 글로벌 수요의 활용

중국의 경기 부양책 발표가 원유 수요를 안정화하고 있다는 신호가 있다면, 에너지 관련 자산에 투자할 수 있다. 예를 들어 원유 ETF 또는 주요 에너지 기업에 포지션을 설정하는 전략이 효과적이다. 이는 원유 수요 증가로 인해 에너지 가격 상승이 예상되는 상황에 적합한 대응이다. 반대로 미국 트럼프 대통령이 미국 원유생산을 현재보다 과감하게 늘린다면 원유에 인버스 투자로 대응한다. 트럼프 대통령의 선거 공약이 인플레이션 억제에 있고 미국 쉐일 오일 생산량 증가에 있기 때문에 현재로서는 원유가격 하향안정화 포지션을 구축한다.

사례 3: AI와 전력망 확장의 장기 테마

AI, 데이터 센터, 전력망 확장은 글로벌 시장에서 지속적인 투자 기회를 제공한다. 특히 인공지능 기업, 인공지능 소프트웨어 기업들의 성장이 예상된다. MAGS, QQQU, IGV ETF 비중을 확대한다. 그리고 전력망 확장은 인프라 섹터의 강세와 구리와 같은 원자재 수요를 늘릴 것으로 예상된다. 따라서 전력망 송배전 섹터에 롱포지션을 구축한다. 그리고 Freeport-McMoRan과 같은 구리 관련 기업은 이와 같은 장기적 성장 테마에서 수혜를 받을 가능성이 크다. 따라서 해당 섹터에 대한 장기 투자가 매크로 트레이딩 전략에 적합하다.

사례 4: 장기적 채권 비중 확대

단기적으로 시장 조정 가능성을 완전히 배제할 수는 없다. 이를 대비하기 위해 금과 같은 안전자산이나 변동성 지수(VIX)를 활용한 헤지 전략을 병행할 수 있다. 특히 주식 시장이 단기적으로 과열되었다고 판단되면 방어적인 자산에 자금을 분배하는 것이 효과적이다. 또한 채권에 대한 전략도 수립이 가능하다. 미국의 3% 내외의 성장은 중기적으로는 가능할 수 있어도 장기적으로는 지속 가능하지 않다. 즉 현재의 높은 성장과 높은 금리는 장기적으로는 하향할 가능성이 높다. 따라서 장기적인 채권 가격의 상승도 예상이 가능하기 때문에 채권 비중을 매우 느리게 확대하는 전략도 가능하다.

지표를 활용한 매크로 트레이딩 템플릿

매크로 트레이딩에서는 단일 지표에 의존하지 않고, 다양한 데이터의 상호작용을 분석해 전략을 수립한다. 다음은 일반적인 과정이다.

① 지표 분석

GDP 성장률, 물가지표, 금리, 자산 시장 신호와 같은 주요 지표를 종합적으로 분석한다. 예를 들어 GDP 성장률 상승과 금리 인하가

동시에 나타나면, 이는 경제 확장 국면으로 해석된다.

② 시장 신호 해석

채권 시장과 원유 시장 같은 자산 신호를 분석해 특정 섹터의 강세 또는 약세를 판단한다. 원유 가격 상승은 에너지 관련 자산의 매력을 높이는 반면 채권 수익률 상승은 경제성장을 반영한다.

③ 포트폴리오 조정

분석 결과를 바탕으로 주식, 채권, 원자재와 같은 자산군의 비중을 조정한다. 확장 국면에서는 주식과 원자재 비중을 높이고, 둔화 국면에서는 방어적인 자산에 집중한다.

④ 장기적 테마 활용

AI, 전력망 확장, 데이터 센터와 같은 장기적인 성장 테마를 반영해 안정적이고 지속 가능한 포트폴리오를 구축한다.

매크로 트레이딩은 거시경제 데이터를 기반으로 시장의 흐름을 예측하고, 투자 기회를 찾아내는 전략이다. 인터뷰를 기초한 사례들을 보면 GDP 성장률, 물가지표, 금리 정책, 원유 수요 등 다양한 데이터를 종합적으로 분석해 효과적인 전략을 수립할 수 있다. 단기적인 시장 변화에 유연하게 대응하는 동시에 장기적인 성장 테마를 활용해 지속 가능한 수익을 창출하는 것이 매크로 트레이딩의 핵심이다.

4부

MZ를 위한
지표 활용 꿀팁

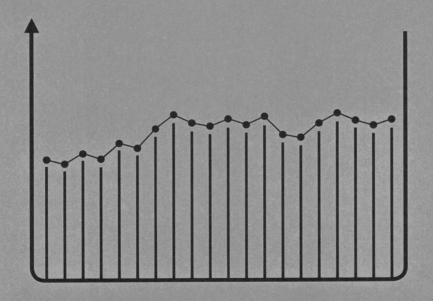

12장

성공은
축적이다

MZ세대는 경제지표를 활용하여 경제적으로 성공할 가능성이 가장 높은 세대다. 그 이유는 시간이라는 가장 강력한 무기를 가지고 있기 때문이다. 경제적 성공에서 시간은 복리의 마법을 가능케 하고, 자산 축적의 기회를 극대화하는 핵심 요소다.

MZ세대가 경제적으로 성공하기 위해 중요한 것은 경제지표를 바라보는 관점이다. 단기적인 시장의 변동이나 부정적인 뉴스에 흔들리지 않고, 지표를 장기적으로, 긍정적으로 해석할 수 있는 능력이 요구된다. 경제지표는 단순한 숫자가 아니라, 경제의 흐름과 미래의 가능성을 보여주는 나침반과 같다. 이를 활용해 꾸준히 투자하고, 복리 효과를 극대화하면 누구나 경제적 목표를 이룰 수 있다.

또한 경제지표를 단순히 추적하는 것을 넘어, 자신만의 전략으로 활용하는 태도가 필요하다. 예를 들어 GDP 성장률, 금리 동향, 기업 실적 등 주요 지표를 분석하고 이를 통해 장기적인 투자 방향을 설정하는 습관을 들이는 것이 중요하다. 이런 관점과 전략적 지표 활용은 MZ세대에게 수많은 투자와 성공의 기회를 열어줄 것이다.

● 기술은 진보하고 경제는 성장한다 ●

'**경제는 성장한다**'는 이 책의 핵심 명제를 다시 떠올려보자. 가격은 변동하고, 사이클은 순환하지만, 기술은 진보하고 경제는 꾸준히 성장한다. 단기적으로는 변화와 변동이 반복되지만, 장기적인 관점에서는 성장이 지속된다는 사실을 기억해야 한다. MZ세대들에게 가장 중요한 출발점은 바로 이 믿음을 갖는 것이다. 비록 지금 당장은 비관적으로 보일지라도 말이다.

현재 세대는 부모 세대보다 가난할 가능성이 높은 첫 번째 세대라고 한다. 베이비부머들이 경험했던 폭발적인 성장 속도는 따라잡기 어렵겠지만, 성장은 여전히 지속된다. 인공지능, 로봇 등 기술의 발전은 경제성장을 가능하게 하는 원동력으로 작용하며, 앞으로도 새로운 기회와 가능성을 열어갈 것이다.

나와 세계, 경제, 그리고 투자를 바라보는 관점 역시 이와 같은 원리를 바탕으로 해야 한다. 성장의 폭이 과거보다 줄어들지라도, 우리는 과거에도 성장해 왔고 앞으로도 지속적으로 성장해 나갈 것이다. 이러한 명제에 대한 확고한 신념이 있어야 개인의 성장과 자산의 성장을 이루어낼 수 있다. 장기적인 관점에서 경제성장을 믿는 태도는 미래를 준비하는 가장 강력한 무기가 될 것이다.

비관론자는 명예를 얻지만 낙관론자는 부자가 된다

뉴스를 보다 보면 극단적인 비관론자들의 주장을 자주 접하게 된다. 이런 표현들은 익숙하다. "부동산 대폭락이 온다.", "중국 경제 망한다.", "미국 경제 대폭락 전조가 보인다.", "세계 경제 내년에 폭망한다.", "한국 주식 이제 끝났다." 이런 주장들은 자극적이고, 클릭을 유도하며, 때로는 대중의 관심을 한 몸에 받는다.

대표적으로 "닥터 둠"으로 불리는 미국의 루비니 교수처럼 비관론을 설파하는 이들은 종종 주목받는다. 물론 그들의 예측이 맞을 때도 있다. 그러나 그 빈도는 극히 드물다. 오히려 비관론에 과도하게 귀를 기울이면 흥미는 얻을지 몰라도 성장은 잃게 된다. 비관론자들은 명예를 얻는다. 세간의 관심을 받고, 가끔은 그들의 예언이 현실이 되어 주목을 받는다. 하지만 대부분의 경우 그들의 주장은 투자자에게 잃는 것을 강요한다. 그래서 "돈은 낙관론자들이 번다"는 말이 설득력을 가진다.

우리가 공부한 경제지표는 단기, 중기, 장기적인 경제 흐름에 대한 전망을 어느 정도 가능하게 한다. 하지만 내일, 다음 달에 일어날 폭락이나 극단적인 이벤트를 정확히 예측하는 것은 불가능에 가깝다.

이는 세계 최고의 투자자 워런 버핏의 조언에서도 드러난다. 그는 "시장 자체를 예측하려 하지 말고, 산업과 기업을 공부해 좋은 기업에 투자하라"고 말한다. 그의 조언을 따르면 시장의 소음에서 벗어나 더 나은 결과를 얻을 수 있다. 돌이켜보면 워런 버핏은 이 방식으로 세계 최고의 부자가 되었고, 비관론자들은 여전히 비관적인 주장으로 책을 팔거나 뉴스에 등장하며 살아가고 있다.

비관론자들의 주장을 복기해보면 그 터무니없음을 쉽게 알 수 있다. "중국 경제 폭망"은 30년째 반복되고 있지만, 중국은 여전히 건재하며 5% 이상의 경제성장률을 유지하고 있다. "미국 경제 대폭락"도 잦은 예측이나, 나스닥은 코로나 시기에 잠시 후퇴했을 뿐 계속해서 사상 최고가를 경신해 왔다. 서울 아파트 역시 대폭락을 예언하던 주장과는 반대로 가격이 상승했다.

결국 세상은 비관론자들이 말하는 것처럼 끝나지 않는다. 기술은 진보하고, 경제는 성장하며, 삶의 질은 좋아지고 있다. 주변에서 들려오는 비관론은 단순한 노이즈로 간주하자. 기술의 발전과 경제 성장을 믿으며 낙관적인 시각으로 세상을 보는 태도가 경제적 성공으로 가는 길이다.

시장을 이기려 하지 말고 시장을 이용하는 현명함

한국에서 개인투자자의 투자 수익률을 연령대와 성별로 분석한 자료에 따르면, 가장 낮은 수익률을 기록한 집단은 20대 남성이었고, 반대로 가장 높은 수익률을 기록한 집단은 40대와 50대 여성이었다. 이 차이를 만든 주요 요인은 매매 행태였다. 20대 남성은 높은 매매 회전율을 기록하며 빠르고 빈번하게 주식을 사고파는 성향을 보였고, 40대와 50대 여성은 매매 회전율이 낮아 소극적인 매매를 선호했다.

20대 남성이 주식 투자에서 가장 큰 손실을 본 집단으로 분류된 이유는 그들의 공격적인 투자 행태와 빈번한 단기 매매 때문이다. 조사에 따르면 이들은 하루에도 다섯 번 이상 주식을 사고파는 경우가 많았다. 이러한 단타 매매는 시장을 이길 수 있다는 믿음에서 비롯된다. 그러나 시장은 단기적 트레이딩을 통해 쉽게 이길 수 있는 대상이 아니다. 워런 버핏의 조언처럼, 시장은 투자자를 가르치기 위해 존재하는 것이 아니라, 투자자를 서비스하기 위해 존재한다.

"The market is there to serve you, not to instruct you"
시장은 당신을 가르치기 위해 있는 것이 아니라, 당신을 위해 존재하는 것이다.

시장을 이길 수 있다는 믿음으로 단기 매매를 반복하는 것은 높은 리스크를 동반한다. 통계적으로도 단타 매매로 장기적인 수익을 올릴 가능성은 매우 낮다. 반면 시장 전체의 장기적 성장을 신뢰하고 이를 바탕으로 투자하면 성공할 확률은 높아진다. 기술은 진보하고 경제는 성장한다는 기본 원칙을 믿고, 지수형 ETF(QQQ, SPY)나 장기 성장 가능성이 높은 주식을 분할 매수하는 방식은 손실 가능성을 크게 낮추는 전략이다.

역사는 반복된다. 이는 하우절의 주장처럼 시장 역시 반복된다는 것을 의미한다. 시장은 결국 사람의 감정과 심리에 의해 움직이기 때문이다. 감정에 휘둘리는 단기 매매가 아닌, 장기적인 시각과 신념으로 투자에 접근해야 한다. 시장의 소음을 멀리하고 성장의 본질을 이해하는 투자만이 꾸준한 성과를 보장할 수 있다.

가능한 일찍 투자를 시작하고, 시장에서 떠나지 말라

월가의 전설적인 투자자 중 한 명인 하워드 막스는 투자자들에게 깊은 통찰을 제공하는 메모로 유명하다. 그의 투자 철학은 복잡한 경제 환경 속에서도 단순하면서도 강력하다. 특히 MZ세대에게는 투자에 대한 올바른 방향성을 제시하는 중요한 지침이 된다. 그의 조언을 통해 젊은 세대가 어떻게 안정적이고 장기적인 부를 축적할 수 있는지 살펴보자.

하워드 막스는 "일찍 시작하고 꾸준히 지속하라"는 투자 원칙을 강조한다. 젊은 시기에 투자를 시작하면 복리 효과를 최대한 활용할 수 있으며, 이는 장기적으로 부의 축적에 있어 강력한 도구가 된다.

그는 "투자는 가능한 한 빨리 시작하고 꾸준히 해야 한다"고 말하며, 단기적인 시장 변동에 흔들리지 말 것을 당부한다. 이는 특히 변동성이 큰 시장 환경에서 장기적인 관점을 유지하는데 중요한 조언이다.

막스는 시장에서 완전히 떠나는 것은 위험하다고 경고한다. 그는 "시장에서 완전히 빠져나가는 것은 대부분 실수로 이어진다. 떠나면 시장이 상승할 가능성이 있고, 다시 돌아오지 못하면 상승장에서 소외될 수 있다"고 설명한다. 시장이 고평가된 상태에서는 방어적인 자세를 취하고, 저평가 상태에서는 공격적으로 접근하라는 그의 조언은 투자자들에게 유연성을 가지라는 메시지를 전달한다. 이는 특히 초보 투자자들이 시장의 변화를 올바르게 이해하고 대응할 수 있도록 돕는다.

리스크 관리 또한 그의 투자 철학에서 핵심적인 요소다. 막스는 "리스크 온-리스크 오프와 같은 극단적인 행동은 현재 세계에 적합하지 않다"고 말하며, 투자자들에게 단순히 매도와 매수를 반복하기보다는 포트폴리오의 균형을 유지하며 유연하게 전략을 조정할 것을 권장한다. 그는 "공격성과 방어성 사이에서 균형을 조정하라"고 조언하며, 시장의 상황에 따라 투자 태도를 변화시키는 것이 장기적인 성공을 위한 길이라고 강조한다.

그의 철학은 단순하지만 실질적이다. "장기적인 관점에서 목표를 유지하며, 공포나 탐욕에 휘둘리지 마라"는 그의 메시지는 MZ세대가 투자 과정에서 흔들리지 않고 안정적으로 성장할 수 있는 기반을 마련한다. 막스의 조언은 단순히 이론적인 것이 아니라 실제 시장에서 수십 년간 입증된 원칙으로, 우리가 귀담아들어야 한다.

MZ세대는 기술의 진보와 경제성장이라는 시대적 장점을 가지고 있다. 하지만 단기적인 변동성과 소음 속에서 흔들리지 않고 장기적인 성장을 믿는 태도를 유지하는 것이 중요하다. 하워드 막스의 조언은 이러한 여정을 지원하는 나침반과도 같다. "장기적인 관점을 유지하고, 시장의 본질을 이해하며, 꾸준히 투자하라"는 그의 메시지는 MZ세대가 투자로 안정적이고 지속 가능한 부를 축적하는데 실질적인 도움을 줄 것이다.

● 제8의 기적, 복리의 마법은 MZ의 최대 무기 ●

워런 버핏은 복리의 힘을 활용한 장기 투자로 세계에서 가장 성공한 투자자로 자리 잡았다. 복리는 시간이 지날수록 자산을 기하급수적으로 증대시키는 강력한 원리로, 투자자들에게 가장 유용한 도구다. 복리의 효과를 간단히 이해할 수 있는 방법이 바로 72의 법칙이다. 이 법칙은 특정 수익률로 자산이 두 배가 되는데 걸리는 시간을 계산하는데 사용된다. 예를 들어 연평균 7%의 수익률을 기록하면 자산은 약 10년 만에 두 배로 불어난다. 이를 통해 복리의 힘이 시간이 지남에 따라 어떻게 강력해지는지 알 수 있다.

1,000만 원을 연 7%로 투자하면 처음 1,000만 원을 추가로 벌기까지는 약 10년이 걸린다. 이 시점에서 자산은 2,000만 원이 된다. 이후 복리의 효과는 가속화되기 시작한다. 다음 1,000만 원을 벌기까지는 시간이 절반으로 줄어들어 5년이 걸린다. 다시 말해, 투자 15년 차에는 자산이 약 3,000만 원에 도달한다. 이후 또다시 시간이 절반으로 줄어들어, 추가 1,000만 원을 버는 데는 2.5년이 소요된다. 20년 차에는 자산이 약 4,000만 원에 이른다.

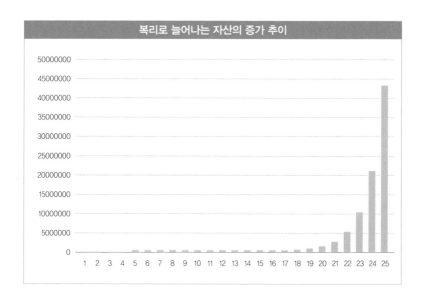

20년 이후부터는 복리의 진정한 마법이 드러난다. 자산이 두 배로 늘어나는데 걸리는 시간이 점점 짧아지면서 매년 벌어들이는 금액이 기하급수적으로 증가한다. 4,000만 원이 8,000만 원으로 늘어나기까지는 5년이 걸리며, 이 과정에서 매년 약 800만 원의 수익이 발생한다. 이후 8,000만 원이 1억 6,000만 원으로 늘어나는 데는 단 2.5년이 걸리고, 이 기간 동안 매년 약 3,200만 원의 수익을 얻는다. 시간이 흐를수록 자산 증식의 속도는 더욱 빨라지고, 매년 벌어들이는 금액은 점점 더 커지게 된다. 만일 1,000만 원을 예치해서 매년 8% 수익을 이어간다면 25년 후에는 약 6,000만 원, 30년 후에는 10배인 1억 원으로 늘어나는 마법이 일어나는 것이 복리이다. 이것은 1,000만 원을 25년간 그대로 예치하는 방식이지만, 만일 첫해에 1,000만 원, 그리고 둘째 해에도 다시 1,000만원, 즉 매년 1,000만원을 25년간 8%의 이자로 수익을 낸다면, 약 85억 원의 수익으로 돌아온다. 이것은 역사적으로 평균 8%의 수익을 내는 미국의 500지수를 매년 천 만원씩 25년간 산 것과 같은 투자이다. 단지 매년 1,000만 원으로 미국 지수를 25년간 샀을 뿐인데, 원금은 2.5억원이지만, 걷어들이는 수익은 그의 40배에 가까운 85원에 이른다.

복리의 진가는 시간이 지남에 따라 자산이 스스로 성장한다는 점에 있다. 초기에는 성장이 느리게 느껴질 수 있지만, 시간이 누적되면 폭발적인 효과를 가져온다. 특히 20년 이후부터 복리의 힘은 가히 폭발적이다. 워런 버핏이 젊은 시절부터 투자를 시작한 이유도 바로 이 점에 있다. 그는 복리의 힘을 최대화하기 위해 장기적인 관점에서 투자를 지속하며, 단기적인 시장 변동에 흔들리지 않았다.

복리의 마법은 단순히 자산 증식에 그치지 않는다. 그것은 장기적인 경제적 자유를 실현하는 도구다. 20년 이후 복리의 효과가 본격적으로 나타날 때, 투자자는 초기 노력 없이도 자산이 빠르게 불어나는 경험을 하게 된다. 이는 눈덩이를 굴리는 것과 유사하다. 처음에는 작은 눈덩이를 만드는데 힘이 들지만, 일정 크기를 넘어서면 눈덩이는 스스로 커지기 시작한다. 이 과정은 자산이 성장하며 투자자에게 지속적인 수익을 제공하는 복리의 본질을 보여준다.

시간을 투자와 결합하면 자산 증식의 잠재력은 무한하다. 복리의 마법은 누구에게나 열려 있으며, 이를 제대로 활용하기 위해서는 시간의 중요성을 깨닫고 인내심을 갖는 것이 필수적이다. 워런 버핏의 사례는 복리가 단순한 계산이 아니라 인내와 꾸준함이 만들어낸 성과임을 보여준다. 복리의 힘을 믿고 꾸준히 투자를 이어간다면 누구나 장기적인 경제적 안정과 자유를 누릴 수 있다.

장기 우량주 투자?

재테크에 관련해서 미국 매그니피센트7 같은 초우량주에 투자하라는 조언을 자주 듣는다. 그러나 최고의 우량주는 바로 '나 자신'이다. 최고의 재테크는 자신의 전문성을 개발하는 것이다. 월가의 거장이자 인덱스 펀드 창시자인 존 보글은 "최대한 일찍 시작하고, 가장 오래 지속하라"고 조언했다. 이 말은 단순히 금융 투자에만 적용되는 것이 아니다. 자기 자신에게 투자하는 데에도 똑같이 적용된다. 일찍 시작해 꾸준히 노력할수록 더 큰 성과를 얻을 수 있다.

말콤 글래드웰의 '1만 시간의 법칙'은 이 점을 뒷받침한다. 그는 특정 분야에서 탁월한 성과를 내기 위해서는 1만 시간의 집중적인 노력이 필요하다고 주장했다. 전문성 개발은 시간과 노력이 축적되어야 가능하며, 이는 투자와 마찬가지로 꾸준함이 핵심이다. 한국의 유명 투자자인 '시골의사' 박경철도 같은 맥락에서 "주식으로 단기 대박을 노리는 신기루를 쫓지 말고, 자신의 전문성을 키우는 데 집중하라"고 조언했다.

결국 우리가 장기 우량주에 투자하자고 말할 때, MZ 세대에게 가장 중요한 우량주는 바로 '자기 자신'이다. 자신의 역량과 전문성을 꾸준히 개발하는 것은 가장 확실하고 높은 수익률을 가져다주는 재테크다. 존 보글의 철학과 1만 시간의 법칙이 교차하는 지점에서 자기 자신에 대한 투자야말로 성공의 가장 안정적이고 확실한 길임을 알 수 있다.

개인연금, IRP는 연평균 16.5% 수익 주는 기적의 투자상품

개인연금과 개인형 퇴직연금(IRP)은 사회초년생이 꼭 주목해야 할 재테크 상품이다. 이 상품들은 연평균 16.5%의 세액공제 혜택을 제공하며, 장기적으로 안정적인 노후 자산을 형성할 수 있는 기반을 마련한다. 하지만 여기서 핵심은 단순히 세액공제를 받는데 그치지 않고, 받은 공제액을 매년 재투자하는 것이다.

매년 정부가 제공하는 16.5%의 세액 공제는 일종의 복리 투자 기회를 만들어준다. 예를 들어 첫해 세액 공제로 100만 원을 받았다고 가정하면, 그 금액이 작은 것처럼 보일 수 있다. 그러나 이를 매년 재투자하고, 투자 이익까지 다시 투자하는 과정을 25년간 반복한다면, 그 결과는 상상 이상의 자산을 만들어낼 수 있다.

현재 연금저축과 IRP를 합산하여 연간 최대 900만 원까지 세액공제를 받을 수 있다. 특히 총 급여 5,500만 원 이하라면 16.5%의 공제율이 적용되어 최대 148만 5,000원의 세금을 절약할 수 있다. 이 공제액 역시 단순히 소비하지 않고 매년 꾸준히 투자에 재투입해야 한다. 이를 통해 세금 혜택 자체가 복리 효과를 만들어 내는 것이다.

매년 16.5%의 혜택을 활용해 받은 금액을 미국 인덱스 펀드나 배당 펀드에 재투자하면, 시장 수익률만큼 자산이 꾸준히 증가한다. 예를 들어 절약한 세금 148만 원을 매년 적립하고, 이를 미국 주식시장 수익률인 연평균 8%로 투자를 이어간다면 25년 후에는 자산이 1억 원으로 늘어난다.

이처럼 개인연금과 IRP는 사회초년생에게 가장 강력한 투자 도구다. 안정적인 노후 대비와 복리 효과를 극대화하기 위한 최고의 선택은 바로 이 상품을 활용하는 것이다. 사회초년생이 재테크를 시작한다면, 개인연금과 IRP 투자가 반드시 최우선 과제가 되어야 한다.

● 경제지표를 이용한 투자는 이렇게: EMFECA 모델 ●

자기 자신에 대한 투자가 우선이고, 그 다음 단계는 경제지표를 활용한 인덱스 투자를 통해 자산을 증대시키는 것이다. 단순히 주식이나 펀드에 투자하기보다, 경제 흐름을 진단하고 그에 맞는 전략을 세워 접근하는 것이 중요하다. 이에 대한 자세한 내용은 앞장 매크로 트레이딩에서 자세히 설명했다. 매크로 트레이딩에서도 가장 간단하게 시장을 진단하고 투자할 수 있는 EMFECA 모델을 확인해 보자.

경제지표를 활용한 투자는 EMFECA 모델을 통해 시장을 분석하고 적합한 시기에 적합한 곳에 투자하는 방식으로 접근한다. EMFECA는 Economy(경제), Monetary Policy(통화정책), Fiscal Policy(재정정책), Earning(기업 이익), Cycle(경제 사이클), American Market(미국 시장)의 약자로, 이 지표들을 기반으로 시장 상황을 진단하고 최적의 투자 기회를 포착하는데 초점을 맞춘다.

매크로 트레이딩을 위한 기초적인 EMFACA모델		
E (Economy)	경제성장률 및 전반적인 경제 상황 평가	GDP 성장을 통해 경제의 건강성과 성장 가능성을 진단
M (Monetary Policy)	통화정책 및 금리 변동 분석	기준금리, 유동성 증감 여부를 분석해 시장의 유동성 평가
F (Fiscal Policy)	정부의 재정정책과 경기 부양 의지 분석	정부의 예산 확대, 경기부양책, 재정 지출 상황을 파악
E (Earning)	기업 실적과 이익 분석	특정 섹터 또는 기업의 실적 증감 여부를 확인해 투자 대상 선정
C (Cycle)	경제 및 시장 사이클 분석	경기 저점 및 고점의 변화를 파악해 적절한 진입/탈출 시점 결정
A (American Market)	미국 시장의 경기 및 성장 전망 분석	S&P500, 나스닥 지수 등으로 시장 전반적인 성장률과 안정성 평가

이코노미는 경제 전반의 성장성을 진단하기 위해 GDP 성장률을 기준으로 한다. 이는 한 국가의 경제가 얼마나 확장되고 있는지를 가장 명확히 보여주는 지표로, 경제의 건강 상태를 판단하는데 핵심적인 역할을 한다. 통화정책은 금리를 기준으로 시장의 유동성과 자금 흐름을 분석한다. 금리가 하락하면 기업의 자금 조달이 쉬워지고 경제 활동이 활발해지므로, 금리 변동은 투자 시점을 결정하는 중요한 요소다.

정부 재정은 정부의 재정정책을 기준으로 한다. 정부가 적극적으로 재정을 확장하며 경기 부양책을 시행할 경우, 경제에 긍정적인 영향을 미치며 투자 환경이 개선된다. 이러한 재정정책은 특히 경기 침체 시기에 중요한 투자 기회를 제공한다. 기업 이익은 개별 기업의 실적을 분석하는데 초점을 맞추며, 특히 이익이 증가하는 섹터에 집중해 투자한다. 기업의 실적은 주식 시장에서 개별 종목의 성과를 좌우하는 가장 중요한 요소 중 하나로, 이익이 꾸준히 성장하는 기업이 안정적인 수익을 제공할 가능성이 높다. 이때 각 기업을 하나하나 살펴볼 수 없다면 산업 전체의 이익을 먼저 확인한다. 라면 산업이 성장한다든가, 화장품 산업이 성장한다든가 또는 인공지능 산업이 성장하는 것을 우리는 소프트지표를 통해서 우리 주변에서도 쉽게 확인할 수 있다. 성장하는 산업에 인덱스 펀드로 투자하는 것은 가장 쉬운 방법 중 하나이다.

사이클은 경제와 수출 사이클의 저점과 상승 국면을 판단하는데 활용된다. 한국 시장은 특히 사이클의 변동성이 크기 때문에 저점에서 상승 국면으로 전환될 때 투자하는 것이 중요하다. 예를 들어 한국 경제가 미국 경기 사이클과 함께 수출 사이클이 반등할 때, 이는 제한적이지만 강력한 투자 기회를 제공한다. 마지막으로 미국 시장은 EMFECA 모델의 마지막 축을 구성하며, 장기적인 투자 관점에서 가장 유망한 시장으로 평가받는다. 성장률이 안정적이고 높은 미국 시장에서는 시장 인덱스에 장기적으로 투자하는 방식이 효과적이다. 이러한 접근은 연평균 약 8% 이상의 수익률을 기대할 수 있게 한다. 예를 들어 원금 1,000만 원을 연 8% 수익률로 운용한다면, 25년 후에는 수십억 원의 자산을 만들 수 있다. 이는 복리의 마법과 시장의 평균 성장률을 활용한 결과로, 장기적이고 체계적인 투자의 힘을 보여준다.

결국 투자는 성장이 있는 곳에서, 성장이 일어나는 시점에만 이루어져야 한다. 이를 위해 EMFECA 모델을 기반으로 시장을 분석하고 투자 기회를 찾는 것이 중요하다. 금리 인하와 같은 통화 완화가 나타나는 시기, 또는 정부의 재정 확장이 이루어지는 시기가 바로 그러한 기회의 순간이다. 또한 기업의 이익이 증가하는 섹터에 한정하여 투자하는 것이 성공 가능성을 높이는 길이다.

미국 시장에서는 시장 인덱스에 장기적으로 투자하며 복리 효과를 극대화하는 전략이 적합하다. 반면 한국 시장은 경제 사이클의 저점에서 상승 국면으로 전환될 때만 제한적으로 투자하는 것이 필요하다. 이를 통해 변동성을 줄이고 수익률을 높이는 효과를 얻을 수 있다.

인공지능 슈퍼사이클에 투자하자

성장하는 산업에 장기 투자하는 것은 안정적이면서도 높은 수익을 기대할 수 있
는 가장 확실한 전략이다. 예를 들어 모바일 혁명이 시작되던 시기에 애플, 구글,
아마존과 같은 장기 성장 기업에 투자했거나, 이러한 기업들을 포함한 IGV ETF
에 투자했다면, 2008년 이후로 10배 이상의 수익을 얻었을 것이다. 그렇다면 현
재 성장하고 있는 산업은 어디일까? 바로 인공지능이다. 인공지능은 기술 혁신
의 중심에 있으며, 경제와 산업 전반에서 새로운 패러다임을 만들어가고 있다.
지금이야말로 인공지능 산업에 주목하고 장기적으로 투자할 시점이다.

자료: 인베스팅닷컴

인공지능은 인터넷 혁명과 모바일 혁명에 이어 또 하나의 산업혁명을 예고하
며, 인공지능 슈퍼사이클의 초기 국면에 접어들었다. 특히 생성형 인공지능의 등
장은 이 변화를 가속화시키며 생산성 증대, 로봇공학, 자율주행 기술 발전 등 다

양한 분야에서 폭발적인 성장이 기대되고 있다.

　생성형 인공지능의 발전은 기업과 산업 전반에 새로운 기회를 제공하며, 인공지능 기술은 경제의 핵심 축으로 자리 잡고 있다. 여기에 더해 인공지능의 고도화된 형태인 인공지능 일반화(Artificial General Intelligence)와 인공지능 초지능(Artificial Super Intelligence)의 등장 가능성도 2~5년 내로 전망된다. 이러한 변화는 산업의 경계를 허물고, 새로운 성장 동력을 창출하며, 경제와 사회를 재편할 잠재력을 가지고 있다.

　이러한 인공지능 슈퍼사이클의 초기 단계에서 투자자들이 주목해야 할 전략은 인공지능 산업 전체에 대한 광범위한 접근과 주요 글로벌 기업에 대한 장기 투자다. 대표적인 기업으로 마이크로소프트, 아마존, 메타, 알파벳(구글의 모기업), 테슬라 등이 있다. 이들 기업은 생성형 인공지능 플랫폼, 클라우드 컴퓨팅, 자율주행 기술, 로봇공학 등 다양한 분야에서 선두를 달리며 인공지능 생태계를 주도하고 있다. 마이크로소프트와 아마존은 클라우드와 인공지능 서비스를 통해 산업 전반에 큰 영향을 미치고 있으며, 메타는 인공지능 기반의 소셜미디어와 메타버스 기술을 강화하고 있다. 알파벳은 검색과 광고, 자율주행 분야에서 기술적 우위를 점하고 있으며, 테슬라는 자율주행과 전기차 기술을 통해 인공지능의 새로운 활용 사례를 제시하고 있다. 인공지능 슈퍼사이클은 단기적인 유행을 넘어 경제와 기술의 새로운 패러다임으로 자리 잡고 있다.

　기술은 진보하고 경제는 성장한다는 명제를 믿는다면, 단기적인 변동에 흔들리지 않고, 장기적인 성장 가능성과 기술 혁신을 믿고, 인공지능 산업과 주요 글로벌 기업에 투자를 이어가야 한다.

참고 도서

- 박경철 저, 『시골의사의 부자경제학』, 리더스북, 2011

- 모건 하우절 저, 이지연 옮김, 『돈의 심리학』, 인플루엔셜, 2023

- 한국은행, 『알기쉬운 경제지표해설(2023년판)』, 2023

- 대니얼 예긴 저, 우진하 옮김, 『뉴맵』, 리더스북, 2021

- 피터 린치·존 로스차일드 저, 이건 옮김, 『월가의 영웅』, 국일증권경제연구소, 2021

- 말콤 글래드웰 저, 노정태 옮김, 『아웃라이어』, 김영사, 2009

- 하워드 막스, 『Mastering the Market Cycle: Getting the Odds on Your Side』, Houghton Mifflin Harcourt, 2018

- 루치르 샤르마, 『The Rise and Fall of Nations』, W. W. Norton & Company, 2017

연구보고서 및 인터넷 사이트

- 한국은행 경제 통계 시스템. https://ecos.bok.or.kr/#/

- 한국은행 금융 경제스냅샷. https://snapshot.bok.or.kr/

- 한국은행 100대 지표. https://ecos.bok.or.kr/#/StatisticsByTheme/KoreanStat100

- 미 연준 데이터 시스템. https://fred.stlouisfed.org/

- 미 연준 프레드 홈페이지. https://fred.stlouisfed.org/

- 미 재무부. https://home.treasury.gov/news/press-releases/jy2697

- 이재윤, "[그래픽] 국내 잠재성장률·실제성장률 비교", 연합뉴스, 2024년 10월 20일, https://www.yna.co.kr/view/GYH20241020000500044?section=graphic/index

- 김영은, "[그래픽] 중국 경제성장률 추이", 연합뉴스, 2024년 10월 18일, https://www.yna.co.kr/view/GYH20241018000400044?section=graphic/index

- 이재윤, "[그래픽] 미국 회계연도별 연방 재정적자", 연합뉴스, 2024년 10월 20일, https://www.yna.co.kr/view/GYH20241020000200044?section=graphic/index

- 이재헌, "금리인상에 아랑곳하지 않는 日 도쿄 집값…'주식 날아가잖아'", 연합인포맥스, 2024년 10월 17일, https://news.einfomax.co.kr/news/articleView.html?idxno=4328726

- 김민지, "[그래픽] 소비자심리지수 추이", 연합뉴스, 2024년 11월 26일, https://www.yna.co.kr/view/GYH20241126000400044?section=graphic/index

- CSF 중국전문가포럼, "中 조선업, 올 1~3분기 전세계 선박 수주 70% 싹쓸이", 2024, https://csf.kiep.go.kr/issueInfoView.es?article_id=55177&mid=a20200000000

- 국가통계포털 Kosis. https://kosis.kr/search/search.do

- 서울시 누리집, 주택통계정보. https://news.seoul.go.kr/citybuild/housing-statistics-information#list/1

- 주택금융통계시스템, 주택금융지수. https://houstat.hf.go.kr/research/portal/theme/indexStatPage.do

- 기획재정부, 「정부 예산안」, 2024

- 미국 상무부 경제분석국, GDP 자료. https://www.bea.gov/news/2024/gross-domestic-product-third-quarter-2024-advance-estimate

- 한국무역협회, 허슬비, 「수출산업경기전망조사(EBSI)」, 2024, https://www.kita.net/research Trade/report/tradeFocus/tradeFocusDetail.do?no=2682

- 트레이딩이코노믹스, 미시건 소비자심리지수. https://ko.tradingeconomics.com/united-states/consumer-confidence

- 자본시장연구원, 장근혁 등, 「국내인플레이션 결정 요인 및 시사점」, https://www.kcmi.re.kr/report/report_view?report_no=1501&utm_source=chatgpt.com

- 한국은행, 「경제전망보고서」, 2024 https://snapshot.bok.or.kr/dashboard/C10

- 퍼스트 트러스트, "미국 주식시장의 강세장, 약세장 순환 주기", https://www.ftport folios.com/COMMON/CONTENTFILELOADER.ASPX?CONTENTGUID=4ECFA978-D0BB-4924-92C8-628FF9BFE12D

- CNBN, "Markets are well setup for a rally through year-end, says Hightower's Stephanie Link", https://youtu.be/20zGMaFfEDQ?si=_hbb4LL0XpyJq-KL

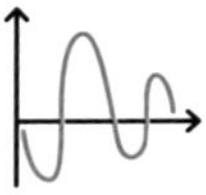

경제지표 알고 갑시다

초판 1쇄 발행 2025년 4월 20일

지은이 | 하이엠
발행인 | 홍경숙
발행처 | 위너스북

경영총괄 | 안경찬
기획편집 | 김서희, 이다현
마케팅 | 박미애

출판등록 | 2008년 5월 2일 제2008-000221호
주소 | 서울 마포구 토정로 222, 201호(한국출판콘텐츠센터)
주문전화 | 02-325-8901
팩스 | 02-325-8902

표지 디자인 | [★]규
본문 디자인 | 최치영
지업사 | 한서지업
인쇄 | 영신문화사

ISBN 979-11-89352-89-9 (03320)

• 책값은 뒤표지에 있습니다.
• 잘못된 책이나 파손된 책은 구입하신 서점에서 교환해 드립니다.
• 위너스북에서는 출판을 원하시는 분, 좋은 출판 아이디어를 갖고 계신 분들의 문의를 기다리고 있습니다.
  winnersbook@naver.com | Tel 02) 325-8901